管理之智 | 历史之趣 | 旅游之情 | 诗词之雅

细雨骑驴入剑门

传统文化中的99个管理智慧

蔡钢安 著

中山大学出版社
广州

版权所有　翻印必究

图书在版编目（CIP）数据

细雨骑驴入剑门：传统文化中的99个管理智慧/蔡钢安著．—广州：中山大学出版社，2018.7
ISBN 978-7-306-06339-7

Ⅰ.①细…　Ⅱ.①蔡…　Ⅲ.①企业管理—通俗读物　Ⅳ.①F272-49

中国版本图书馆CIP数据核字（2018）第096442号

出 版 人：	王天琪
策划编辑：	嵇春霞
责任编辑：	徐诗荣
特约编辑：	郑丽芬　蔡英华
封面设计：	林绵华
责任校对：	陈　霞
责任技编：	何雅涛
出版发行：	中山大学出版社
电　　话：	编辑部 020-84110283，84113349，84111997，84110779
	发行部 020-84111998，84111981，84111160
地　　址：	广州市新港西路135号
邮　　编：	510275　传　真：020-84036565
网　　址：	http://www.zsup.com.cn　E-mail：zdcbs@mail.sysu.edu.cn
印 刷 者：	广州家联印刷有限公司
规　　格：	787mm×1092mm　1/16　26.25印张　417千字
版次印次：	2018年7月第1版　2018年7月第1次印刷
定　　价：	58.00元

如发现本书因印装质量影响阅读，请与出版社发行部联系调换

内 容 提 要

　　本书是青年企业家蔡钢安先生的厚积薄发之作。他翻阅五千年，行吟十万里，历经二十载，漫游中华大地，回到历史现场，以通俗有趣的语言，带我们重新认识那些生动有趣的中华先贤，感悟传统文化，探讨现代管理。

　　作者穿越历史的风烟，从历史故事中不仅梳理出关于中国本土管理的独特见解，对现代经营有着醍醐灌顶的启发意义，而且搭建起一个"明道以做好，树人以做长，取势以做成，优术以做大，立法以做强"的经营管理系统，企业实务操作者可资借鉴。

　　一地一故事，一事一先哲，一文一观点，一篇一首诗，本书将旅游风情、人文遗迹、传统文化及经营管理熔为一炉，别出心裁，在形式上做出了新的尝试。这是一本有管理之智、历史之韵、诗词之雅、旅游之情的不拘一格且有趣有益之书。

目录

推荐序一　打通融合，耳目一新　刘斯奋　Ⅰ
推荐序二　融入工作和生活，文化方得传承　余世维　Ⅲ
推荐序三　商界也应出大师　李积回　Ⅴ
自　　序　Ⅶ

第一编　明道
——明利害之道

"道"是中国古代哲学的最高范畴。中国文化以大道为本，"上士闻道，勤而行之"。经商的道路，充满着数不清的三岔路口，充满诱惑、陷阱和荆棘。企业家明道，须明白经商的规律、道理和价值，修养商家的道德和品质，找准商业的道路和方向，尽量不走错路，少走弯路，从而走向正道和康庄大道。

爱国弦高：商道的最高精神　003
　　【故地抒怀】游河南偃师咏弦高　003
　　【现场感悟】国家利益高于一切　003

商祖王亥：开启商贸时代　007
　　【故地抒怀】游河南商丘咏王亥　007
　　【现场感悟】华商崛起正其时　007

睿智老子：利而不害上善水 011
　　【故地抒怀】安徽涡阳见武家河有感 011
　　【现场感悟】从不争到不害 011

商圣范蠡：最成功的男人 015
　　【故地抒怀】谒山东菏泽市定陶墓怀范蠡 015
　　【现场感悟】舍得之间 015

仁和子贡：儒商鼻祖 019
　　【故地抒怀】谒河南鹤壁浚县子贡墓 019
　　【现场感悟】端木遗风多仁和 019

战神白起：身后空余千载恨 024
　　【故地抒怀】访陕西眉县常兴镇白家村白起故里有感 024
　　【现场感悟】一将功成万室欢 024

六祖慧能：明心见性，即可成佛 028
　　【故地抒怀】韶关南华寺谒六祖 028
　　【现场感悟】人人皆可成功 028

经世张謇：实业济世状元公 033
　　【故地抒怀】游南通，感张謇的影响力无处不在 033
　　【现场感悟】良贾何异于志士 033

大儒顾炎武：天下兴亡，匹夫有责 037
　　【故地抒怀】谒昆山千灯镇顾炎武墓 037
　　【现场感悟】企业兴亡谁之责？ 037

英明赵匡胤：长使斯文到眼前 041
　　【故地抒怀】河南陈桥驿怀宋太祖赵匡胤 041
　　【现场感悟】没有稳定，何来发展？ 041

大哲王阳明：心学济世 045
　　【故地抒怀】过余姚瑞云楼怀王阳明 045

【现场感悟】破心中贼　045

北碚卢作孚：不能忘却的兼善家　049
　　【故地抒怀】过重庆北碚咏卢作孚　049
　　【现场感悟】穷达皆能兼善　049

法师唐僧：意志坚定的取经者　053
　　【故地抒怀】登西安大雁塔怀唐玄奘　053
　　【现场感悟】没有信仰走不远　054

神秘秦陵：世界第八奇迹　057
　　【故地抒怀】浣溪沙　过秦陵　057
　　【现场感悟】做大做强，不如做好做长　057

神医扁鹊：起死回生非一流　061
　　【故地抒怀】谒河北邢台市内丘县扁鹊庙有怀　061
　　【现场感悟】见未见，治未病　061

医圣张仲景：医相无二　065
　　【故地抒怀】谒河南南阳城东温凉河畔医圣祠怀张仲景　065
　　【现场感悟】辨证方能治标本　065

留余康应魁：豫商精神代表　069
　　【故地抒怀】游河南巩义康百万庄园怀康应魁　069
　　【现场感悟】留余理念与基业长青　069

销魂剑门关：兴亡不恃山川险　073
　　【故地抒怀】过剑门关　073
　　【现场感悟】内控是管理的基础　074

诚信陈李济：四百年济世传奇　077
　　【故地抒怀】题陈李济药厂　077
　　【现场感悟】守正然后出奇　077

堂堂范仲淹：万家忧乐注心头 081
　　【故地抒怀】过岳阳楼怀范仲淹 081
　　【现场感悟】无事深忧，有事不惧 081

和亲王昭君：最受尊敬的美人 085
　　【故地抒怀】谒内蒙古呼和浩特市青冢怀王昭君 085
　　【现场感悟】从竞争走向竞合 086

隐逸诗宗陶渊明：桃花源里好耕田 089
　　【故地抒怀】徘徊江西九江陶渊明故居 089
　　【现场感悟】企业家的乌托邦 089

创世女娲：炼石补天的女神 093
　　【故地抒怀】过河南周口西华县聂堆镇思都村咏女娲 093
　　【现场感悟】环保靠人不靠神 093

第二编　树人
——树长短之才

　　人力资源是企业的第一资源。所有的竞争最终无不归结于人才的竞争。得人者昌，用才者旺，育才者长。所谓树人育才，即是将有长板及短板、有优点及缺点的人加以区分，并有针对性地进行培训，突出长板，修补短板，保证底板，取势任用，在合适的时间放到合适的岗位，让个人和组织均实现最大的价值。要做百年老店，首先要"百年树人"。

法家先驱管仲：华夏第一相 99
　　【故地抒怀】谒山东淄博管仲墓有思 99
　　【现场感悟】树人之计，莫若扬长 99

毅勇侯曾国藩：中兴第一功臣 103
　　【故地抒怀】谒富厚堂咏曾国藩 103
　　【现场感悟】屡败屡战见精神 103

大师陈寅恪：三百年来一人而已 107

　　【故地抒怀】谒广州中山大学陈寅恪故居　107

　　【现场感悟】企业家尤须独立精神　107

燕昭王黄金台：前无古人，后有来者 111

　　【故地抒怀】访河北定兴县黄金台　111

　　【现场感悟】舞台比黄金重要　111

关张结义桃园：柏树桃树一样多 114

　　【故地抒怀】访涿州城南的忠义店村张飞庙桃园　114

　　【现场感悟】找靠谱的合伙人　114

名将吕蒙：士别三日，当刮目相待 118

　　【故地抒怀】过荆州古城咏吕蒙　118

　　【现场感悟】培养学用型人才　118

后主李煜：可怜薄命作君王 121

　　【故地抒怀】西江月逊李唐庄　121

　　【现场感悟】先定位，后作为　122

自荐毛遂：脱颖而出 124

　　【故地抒怀】过河南新乡市原阳县毛遂故居有感　124

　　【现场感悟】勇于不敢　124

世间谁笑邓艾吃：阴平古道的逆袭 127

　　【故地抒怀】过川北阴平古道题邓艾　127

　　【现场感悟】冒险精神不可或缺　127

旅行家徐霞客：探人所之未知 131

　　【故地抒怀】访江阴马镇徐霞客故居竟不得入，遂题长句　131

　　【现场感悟】在行走中探索　132

射阳居士吴承恩：文豪一代笔如椽 135

　　【故地抒怀】过淮安打铜巷咏吴承恩　135

【现场感悟】想象力是创新的源泉　135

教育家陶行知：捧着一颗心来　139
【故地抒怀】游安徽休宁万安镇感陶行知四颗糖故事　139
【现场感悟】不懂赏识就不懂管理　139

濠梁观鱼："子非鱼，安知鱼之乐？"　143
【故地抒怀】安徽凤阳濠梁遗址怀古　143
【现场感悟】做一尾快乐的鱼　143

狂人祢衡：恃才傲物，迷而不觉　147
【故地抒怀】过汉阳龟山祢衡墓　147
【现场感悟】个性与建设性　147

清官海瑞："先生如万年青草"　151
【故地抒怀】谒海南省海口市西郊滨涯村海瑞墓　151
【现场感悟】厘清灰度好管理　151

鹤将军卫懿公：无"志"的玩家　154
【故地抒怀】过河南滑县楚丘卫懿公养鹤故地　154
【现场感悟】玩物亦可养志　154

高祖刘邦：酒酣曾唱大风歌　157
【故地抒怀】登江苏沛县歌风台咏刘邦　157
【现场感悟】独唱不如合唱　157

药王孙思邈：人命至重，有贵千金　160
【故地抒怀】谒河南济源王屋山孙思邈墓　160
【现场感悟】健康活着就是最大的成功　160

马倌金日磾：封侯赐姓一胡儿　164
【故地抒怀】过陕西兴平金日磾墓有感　164
【现场感悟】立业还须先敬业　164

画坛大师齐白石：从木匠到巨匠　167
　　【故地抒怀】过星斗塘咏齐白石　167
　　【现场感悟】衰年不妨变法　167

台湾佛光山：人间佛教的东方乐园　170
　　【故地抒怀】访台湾高雄佛光呈并星云大师　170
　　【现场感悟】在经营中修炼　170

小仙翁葛洪：学贯百家，惠泽天下　173
　　【故地抒怀】谒广东惠州罗浮山咏葛洪　173
　　【现场感悟】企业家应自赋使命　173

霸主楚庄王：一鸣惊人的大鸟　178
　　【故地抒怀】探湖北沙洋县楚庄王大冢　178
　　【现场感悟】一飞冲天凭什么？　178

武汉古琴台：千古令人说破琴　182
　　【故地抒怀】游武汉古琴台有感　182
　　【现场感悟】知音难觅何用觅？　182

盲人阿炳：此曲只应跪着听　185
　　【故地抒怀】过江苏无锡阿炳故居　185
　　【现场感悟】艺术升华商业　185

公子扶苏：被改写的命运　189
　　【故地抒怀】谒陕西榆林绥德县疏属山秦太子扶苏墓　189
　　【现场感悟】交接班是难题，也是机会　189

拔山举鼎楚霸王：强大的失败者　193
　　【故地抒怀】过乌江叹项羽　193
　　【现场感悟】强将手下无人才　193

巴寡妇清：峨眉巨贾第一人　196
　　【故地抒怀】过重庆怀清台遗址咏巴寡妇清　196

【现场感悟】柔性管理独有优势　196

纯孝李密：陈情一表动古今　200
【故地抒怀】访四川彭山保用乡李密故里　200
【现场感悟】移孝作忠，企管轻松　200

改革家吴起：出将入相一雄才　204
【故地抒怀】过河南新乡吴起城　204
【现场感悟】吴起不忧农民工　204

百工圣祖鲁班：能工巧匠的代表　207
【故地抒怀】参观山东滕州鲁班纪念馆有感　207
【现场感悟】让匠心回归　207

荒唐万历：怠政误国　211
【故地抒怀】过北京十三陵定陵有感　211
【现场感悟】有效沟通　211

猛将张飞：横槊当年志未酬　215
【故地抒怀】游阆中张飞庙有感　215
【现场感悟】驾驭你的情绪　215

全真王重阳：三教从来一祖风　218
【故地抒怀】游重阳宫咏王重阳　218
【现场感悟】智者自渡　218

会稽王羲之：千古书法第一人　222
【故地抒怀】游绍兴兰亭怀王羲之　222
【现场感悟】富在商中寻，贵在商外求　222

三五九旅：自己动手，丰衣足食　226
【故地抒怀】游延安南泥湾　226
【现场感悟】"双创"需要南泥湾精神　226

第三编　取势
——取顺逆之势

"势者，胜众之资也。"识时务者为俊杰，求人不如取势。"青云直上无多地，却要斜飞取势回。"事实上，经营就是参考过去，立足现在，投资未来。如果对"势"的本质不了解，对"势"的作用不重视，对"势"的规律不掌握，对"势"的效果不关注，不能审时度势并做出客观判断和及时调整，企业经营则难以成功。

阳关古道：生意、诗和远方 233
　　【故地抒怀】过甘肃敦煌阳关道兼感"一带一路"倡议 233
　　【现场感悟】国家战略和企业战略 233

智勇杨延昭：泼水成冰寨 236
　　【故地抒怀】过遂城六郎亭咏杨延昭 236
　　【现场感悟】借得天时不用还 236

生子当如孙仲谋：三足鼎立凭地利 239
　　【故地抒怀】游北固山咏孙权 239
　　【现场感悟】信息时代话地利 239

皓首姜尚：大钓本无钩 242
　　【故地抒怀】过陈仓磻溪钓台咏姜太公 242
　　【现场感悟】策划不以常道 242

巾帼傅善祥：史上唯一女状元 245
　　【故地抒怀】过南京煦园咏傅善祥 245
　　【现场感悟】第一与唯一 245

战略家计然：神机不见露峥嵘 248
　　【故地抒怀】过宁波计家山咏计然 248
　　【现场感悟】业布远势忌近谋 248

秋风五丈塬：天道谁能改？ 251
　　【故地抒怀】五丈塬秋夜咏诸葛亮 251
　　【现场感悟】顺势而为方合道德 251

菜园子张青：十字坡前"三不杀" 254
　　【故地抒怀】过山东莘县樱桃园咏张青 254
　　【现场感悟】为特定消费者服务 254

赵宋王朝：空咏宋词篇 258
　　【故地抒怀】谒河南巩义宋七陵有感赵宋王朝 258
　　【现场感悟】失衡招致失败 258

县令汪伦：诗仙一咏即风流 261
　　【故地抒怀】过安徽桃花潭感叹汪伦 261
　　【现场感悟】文化营销载酒行 261

经济能臣司马懿：奠定晋朝基业 264
　　【故地抒怀】过首阳山高原陵咏司马懿 264
　　【现场感悟】取势然后任人 264

第四编　优术
——优乘除之术

　　术，是能够发现和解决实际问题，可以达成效果和提高效率的知识、方法、技术、技巧、策略、能力与经验的集合体。科学技术是推动经济发展和社会进步的革命性力量。优术就是加减有法，乘除有术，整合创新，会干、能干、巧干，从而达到事半功倍的效果。

发明家墨翟：中国科技的先驱 271
　　【故地抒怀】参观山东滕州市荆水河滨纪念馆咏墨子 271
　　【现场感悟】科技驱动发展 271

商祖白圭：中国首位商学院教授 275
【故地抒怀】漫行洛阳白圭街怀商祖 275
【现场感悟】薄利多销真智慧 275

陈胜吴广：王侯将相，宁有种乎？ 278
【故地抒怀】过大泽乡涉故台咏陈胜吴广 278
【现场感悟】让理想落地 278

悲剧英雄袁崇焕：忠魂依旧守辽东 283
【故地抒怀】谒北京袁崇焕墓兼叹佘氏忠义守墓近四百年 283
【现场感悟】忠与信 283

混世魔王程咬金：图形凌烟的福将 288
【故地抒怀】过河南滑县瓦岗寨咏程咬金 288
【现场感悟】三板斧与竞争力 288

曹操的笑与哭：华容溃败气仍骄 292
【故地抒怀】过湖南华容古道有咏 292
【现场感悟】领导魅力在本真 292

秦相吕不韦：营国巨商 296
【故地抒怀】过河南禹州城南大吕街咏吕不韦 296
【现场感悟】信息管理是基础管理 296

宰相吕端：大事不糊涂 300
【故地抒怀】访河北廊坊吕端故里 300
【现场感悟】难得不糊涂 300

交子之父张咏：宽而见畏，严而见爱 304
【故地抒怀】过成都交子旧街怀张咏 304
【现场感悟】金融是把双刃剑 304

天文学家落下闳：亲切的"春节老人" 308
【故地抒怀】过四川阆中咏"春节老人"落下闳 308

【现场感悟】亲和的力量　309

宰相王安石：拗相公的变法　312
　　【故地抒怀】过南京半山读书堂　312
　　【现场感悟】变法得讲方法　312

周郎赤壁："刻二字兮，纪战功"　316
　　【故地抒怀】隆冬时节，再游赤壁　316
　　【现场感悟】及时应对企业的东南风　316

水利专家李冰：天府之国奠基人　320
　　【故地抒怀】都江堰观水怀李冰父子　320
　　【现场感悟】鹅卵石的妙用　320

伯乐将军：世有伯乐，然后有千里马　323
　　【故地抒怀】过山东成武伯乐镇有感　323
　　【现场感悟】赛马常有，则千里马常有　323

自负苏东坡：豪放的失意者　326
　　【故地抒怀】过海南儋州东坡书院载酒亭　326
　　【现场感悟】贬途万里识人生　326

闯王李自成：兴勃亡忽　330
　　【故地抒怀】翻湖北九宫山牛脊岭，闻鸟声悲鸣　330
　　【现场感悟】反思流寇式经营　330

双瞳舜帝：抚琴轻唱南风歌　334
　　【故地抒怀】谒九嶷山咏舜帝　334
　　【现场感悟】分权与还权　334

风流宰相谢安：为君谈笑静胡沙　338
　　【故地抒怀】游安徽八公山淝水之战古战场咏谢安　338
　　【现场感悟】轻重缓急见雄才　338

天骄成吉思汗：世界的征服者 342
　　【故地抒怀】谒鄂尔多斯成吉思汗陵 342
　　【现场感悟】为自己而战最勇敢 342

刘邓从来为一体：论兵新孙吴 346
　　【故地抒怀】访八路军一二九师师部旧址 346
　　【现场感悟】举重若轻轻若重 346

第五编　立法
——立治乱之法

　　"小智者治事，大智者治人，睿智者治法。"企业立法治理，令行禁止，经营管理才能有法可依、有理可据、有序发展。"抱法处势则治，背法去势则乱。"处理好势、法、术的关系，是企业家按行自抑、企业真正强大的关键。

猛人黄宗羲：身为天下人，当思天下事 353
　　【故地抒怀】过余姚龙虎草堂 353
　　【现场感悟】一人之法与天下之法 353

改革家商鞅：功如丘山，名传后世 357
　　【故地抒怀】停商洛市商鞅广场有咏 357
　　【现场感悟】立企先立信 357

救时首辅张居正：明代唯一大政治家 360
　　【故地抒怀】过荆州张居正故居 360
　　【现场感悟】考成法还有未来吗？ 360

南京中山陵：中国近代第一陵 364
　　【故地抒怀】谒南京中山陵怀孙中山 364
　　【现场感悟】治理比管理更重要 364

子产遗爱：铸鼎立序开先河 368
　　【故地抒怀】过新郑陉山子产庙 368

【现场感悟】从法制到法治　368

法家韩非：睿智者治法　372
　　【故地抒怀】过河南西平县孤愤台咏韩非子　372
　　【现场感悟】治法的两柄与三要　372

隋文帝杨坚：重要的改革家　376
　　【故地抒怀】咸阳杨陵区隋文帝泰陵见一对蜜蜂有题　376
　　【现场感悟】组织巨变即将到来　376

中道姬昌：内圣外王，三代之英　380
　　【故地抒怀】河南汤阴羑里城咏周文王　380
　　【现场感悟】内心有主方自律　380

水车法轮：古老的"永动机"　384
　　【故地抒怀】参观兰州水车博览园有感　384
　　【现场感悟】自动的机制　384

推荐序一

打通融合，耳目一新

刘斯奋

如果我说：有一位作者，本身是颇有才华的诗人，同时又是精明能干的经营管理者，而且还是遍游天下的旅行家，他把这三种身份集中在一本书里加以呈现，读者诸君恐怕会一时间摸不着头脑，想不出这是怎样的一种模样？无疑，诗人和旅行家是联得上的，但是经营管理者嘛——与前两种身份难免有点隔阂，因为三者的思维方式、生存状态乃至价值判断都很不一样。至于用广州话说，将三者"炒埋一碟"的书，以我的孤陋寡闻，则还未见过。

然而，蔡钢安就这样做了，而且做得相当不错，可以说妥帖自然，融为一体，相得益彰，引人入胜。

这本书每一篇都以一首诗做开头，作者便是蔡钢安本人，写的是他周游国内古迹的所见所感。这并不特别；接下来是一篇文章，倒有点别致：前半部分是散文，写景抒情，同样是围绕那个景点而发；这也还罢了，而令人意外的是到了文章的后半段，作者笔锋一转，竟引出关于企业管理的一通思考议论，这可就超出读者惯常的阅读经验了。事实上，作者旅游足迹所至，以及引得他诗兴大发的，都离不开历朝历代的人文古迹。就景观而言，都属于上一个乃至更早文明的遗留，与工业文明有着质的距离，而与现代企业管理更是八竿子也打不着。如今作者不仅发思古之幽情，还居然发现了二者跨越时空的联系，引发出联翩的浮想，从中感悟出种种管理之道。这本身就显示出他思维的敏锐和新颖，并构成了这本书的最大特色。特别是作者有着多年的企业经营管理经验，因此这些议论不仅是有感而发，而且是有得而发，无怪乎说来头头是道，深入浅出，具有相当的可操作性。因此，本书虽然仍旧属于诗歌和文章的结集，却超出了怡情悦性的范围，具有一种别样的价值。

当然，说到诗歌和文章，这本书同样足可称道。据我所知，钢安虽然以经营管理为本业，却从不以此为满足。他还醉心文艺，对于写作尤其是在传统诗词创作方面用功甚勤，有相当的才能和造诣。这次收入本书的，都属于咏怀古迹之作。这类作品，不难于抒情写景，也不难于人云亦云地褒贬上几句，而难于有真正的"史识"，即对历史有新的思考、新的发现，让读者有新的启发。钢安的这批怀古诗，虽不能说篇篇精彩——这其实谁也做不到，但大都能意必己出，不落前人窠臼，且不乏精彩之见。这就十分难得。至于散文部分，也清词丽句，娓娓道来，情景交融，体现了作者的优雅情怀，足以与诗作互相映发，使读者细读之余，获得一种双重的审美享受。

眼下，人类社会已经发展到互联网时代，今后最有价值的，是创造性的思维。而所谓创造性思维，其中很重要的一种，就是善于把生活中已经存在的事物，用新的理念加以组合重构，从而催生出前所未有的品种。旅行、写诗、经营管理，本来都属于再平常不过的存在，但钢安却把三者打通融合，写出了这本令人耳目一新的书。我想，这也是一种创造性思维吧！

2017年9月6日于羊城蝠堂

推荐序二

融入工作和生活，文化方得传承

余世维

我生在上海，长在台湾，去美国、英国求学，在日本、德国工作，尔后又在泰国、马来西亚从事工业区开发业务。但我一直在思考一个问题：举世而察，像中国这样人口众多、历史悠久、土地广袤、资源丰厚的国家几乎没有，但中国又为什么不被列强认同为一个真正的强国呢？

其实我有答案。

中国的历史故事长篇累牍，诗词戏曲也浩繁难数。日本人也爱读《三国演义》，美国人也翻译《易经》和《孙子兵法》，英国、法国、德国也都有汉学家。可是，如果传统真义没有孕育在我们的心灵中，文化经典没有融入我们的生活与行为里，我国也就是一个古国而已。埃及、印度、伊拉克，不都是这样吗？

难得本书作者在自己的爱好"阅读与旅游"之上，能著书阐述那些背后的道理，供我们翻阅。而读者更重要的应该是阅后的思考、沉淀与力行。

我们在以色列人身上，很容易感受到犹太文化，他们说："读书是最大的财富。"我们在德国人身上，很容易发觉到日耳曼文化，他们说："建设一个国家，理工科技是钢筋，人文艺术是水泥。"我们在英国人身上，同样也很容易触摸到盎格鲁·撒克逊文化，他们说："我们宁可失去印度，也不能没有莎士比亚。"甚至我们在韩国人身上，也都很容易体会到高丽文化，他们说："一个民族如果不知道他们自己的历史与传统，就不够伟大。"

我受命写这篇序文，心情并不舒坦。我感慨于我们春秋以来历朝的斑斓史迹与盖世武功，尤其是诸子百家的著书立说，都应让当今的中国更为光耀夺目才是。

那么，我们该做的就是即时打开这一本心血巨作，用心潜读，先把自己做好。

于香港富格曼国际开发集团

推荐序三

商界也应出大师

李积回

很多人说,商业生活是粗糙的,冷酷的商业竞争让许多人逐渐丧失了对真挚情感的体验与对细腻艺术的欣赏能力。然而,读了钢安的《细雨骑驴入剑门》,感觉优秀传统文化也可以"润物细无声"的方式来滋润我们的商业生活,拯救我们的艺术审美,培育我们的商界大师。

我几乎是一口气读完这本书的,慨叹于作者重回历史故事现场时的情感流露,享受于作者对于文字的把握,惊奇于作者的奇思妙想,用我意想不到的方式,将传统文化与现代管理生动地联系到一起。特别是写瞎子阿炳那篇文章,指出了"物理艺文绝顶逢"的道理,诠释了艺术思维与商业思维之间的联系,让身为音乐发烧友的我感同身受。

承蒙钢安的抬爱,在书中一篇文章中提到了我。关于艺术与商业的话题,作为资深的音乐发烧友,我对此有深刻的体验。有人问:"李总,你整天陶醉于音乐世界,不耽误生意吗?"我说:"音乐不仅滋养了我的生活,同时也滋养了我的商业思维。"每当遇到难题时,我总是习惯于到试音室。美妙的音乐不仅能给我灵感,而且让我在任何状态下,都能从容不迫和游刃有余。

"滋养",是一个蕴含中国传统文化精要的词汇,即让自己慢慢地吸收养分,让自己逐渐变得丰富与睿智。音乐对我的滋养是我在其他任何方面都无法获得的。2015 年,我出版了《音乐与刀》一书,叙述了我在这方面的感受,有兴趣的读者不妨去翻翻。

艺术对商业的滋养是超乎想象的。在审美的过程中,也许在一刹那,你的灵感就会喷薄而出。在我的眼里,"十八子"所生产的刀具永远都不是冷冰冰的,而是闪动着优美的旋律。曾有人说:"不商业,才是商业的最高境界。"这话说得真好,你不把产品当成产品,而是当成艺术品的时候,才能达到那种境界。"十八子"每次开发新产品,我都重视在艺术上的注入和表达。

在本书中,作者谈到"钱学森之问"是中国教育事业的一道艰深命题。学界需要大师,商界也需要大师,我十分赞同。如果没有儒魂士魄,没有科学精神,没有艺术思维,没有商道贾德,不可能产生鸿贾大师。

在粗糙,甚至可以说是粗暴的移动互联网时代,企业家们太忙了,忙到连艺术和灵魂都要跟不上他们匆匆的脚步了。他们无法抽出大量的时间去翻阅千年、行吟万里,去"致广大、尽精微",但在改革开放40年后的今天,是时候给予适当的补给与滋润了。而《细雨骑驴入剑门》这本书,正是一种有益的滋补剂。没有刻板的说教,没有晦涩的道理,它只是轻松地讲故事,在讲故事的过程中,把道理告诉给大家:传统文化的根本在哪儿,本土管理的土壤在哪儿,华商的源流和方向在哪儿,我们如何向传统智慧要现代管理……

我想,如果有一位企业家被书里的一篇文章或者一种思想、观点影响到了,进而反思自己的管理,改进自己的经营,提升自己的实践,那么,这本书就已经"善莫大焉"!

感谢钢安让我有机会在此拙言,希望下次再有佳作,继续为他作序呐喊。

于阳江世界音响发烧博物馆

自　序

长久以来，我养成了几个小嗜好。

一是读书，尤其是读史，当然，是随兴而为的那种，并非专心研究。二是旅游，加上工作关系，我常常在外旅行，自然风光我喜欢，人文景观更合我意。凭吊古人，揣摩历史，感慨特别多，感受格外深。三是爱听爱读古诗词，有时也试着以九音六调的粤语诵读一番，兴之所至，不免亦信手涂鸦，低吟浅唱，自得其乐。

于是，不管是"孤城遥望玉门关"，"便下襄阳向洛阳"，还是"烟花三月下扬州"，每到一地，倘有所感所悟，便会在路上记下只言片语。将中国包括香港、澳门、台湾等34个省级行政区走过一遍后，竟积累了一批文稿。只是不知不觉，不以为意，将之束之高阁，逐渐淡忘了。

在一次小型管理论坛中，主持人突然提议让我上台发言。事先，我是光带着耳朵去的，没做任何准备，站在讲台上，一时不知说什么好。联想到这次论坛的主题是管理，灵机一动，便信手从我去过的地方中拈来几个历史故事，加上现代企业案例，来说明中国本土管理根植土壤之深、影响之大。在演讲中，未免加油添醋，增加了几分现场的感受。

没想到，竟博得几阵掌声。

回到座位，坐在旁边的一位双目炯炯的朋友笑着说："行啊，蔡兄，读万卷书，行万里路，声情并茂，感人至深呀！"

不知道他这是夸我还是损我，我便客气地摇摇头："还须向您多请教。"

他却正起了脸色："我是说真的，中国本土管理，缺少的正是这些传统文化下活生生的、有说服力的例子。"

我俩越聊越投契，意犹未尽，散会后便去了附近一家小酒馆，喝得东倒西歪。他翻起醉眼逼视着我，并紧紧握着我的手，恳切地说："蔡兄弟，你把这些好好整理出来,好歹也算是给中国本土管理做一份贡献。"

我惶恐:"哪有那么大的作用?"

他瞪着大眼睛道:"相信我,这事你一定得干,而且得干好!"

第二天,酒醒之后,反复回想这位老兄的话,竟有了将文稿整理出版的勇气。于是,趁热打铁,找出那些文章、诗词、资料及老照片,靠着三分热度,妄想一蹴而就。

这一翻整之下,热度却慢慢退却下来。为什么呢?第一是这些文章时间跨度大,内容不统一,有写经济的,有写文化的,有写管理的,不一而足,且情绪见诸笔端,行文风格不一;第二是我到过的地方较多,空间跨度大,有些现场照片找不到了,有些印象似是而非;第三是有些诗词天马行空,没有主题,纯粹是无病呻吟,水平也参差不齐,势必要大面积重写……

这一大堆理由,足够让我打退堂鼓。于是,这事便搁置了。

过了大约一年时间,在一次聚会上,又遇上了那位双目炯炯的朋友。他问:"新书出版了吗?"因为辜负了他的建议,我有点惴惴不安,说出了实情。

"你这是畏难和懒惰!"他毫不客气地说。接着,他拉我到一僻静处,循循善诱,从西方管理理论对中国企业的冲击,到中国本土企业照抄照搬西方管理模式所带来的损失,从麦肯锡兵败中国到本土咨询行业的崛起,从日本的千年企业到中国的千年寺庙,从稻盛和夫到张瑞敏、任正非……可以说是古今中外,纵横捭阖。然后,又对我动之以情,晓之以理。

我被说服了,真正被他说服了。

于是,工作之余,我减少了应酬,围绕"明道、树人、取势、优术、治法"五个核心思想,披阅两年,增删数次,整理出了近200篇文章,再从中选取了实用性较强的99篇编辑成书。

这本书,有景,有情,但不是传统游记;有历史故事,有今日现场,但不是历史地理类书籍;有理念,有观点,但不是管理专著;有诗,有词,但不是诗词集,不折不扣是一"四不像"。决定出版时,我心里还是忐忑不安。

令我纠结的还有书名。搜肠刮肚,草拟了众多书名,均不尽人意,难以将这"四不像"融为一体。在又一次审校全书时,读到"剑门关"一文,我猛然被陆游"细雨骑驴入剑门"的名句打动,心中一亮:这句诗,不正隐含了旅行、诗、现场感悟、寻访、探索、进取等诸多要素吗?

"细雨骑驴入剑门",即通过对人文胜迹的寻访,探索传统优秀文化的要旨、土壤与源流,找到通往本土管理的门径。无论前路如何艰辛,既然入了这个"门",我将义无反顾,继续探寻下去。

清华大学出版社曾于2013年出版过我的《五项修炼》一书,本书与《五项修炼》有着内在的联系。这一系列寻访,对我来说,也是一次修炼。这修炼的过程,相信读者可以在字里行间找到。

感谢读者,感谢生活,感谢博大精深的中华传统文化。也感谢那位双目炯炯的朋友(遵他意,不提他姓名),倘不是他,这本书永远没有与读者见面的机会。

正是:中华故事犹如昨,细雨骑驴入剑门。

是为自序。

蔡钢安于花城沁芳园三和台

第一编

明道

明利害之道

爱国弦高：
商道的最高精神

【故地抒怀】

过河南偃师咏弦高

贾人重利即无知，史有弦高济难时。
国破谁明商道在，千秋犹话退秦师。

注：弦高是春秋时期郑国商人，经常来往于各国之间做生意。公元前627年正月，秦国偷袭郑国，在国家危难之时，他见义勇为，智退秦师，为救国保民做出了很大的贡献。其时，秦军越过周都洛阳北门进入滑国境内，智退秦师的故事即发生在今偃师缑氏一带。

【现场感悟】

国家利益高于一切

参观完翟镇号称"中华第一王都"的二里头夏商文化遗址，行走在偃师的街道上，我仍在为悠久和厚重的中华文明自豪不已。回想到专家的介绍，作为政治实体的中国，目前最早可以上溯到二里头，"这里就是'最早的中国'"，心中有一种莫名的激动。

路过一家小小的书店,书店门口,坐着一位老者,须发皆白,长髯飘胸,虽系年过古稀,但精神矍铄,声音洪亮,正在侃侃而谈。对面坐着一个10岁左右的孩子,双手托腮,正认真听那老人家讲话。

我不禁停下脚步倾听,原来那老者正在为孩子讲故事。

"还有一位郑国的弦高先生,那更是一位义薄云天的商人。秦穆公派兵车攻打郑国的时候,大军经过我们这地方,这时,弦高恰好赶着一群牛到洛阳贩卖,也到了我们这儿。得知秦军要去攻打自己的国家,弦高沉着应对,他一面派人火速回国报信,一面假扮成郑国的使者,求见秦国大将。秦国大将听说后大吃一惊,接见了弦高。弦高说:'我是郑国国君派来的特使。我们国君听说几位将军要到郑国来,特派我送上一份薄礼,以犒劳远道而来的贵军将士,略表郑国上下的心意。'接着,他献上了12头肥牛和4张熟牛皮。弦高走后,秦国的将领们商量道:'我们本来是准备长途奔袭的,现在郑国有了准备,我们还是回国吧。'就这样,郑国因为弦高而避免了一场灾难。后来郑穆公以高官厚禄赏赐弦高,弦高却婉言谢绝,带着家人到外地做生意去了。"

"弦高是一个牛贩子吗?"那孩子扬起脸蛋问。

老者点点头:"虽然弦高只是一名普通的牛贩子,但他心系国家,当国家危难之时,毫不犹豫地将自己的老本——牛群及牛皮都献了出去,比起那些名门大户,觉悟不知高出了多少倍!"

那孩子想了想,又问道:"我们学过一句话,'位卑未敢忘忧国',讲的就是这个意思吧?"

老者郑重地点了点头,说:"是的,一个人不管有多高的成就,赚了多少钱,都应该为他的国家着想,没有国,哪有家啊!"

我听着老人的感叹,内心一动,不由得向他多看了几眼。老人发现了我,冲我笑了笑,停住了话头。

为了不打扰这爷孙俩的对话,我悄悄地离开了,但老人的话却提醒了我,偃师市与今巩义市、登封市相交部分地区即为古时的滑国,正是弦高智退秦兵的所在地——我决定去寻访弦高的遗迹。

时值秋天的午后,太阳明晃晃地挂在蓝天上,几片白云点缀其间,天空澄明无比。我寻访了一些地方,请教了一些单位,询问了不少行人,结果却让我大失所望，偃师虽是弦高智退秦师的故地，但岁月流逝，这里并没有留下当年的丝毫痕迹，哪怕是一块砖、一片瓦，甚至一个牛脚印。

真是遗憾！

"弦高退兵"的故事之所以千古流传，是因为弦高作为一介商人，心里装的却不全是"逐什一之利"，而是把国家的安危和民族的利益放在首位。他不仅用自己的宝贵财富作为"犒"秦军之资，而且事后郑国君因此欲奖赏他时，他也坚辞不受。他说："作为商人，忠于国家是理所当然的，如果受奖，岂不是把我当作外人了吗？"后来，他带着家人前往东夷（现江西省婺源县紫阳镇，以前就叫弦高镇），不再返回郑国。

那老者讲得对，有国才有家，没有国家，何谈商道？墨子说，义，就是利，利也是义。而心怀国家，是"义"的最大体现。

自弦高以来，爱国的商人从不缺少。

霍英东先生是香港知名实业家，他年轻时就有为国家做事的志向、激情和胆略。抗美援朝期间，在西方国家对我国实施全面禁运、港英当局武力"缉私"的情况下，他在香港组织了颇具规模的船队，为祖国运送了大量急需物资，有力地支援了抗美援朝。改革开放伊始，他即投资兴建中山温泉宾馆，成为最早到内地投资的香港企业家之一。他与广东省有关部门合作投资兴建的我国第一家由中国人自己设计、施工和管理的大型现代化酒店——广州白天鹅宾馆，受到邓小平的好评。他为广州南沙的开发建设呕心沥血十多年，在滩涂上建起了广州南沙滨海新城。他还捐出巨资，倾力支持国家的教育、体育、扶贫、慈善和中医药等事业。霍英东将个人的命运与国家民族的兴衰融为一体，为祖国改革开放和现代化建设事业，为香港的回归及繁荣稳定发展做出了不可磨灭的贡献。

马万祺则是我国澳门知名爱国商家。解放战争开始后，马万祺为中国共产党在澳门组建了一家商贸公司，专门销售解放区的土特产，购买解放区急需的各种物品。在马万祺的打点下，中国共产党有了一条从华北直到澳门的海上秘密航线，为北方解放区的经济发展做出了卓越的贡献。对于多年来对社会所做的诸多贡献，马万祺在接受媒体访问时，只是淡淡地说："身为中国人，能尽自己的绵薄之力为祖国做些事，此生无憾。"

无论是香港的霍英东、澳门的马万祺，还是当年不计生死得失，为抗日救亡抢运物资的卢作孚，还有今天关心国防建设，为国家购买"瓦良格"号航母（即中国第一艘航母"辽宁"号）的徐增平等，在他们的身上，我们都可以看到义商弦高的爱国精神。

不知不觉，在偃师转悠到了傍晚。晚饭时，餐馆里的电视上正播放一个集体访谈节目。主持人问几位受访的企业老板"在拥有相当的财富后，你们有什么新的想法"时，富豪们有种种回答，什么"准备扩大规模""对外投资""走遍世界"等等不一而足，最有共识的是"移民国外"，却没有一个人谈到"责任"两字。

这或许正是当前部分企业家的真实写照。赚钱之后，去国离乡，移民海外，寻找空气更好、福利更多、地多人少的"世外桃源"。国家和民族，在他们眼里，也许不如金钱和优越的生活重要吧。

离开偃师的时候，太阳已落山很久了，天上早早托出一轮明月来。璧月柔柔，如水银泻地。虽然华灯已上，但月色使街道上的灯光都变得暗淡起来。我忽然想，弦高先生的义商精神不正如这空明的秋月，默默地挥洒着自己的清晖，给迷路的行人指引着方向，而自己什么都不用留下吗？

商祖王亥：开启商贸时代

【故地抒怀】

过河南商丘咏王亥

王道初开驯化功，始知贸易古今同。
诸君若问商人事，便是殷墟高祖风。

注：王亥（公元前1854—公元前1803），子姓，又名振，夏朝中期商丘人，商部族的第七任首领。王亥不仅帮助父亲冥在治水中立了大功，还开创了华夏商业贸易的先河，久而久之，人们就把从事贸易活动的商部落人称为"商人"，把用于交换的物品叫"商品"，把商人从事的职业叫"商业"。商朝建立后，追尊王亥庙号为商高祖。

【现场感悟】

华商崛起正其时

在世界范围内，与"商"字关系最密切的地方非商丘莫属。

商丘是夏朝商族始祖阏伯的封地和归藏地，是商族开枝散叶的发源地，是王亥开创华夏商业贸易先河的创业地，是商汤灭夏、建立商朝的建都地。

作为华夏子孙，不能不寻根到商丘。作为商界人士，不能不探源到商丘。

走进商丘古城，仿佛走进了"三皇五帝"的远古传说之中，走进了战国时代的百家争鸣之中。处处可见的古遗址让我不由自主放轻了脚步，我清醒地意识到，我的脚下叠压着西周宋国和汉唐时的睢阳古城、赵宋朝的南京城、元朝的归德府城等几朝古都重镇。

站在古城墙上，鸟瞰商丘古城，但见城墙、城郭、城湖三位一体，外圆内方，犹如一枚巨大的古钱币造型，建筑十分独特，隐喻着商丘的古华夏商业发祥地的地位。

远远地，可以看到一面由三个小门组成的门墙极为醒目。这个大门墙以三个甲骨文"商"字变形而来，设计十分独特，门顶都装雕着玄鸟，蕴含着"玄鸟生商"的意思。三个小门分别代表商族之源、商业之源和商朝始都的寓意。火红的颜色，象征着商家生意红红火火、蒸蒸日上。

进了这个"三商之门"，让人印象深刻。

穿过由各个历史时代的货币图案构成的富商大道，来到地上刻满"商"字的万商广场。灿烂的阳光下，一尊高大的铜像矗立在广场中央，熠熠闪光。这位既有王者气概又有商家睿智的人物，便是华商始祖王亥。

铜像周围，人山人海，涌动不止，原来，当天恰逢祭祀王亥的活动。热闹的情景，让我仿佛穿越近4000年的历史，看到了一个跨境贸易的拓荒者，正在为众人膜拜。

商部落的强大是从王亥的商业贸易开始的，他不仅亲自驯服了牛，并且驾着牛车，到各个部落去进行贸易。商业活动使商族粮食日益增加，国力日渐强盛，终于在汤的时候取代夏朝，建立商朝，都城就设在商丘。所以，王亥在商朝人的心目中具有极高的威望。史载，商朝人有时甚至用祭天的礼节来祭祀王亥。

从王亥开始，商业具有了独立的活动和文化。正是商业的兴起，极大地推动了社会的发展和进步。商业成为社会创造财富的一种机制，成为创造价值的工具，并赢得了"商人"和"商业"的专有称谓。以王亥为代表的商人群体从诞生的那天起，就通过商业和经营活动承担着特殊的社会责任和历史使命。

可以毫不夸张地说，王亥开创了一个划时代的文明形式。

今天的商业已经从王亥时代局部的商品交换发展到全球范围内的价值交互。商业不再是简单的赢利，不再是个人的兴衰，而与国家的兴衰息息相关。

如今，"大国崛起"正成为世界热门的话题，而大国能否崛起，主要还得看商业与经济。如第一次产业革命让英国成为世界工厂，其强大的经济实力和广阔的殖民领土，让英国在18世纪实现了大国崛起；第二次产业革命，美国、德国后来居上成为世界经济强国，美国、德国借此发展军事以及政治，促进了国内繁荣和国际地位的提高。直到今天，美国GDP（国内生产总值）依然位居世界第一，占世界的比重超过两成。

可以说，如果没有商业和经济的支撑，美国很难成为世界性的大国。大国崛起与"大商崛起"互为前提，彼此促进。商业兴盛才能造就大国，开放自信才能孕育"大商"。比如，"一带一路"既是国家重要的战略，也是企业的重要战略。结合"一带一路"倡议，在沿线国家进行投资、人员交流、基础设施开发，促进贸易和创造福祉，华商融入全球化的"黄金时代"必将加快到来，中国的崛起进程必然加快。华商随中国崛起，这是一个大大的中国梦！

要实现中国梦，必须将重商兴企上升到国家的长久战略。

改革开放后，一代又一代的华商，乘时乘势，创造了中国经济的繁荣，也将中国推上了全球第二经济体的位置。有人预测，世界即将进入华商时代，中国的实力将会进一步增强。

在崛起的华商中，可谓群星璀璨，竞相争辉。如果说王亥是一个遥远的华商神话，那么，阿里巴巴集团董事局主席马云则是如今的华商神话。

马云是最早在中国开拓电子商务应用并坚守在互联网领域的企业家之一，他和他的团队创造了中国互联网商务众多第一。他开办中国第一个互联网商业网站，他提出并实践面向亚洲中小企业的B2B电子商务模式，为中小企业创造了无限机会。他创办的淘宝网成为亚洲最大、中国深受欢迎的网购零售平台。哈佛大学两次将他和阿里巴巴经营管理的实践收录为MBA案例。

马云不仅创造了商业奇迹，也以雄厚的财力和宽广的胸怀承担着其他人难以承担的社会责任。他于2002年3月10日起全面推行"诚信通"计划，从而在全球首创企业间网上信用商务平台；他发起并策划了著名的"西湖论剑"大会，使之成为青年企业家交流与成长的平台；他联同柳传志、史玉柱、钱颖一等企业家和著名学者发起创办了坚持公益性和非营利性的湖畔大学，出任首任校长，立志培养新一代企业家。

马云的贡献，并不在于他所赚取的巨额财富，而在于他引领了互联网与商业的联系，推动了广大中小企业的发展，创造更多的就业机会。2016年，阿里巴巴零售平台的商品交易额突破3万亿元，成为全球大型的移动经济实体。

事实上，企业家的商业贡献要远远大于慈善和公益，也远远大于他们创造的财富和利润。通过创新和创造，使个人实现价值，使国家富强，使人民幸福，使社会进步，这才是商人追求的方向。

十月的太阳被称为"秋老虎"，依旧晒得人皮肉生疼，更何况，华商广场上人山人海，热浪此起彼伏。我抹了把额头上的汗，从雕像旁挤了出来。

正想找个地方歇歇，迎面跑来一个小贩，脸上满是汗珠，向我兜售各种各样的纪念品。我翻拣了一下，随口问道："那儿不是有专卖纪念品的商铺吗？你的商品会不会是山寨货？"他神秘地小声说："我们直接从厂家进货，去除中间环节和费用，又不用交租，基本上没有税费，所以，比他们便宜。"

我看着他纯朴的面容与企盼的眼神，笑了，然后随意挑了两件纪念品。他收了钱，又匆匆奔向了下一个目标。望着他烈日下的背景，我天马行空地想：在全球化、信息化和智能化的大背景下，新的商贸时代已经开启。谁能知道，他不会是明天的王亥或下一个马云呢……

睿智老子：
利而不害上善水

【故地抒怀】

安徽涡阳见武家河有感

东来紫气耀神州，诵罢鸿篇已白头。
上善谁知真若水，利而不害事悠悠。

注：老子（约公元前571—约公元前471），姓李名耳，字伯阳，又称李聃。老子是春秋战国时期著名的思想家与哲学家，世界历史文化名人。传说《道德经》为老子所著，又名《老子》。道家后学将老子视为宗师，与儒家的孔子相比拟，史载孔子曾问学于老子。关于老子的故里，有安徽涡阳和河南鹿邑之争，各持理据，至今未有定论。

【现场感悟】

从不争到不害

武家河不长，古称谷水，是安徽省亳州市涡阳县老子故里的一条小河。传说武则天到天静宫祭拜老子的时候，不满老子庙成为李家祠堂，遂赐谷水姓武，后当地称谷水为"武家河"。

武家河全程虽只有35公里，但她流淌着长长的中华故事和深深的中华文化。

在一个晨光初照的早上，我来到这条千年不息的小河边。不知是因为水体已经富氧化，还是被披上了神秘的面纱，九曲十八弯的武家河水色深湛，看不见底。据传，当年的老子就是面对着这沉静的水面，悟出了"上善若水，水善利万物而不争"的深刻意理。

我坐在一块不太平坦的石头上，一如当日的老子，面向着寂默无声的细流，陷入了对水的凝思。

老子的哲学，最引人注目的是关于水的思考。一部《道德经》，老子在其中多次提到了水，可见老子对于水是多么的偏爱。他说："上善若水，水善利万物而不争，处众人之所恶，故几于道。居善地，心善渊，言善信，政善治，事善能，动善时。夫唯不争，故无尤。"这是老子总结的水的特点，也是道德经中最为精彩的部分。老子把水人格化了，认为人最高尚的品德就犹如最平凡的流水。

水的不争，是无心之不争，是自己的天性使然。有个故事讲，禅师见蝎子掉水里，要捞起它。谁知一碰，蝎子蜇了他手指。禅师无惧，再次出手，岂知又被蝎子蜇一次。有人问："它蜇你，何必救它？"禅师答："蜇人是蝎子天性，捞它是因为我的天性，我岂能因它的天性而放弃我的天性？"

水的天性，是无心与万物相争，"居善地"而向下，总是往低处流，这就是谦虚、不争。水"心善渊"，即从心态来说，水具有大海、深渊一样的胸怀。水善于变化，能根据容器的形态来改变自身的形状，将自己的特点最大限度地发挥出来。同时，水又能在不断的气温及形态变化之中永远保持着水的特质：0℃以下成为固体，100℃以上成为气体，常温下即为液体。水为常态时可洗涤万物，包容一切。

水能够养育万物，功劳最大，却不与万物相争，体现了水的奉献精神和牺牲精神，也表现出谦虚、卑下、无为的优良品质。

然而，水又是强大的。水滴石穿，说的就是水绵延无穷的韧劲，经过千载万年的时间，纵然再坚硬的石头，也会在水的冲刷下溃散于无形。但水从不恃强，在川流不息、百转千回之间，总是绕过一个个障碍，从最低下、最细小的缝隙中奔涌而出，顺流入海。

基于此，老子对水推崇备至。

千百年来，众多商家受"上善若水"思想的启发，努力追求"利而不争"的最高境界，从而达到"无为而生利"的终极理想。

李嘉诚是长期以来公认的全球华人中最成功的企业家之一。他对"利而不争"就有自己特别的理解。

有一次，李先生与一家日本企业谈合作，经过友好协商后签订了合同，大家对合作都表示满意。回家以后，李先生发现还是有不合理的地方，于是约请对方商议修订合同。第二天，日本商家忐忑不安："我们再调低些利润也是可以的，但希望不要降得太多。"李先生说："不是要求你们减少收益，而是我们自己要主动削减利润。"日本人听闻此言目瞪口呆，简直不敢相信自己的耳朵。李先生解释道，他回家后又复算过一次，这份合同自己获利太多了，这种合作是难以持久的，故此希望调整合同。

这就是李嘉诚的风格，不是与合作者、竞争者、消费者和社会各利益相关者去争更多的利，相反是让更多的利，让对方获得更多。大家都知道和李嘉诚合作会赚得更多，谁会不愿意和他合作呢？

李嘉诚的"不争"当然是值得肯定的，但是，现实却残酷地告诉我们，在商业社会中，要求每一个人都"利而不争"并不现实，也不容易做到。天下熙熙，皆为利来；天下攘攘，皆为利往。特别是现代社会，"商场如战场""竞争不同情弱者""市场不相信眼泪"等说法不仅充斥耳膜，而且每天在真刀真枪地上演，市场本质上就是一种优胜劣汰的竞争。一家企业如果真的"不争"，恐怕迟早得关门，你不想关门，也迟早会被市场淘汰。

故此，有人认为，老子所推崇的"利而不争"在现代商业实践中难以直接实现。

其实，在《道德经》中，老子还指出："天之道，利而不害；圣人之道，为而不争。"天道无心，人道有心。经商之人，行道而立德，尤须抱持上善之心，即市场竞争既然无法避免，那我们能不能心存善念，做到"利而无害""争而无污"呢？

所以，我想，我们不妨把老子"上善若水"的思想和人道、商道的准则,从"利而不争"的高点回归到"利而不害"这个基点。

　　世界著名互联网公司谷歌在2004年的公开募股招股书中发布了著名的"不作恶"宣言:"我们坚信,从长远来看,为世界做好事的公司会更符合我们的需要,即使我们为此放弃一些短期利益。"或者,正是"不作恶"的信念引领谷歌取得了非凡的商业成就。让世界变得更好的企业,才能赚更多的钱。

　　有竞争就可能有恶性竞争。在恶性竞争中,法规、公平、道德、环境、正当的权益随时会被忽视。在扭曲的竞争中,毒米、毒奶、毒油等假冒伪劣"毒品"会层出不穷。如果丢失了商道的根本和做人的底线,这些奸商便只会以个人私利的最大化为出发点和落脚点,必然是不顾他人的利益,甚至将自己的利益建筑在他人的痛苦之上。长此以往,必将形成"人人害我,我害人人"的恶性循环。

　　正确理解和有效实践老子"上善若水"的思想,坚守"不害"的底线和做出"有利"的贡献,从"利而不争"回到"利而不害",对企业经营有着格外重要的现实意义。所谓商道,简明扼要地讲,就是"利而不害"——有利且无害于消费者,有利且无害于合作伙伴,有利且无害于社会,有利且无害于大自然。

　　不知不觉间,太阳在身后升起老高了,后背被晒得阵阵灼热。我站起身来,活动了一下坐麻了的双腿,想:我的思考当然是浅薄的,如果老子有灵,定会大大地取笑我一番吧。

商圣范蠡：
最成功的男人

【故地抒怀】

谒山东菏泽市定陶墓怀范蠡

等闲开国等闲归，湖上烟波映夕辉。
赚得黄金还散尽，人间商圣始巍巍。

注：范蠡（公元前536—公元前448），字少伯，春秋时期楚国宛地三户邑（今河南省南阳市内乡县）人。春秋末著名的政治家、军事家、经济学家和商业家，是中国道商的鼻祖，被后人尊称为"商圣"，自号陶朱公。传说他曾三次经商成巨富，三散家财。

【现场感悟】

舍得之间

从山东省菏泽市定陶县城往东北走五里路，就到了一个叫崔庄的小村落。从一条不起眼的小路转入，穿过一片田地，可以看到村北有一大冢。据说，芳草之下，隐居着中国商圣的神灵。

落日的余晖照在元宝状的祭台上，四野笼罩着一片神奇的薄雾，弥漫着一种神秘的气息。光影之中，2000多年前的商圣仿佛就在眼前。

中国人对范蠡并不陌生。范蠡是越国著名的谋臣，他与文种联手，协助勾践兴越灭吴，意识到勾践只可同患难，不可共富贵后，他毅然弃越奔齐，弃官从商，运用计然之策，屡积巨资，富甲天下。范蠡居高位而坚辞，得亿金而散尽，携西施去隐居，被认为是中国历史上最成功的男人。

西施是否陪伴范蠡浮舟五湖，已不可考，但范蠡成为史上最早、最著名的商业家及慈善家之一，已确认无疑。

范蠡和文种用了计然七策中的五策，十年"生聚"，十年"教训"，辅佐勾践振兴越国，灭掉强吴，使越国成为春秋末期的强国，最后官封上将军。范蠡受道家思想影响，以为盛名之下，难以久居，应当适时而退。他在一次随勾践征伐邻国途经五湖时，向勾践告辞，说："君王好自勉之，臣不复入越国矣。"勾践大感意外，软硬兼施，但还是没能留住范蠡。范蠡"乘扁舟，出三江，入五湖"，从此不知去向。而他的老朋友文种，同为越国功臣，却落了个"飞鸟尽，良弓藏，狡兔死，走狗烹"的结局，遭小人谗害，被越王赐剑自裁。

范蠡离开越国后，来到了齐国海边，化名"鸱夷子皮"，实践计然的经营理论，除了耕作外，还从事捕鱼及晒盐，很快便累积了数千万资产。中间，齐王曾拜他为相，但三年后他再次急流勇退，归还印信，尽散家财，迁移到了陶地，改姓朱氏。

陶地是齐国当时的经济中心，是商人投资的乐土。范蠡根据市场规律，追逐市场机会，不久又获利亿万，再成巨富，自号"陶朱公"。

19年间，范蠡三聚三散，富而有德，乐善好施，既积累了财富，更积累了荣名。

范蠡吃透了计然的经营思想，注意选择经商的大小环境，把握商品贵贱之间的辩证关系，懂得商品的价格是随着市场供求变化而波动的道理，得出"贵上极则反贱，贱下极则反贵"的结论。他强调要善于掌握时机和行情，乐观时变，待时而动，逐于时而不责于人，"弃之如粪土，取之如珠玉"，屡试不爽。可以说，早在2000多年前，他就已经看清了市场机制和价格规律这一"无形之手"了。

懂取舍，知进退，无论是从政还是经商，这都是范蠡的成功之道。

俗话说：舍得舍得，懂得舍弃才会获得，小舍小得，大舍大得。俗话又说：进退进退，以退为进，退一步进二步。深谙舍得和进退之道，使范蠡无论在政界还是商界都如鱼得水，左右逢源。舍弃家财和急流勇退从来就不是一件容易做到的事情，尤其是正当"春风得意马蹄疾"的时候，更需要有淡然的内心，有知止的睿智，有审时度势的眼光，有断然转身的勇气，最后才有泛舟五湖的潇洒。难怪大文豪苏东坡曾慨叹说："呜呼！春秋以来，用舍进退未有范蠡之全者也。"

当今的优秀企业家，亦不乏深谙此理者。

万科最早是靠倒腾饲料起家的，在做进口录像机生意时，据说利润率达到200%～300%。王石意识到超额利润难以持续的时候，许多公司还挤破头纷纷进入这个行当，产品一时供过于求，利润急转直下。王石果断退出了这个市场。后来，万科提出利润超过25%的项目不做，其根源就在于此。超额利润不取，为万科赢得了好名声，亦奠定了万科健康和可持续发展的基础。

近年被房地产界广泛提及的减法，万科早就已经开始做了。万科前身为深圳现代科教仪器展销中心，经营从日本进口的电器、仪器产品，还开办服装厂、手表厂、饮料厂、印刷厂、百货零售等。用王石的话来说，就是"除了黄、赌、毒、军火不做之外，基本上万科都涉及了"。在刚开始，万科的零售和饮料都做得很好。万科旗下的万佳百货是深圳最早的仓储式百货公司，第一家万佳百货就开在华强北，生意十分火爆，万佳百货甚至带动了华强北的兴旺发展。为了将房地产业务做大、做强、做好，万科实行减法，将零售和饮料等业务一概卖掉。

当时，国内正进行宏观调控，房地产市场的大环境相当严峻，万科要放弃其他已经成熟的"金牛"项目，这确实需要大的见识和大的气魄。正是凭借清晰而又坚定的专业化战略，知退敢进，万科坐上了并多年稳坐中国房地产行业第一的宝座。如果万科还坚持着原来的多元发展格局，现在还能不能成为中国房地产市场的领军品牌就不好说了。

王石是万科的创始人，不管基于什么原因，他在万科持有的股份极少。1999年以后，他逐渐淡出万科的日常管理，游学哈佛，攀登世界各地的高峰，冲浪划船，创办"壹基金"，一如往日的范蠡，生活多彩而快活。

范蠡与王石，相隔千年，本风马牛不相及，但在定陶的田野中，在即将消散的晚霞中，我赫然发现他们颇有相通之处。他们都在告诫我们，"若不撇开终是苦，各自捺住即成名"。先舍才有得，先退才有进，先减才有加，先除才有乘。

仁和子贡：儒商鼻祖

【故地抒怀】

谒河南鹤壁浚县子贡墓

端木遗风在，儒商信可传。
取财唯有道，巨富亦跻贤。

注：子贡（公元前520—公元前456），即端木赐，复姓端木，字子贡，春秋末年卫国（今河南省鹤壁市浚县）人，孔子的得意门生。子贡善货殖，为孔子弟子中首富，有"君子爱财，取之有道"之风，为后世商界所推崇，是儒商之祖。

【现场感悟】

端木遗风多仁和

中央电视台的大型纪录片《中国商人》中，有"中华儒商"专集，一经播出便受到追捧。"儒商"一词，也跟着再次成为热点。

如果一个企业家被尊称为"儒商"，历来都是很高的赞赏。只有以儒学为根基、以诚信为准则、奉行"富而好行其德"的成功商人，才配享此美誉。儒商的特点，不仅为人处事温文尔雅，一团和气，而且，内心向"仁"，义无反顾，处变不惊。

子贡，便是儒商的鼻祖。

初春的清晨，我陪同朝阳一起来到浚县城东南的东张庄。穿过一片高高低低的树林，走过一段弯弯曲曲的土路，经过一片松松软软的田野，越过一块块大大小小的碑石，当阳光停留在前方一个近10米高的土丘时，土丘顿时笼罩在一片金光之中，这就是子贡长眠的"龙头"之地了。

细看坟茔前的大型青石质墓碑，只见"先贤端木子贡之墓"八个大字端庄凝重——这位无论是治学还是经商都独具天赋的贤者，身后的2000多年，一直安卧在故乡的庄稼地中。

在孔子的门徒中，子贡非常出色，与孔夫子的关系也甚为密切。子贡还有重要的一项技能，就是孔子所说的"臆则屡中"，很会做生意。但是，子贡虽然商务繁忙，却没有抛下自己的学业，仍然敏而好学，"闻一知二"，《论语》中有关弟子向孔子请教的内容，子贡是众弟子中最多的一个。

一方面研习儒家的"仁义礼智信"，一方面在经商实践中加以应用，子贡逐渐形成了自己的经商特点，开辟了传之后世的"儒商之道"。

儒商之道之一，是义字当先。

孔子曰："富而可求也，虽执鞭之士，吾亦为之；如不可求，从吾所好。"这说明儒家的思想学说对经商并不轻贱，关键是不取不义之财。子贡作为一个儒者和商人，严格遵循老师的教诲，把义字放在第一位。

子贡曾向孔子请教："如有博施于民而能济众，何如？可谓仁乎？"意思是说："假若有一个人，他能给老百姓很多好处又能周济大众，怎么样？称不称得上仁？"孔夫子立马将此提升到"圣"的高度，以鼓励他的弟子。子贡努力向这方面靠拢，尽量处理好"义"和"利"的关系，用正当的方式合情、合理、合法地谋取利益，决不"见利忘义"，关键时刻还能做到义利分明、以义生利。

"博施于民而能济众"，用现代商业眼光看，颇有些做慈善的味道。在那个时代，子贡不仅谨记老师的教诲，并将慈善作为自己赚钱的动力和目标，这是多高的境界！

儒商之道之二，是诚信经营。

《论语》多处记载子贡与孔子探讨"信"的问题。他深知"信"乃立足之本，没有"信"，一切就荡然无存，更谈不上什么发财致富了。孔子说："言忠信，行笃敬，虽蛮貊之邦，行矣。言不忠信，行不笃敬，虽州里，行乎哉?"意思是："说话老实守信，办事勤恳恭敬，即使远到蛮夷之地也通行无阻。说话没信用，办事不地道，即使近在本乡本土也吃不开。"

诚信不仅指在经商的过程中诚实、讲信用，遵守书面或口头的契约，还包括道德层面的自律、个人品行的约束，甚至是法律法规的恪守等。诚信是商业的根本和基石。没有诚信和契约，商业运作将混乱无序、一塌糊涂。

子贡曾向孔子请教"备足粮食、充实军备、老百姓对政府的信任"这三点哪一点最重要时，子贡问："如果非要去掉一项，去掉哪一项呢?"孔子说："去掉军备，饭还是要吃的。"子贡又问："还要去掉一项，又去掉哪一项呢?"孔子回答说："去掉粮食。因为，自古以来谁也免不了一死，没有粮食不过是饿死罢了，但一个国家、一个政府不能得到老百姓的信任就要垮掉。"

议论的虽然是政事，但同样适用于商业经营。子贡恪守诚信思想，他的生意才越做越大。

儒商之道之三，也是子贡最突出的一点，就是仁和之风。

仁和是儒家的重要思想之一，儒家强调"以仁为本，以和为贵"。"君子和而不同"就体现了"和"的精神。孔子说："己所不欲，勿施于人"。子贡则进一步阐述老师的话："我不欲人之加诸我也，吾亦欲无加诸人。"孟子的"天时不如地利，地利不如人和"，则从另外的角度强调了"和"的价值。

在具体经商中，子贡强调要理解和宽容他人。子贡曾和一商人做买卖，该商人因某种原因不得不延迟交货时间，此时子贡有两个选择，一是不再与他交易，二是了解原因，如果情有可原就再给他一次机会。子贡选择了第二种。如果他扭头就走，或许他就失去了一个商业机会和一个商业伙伴。

子贡把儒家思想融入自己的经商过程中，积累了大量财富。据《史记·仲尼弟子列传》记载:"子贡好废举,与时转货资……家累千金。"但是,子贡并不傲慢,待人处世还是彬彬有礼。

自子贡之后,儒商更加重视和发扬"仁和"精神,提倡"和气致祥",认为老板与雇员之间、商家与客户之间、商家与商家之间、商家与社会之间都要"和气生财"。这是实现互生共赢、持续发展的基本条件。

如今,儒家的"仁和"思想已经渗透到人们生活的方方面面,如世界和平、民族和解、社会和谐、家庭和睦、个性和顺等,都是儒家文化中"仁和"理念在社会生活各个层面的体现与诉求。而且,这种理念已经跨越国家和民族的界限,影响到了全世界。沃尔玛公司创始人山姆·沃尔顿曾在海南博鳌论坛上意味深长地对人们说:"沃尔玛最初的灵感就来自中国古老的商人——端木子贡!"

台湾前首富、世界"塑胶大王"王永庆十分重视这种仁和精神。他认为,其创办的台塑集团与下游企业是唇亡齿寒的关系,一荣俱荣,一损俱损。因此,王永庆从不利用"龙头老大"的地位为自己争利。相反,他宁可自己少赚点,也要保障下游企业的利益。有一年,由于世界石油危机和关贸壁垒盛行,国际经济环境恶化,全球塑胶原料价格普遍上扬。按市场常规,台塑集团此时提价是名正言顺的。但是,王永庆考虑到下游企业的承受能力,决定降低公司的利润目标,维持原供应价,自行消化涨价成本。有人问他为什么如此大度,他说:"如果赚一块钱就有利润,为什么要赚两块钱呢?何不把这一块钱留给客户,让他去扩大设备,如此一来客户的原料需求量将会更大,订单不就更多了吗?"

只有与上下游企业的关系和谐了,才能长久共存,才能保证台塑集团自身的长久利润。这就是王永庆的仁和之风。

千百年来,儒家文化已经浸润至中国人的骨髓之中,在一定意义上,儒家精神就是中华文化之魂。在现代商业活动中,注重个人修养、诚信经营、团队合作、义利兼顾、拥有家国情怀、抱负救世济民理想的儒商,在中华崛起的过程中扮演着越来越重要的角色。

值得注意的是,在现阶段的中国,野蛮生长的企业也大量存在,市场上的积极拓展与经营管理上的仁义谦和如何更好地兼顾,成为了摆在企业家面前的重要课题。我们衷心希望涌现更多仁和的儒商,而不是张牙舞爪的"狼商"。

转眼间,太阳升上高空,早春的寒意一扫而光,只觉得周身暖洋洋的。我放眼四周,但见一丛丛不知名的野花,红的、白的、黄的,姹紫嫣红,无拘无束地绽放自己,无私地装扮着春天。

我顺手摘了一束,恭恭敬敬地献在子贡的墓前。

春风拂过,田野里的野花显得更加摇曳多姿。我望着这五彩纷呈的野花,心想:子贡的精神如同撒下了花的种子,而现在崛起的儒商犹如这争放的花朵,鲜艳夺目,让天地间充满了勃勃生机,也给中国经济社会的发展带来了无尽的生机。

战神白起：
身后空余千载恨

【故地抒怀】

访陕西眉县常兴镇白家村白起故里有感

四十万人尸骨寒，长平战事等闲看。
何如改写春秋意，一将功成万室欢。

注：白起（？—公元前257），又名公孙起，16岁从军，后为秦国大将，历大小70余战，没有败绩，被封为武安君。攻赵时先后歼灭赵军60余万，长平之战重创赵军主力，为秦国统一六国做出了巨大的贡献。

【现场感悟】

一将功成万室欢

经过立在村道拐弯处高高的"秦武安君白起故里碑"，就来到白起的故里——陕西省眉县常兴镇白家村。

从白起的归宿地——咸阳市渭阳乡任家嘴村赶到这里时，已是黄昏光景。村里一片宁静，金灿灿的柿子挂满枝头，家家户户的门前及道路上都堆晒着玉米，老人们三五成群在村头树下闲谈。村里的白起祠大门紧闭，几个小伙正在祠前广场搭建铁架。在村小学旁的小溪边西望，半坠的红日仿佛是一面历史的铜锣，敲奏着远古的节奏。天际彤云翻滚，让人联想到长平战场昔日的血雨腥风。

望着落日，唐代诗人曹松的名句"泽国江山入战图，生民何计乐樵苏。凭君莫话封侯事，一将功成万骨枯"闪过脑海。从古至今，多少帝王将相、英雄豪杰所立下的赫赫战功，其实都是由无数士卒的森森白骨垒砌而成，他们庆功的酒杯里盛满了鲜血，而那些死去的人们，甚至连名字都无人知晓。

诗中制造了"万骨枯"的"胜利者"就是出生于该村的白起。这位鼎鼎大名的"战神"又称公孙起，是中国古代著名的将领、军事家。司马迁称赞他"料敌合变，出奇无穷，声震天下"。他征战六国，为秦国"横扫六合"做出了巨大的贡献。据传，因为崇拜出将入相的吴起，其父亲将儿子的名字定为"起"。果然，白起日后成为继孙武、吴起之后的又一个军事天才，与廉颇、李牧、王翦并称为战国"四大名将"，位列战国四大名将之首。《史记》载明，白起37年共取86城，歼敌165万，未尝败绩，为秦国的统一大业立下不世之功。

公元前266年，秦相范雎提出了"远交近攻"的战略思想。公元前262年，秦国发动了攻打韩国的战争。公元前260年，长平之战的序幕被拉开。战争经过了上党归赵、廉颇军与秦军坚壁对垒、秦使反间计、赵孝成王阵前易帅、白起暗领长平之师、赵括被围等几个阶段，最后以秦胜赵败而结束。白起屠杀赵降卒40余万，尸骨遍野，头颅成山，血流成河，成为古今中外战争史上最残酷的一次杀俘事件。

白起为此而悔恨终生，他伏剑自刎前说："我何罪于天而至此哉？"良久，又说："我固当死。长平之战，赵卒降者数十万人，我诈而尽坑之，是足以死！"

"鸟之将死，其鸣也哀；人之将死，其言也善。"白起临终悔悟，可惜来得太晚了。问心有愧的胜利，让临死的心灵受尽了煎熬。撕心裂肺、问心有愧的胜利还是真正的胜利吗？

常言道，商场如战场。其实，商场竞争激烈，竞争对手之间的你死我活，丝毫不亚于战场的血腥与残酷。在资源匮乏和不正当竞争等条件下，不少商家的成功也是建立在"万骨枯"的基础上。这边厢有人庆贺建成了庞大的商业帝国,那边厢却有人因商战失败、企业破产而从摩天大楼上将自己抛下……

知名网络即时通讯公司腾讯的微信红包开发出来后,举国一片欢腾。社会各界对这一独特的产品都发出一片叫好之声,不同的人群也随之享受到了一项商业计划获得成功的不同好处。百度公司有句名言:"让前台也成为百万富翁。"百度上市以后,的的确确造就了一大批亿万、千万和百万富翁。阿里巴巴有个暖心的员工持股计划……这些,都体现出信息时代新兴产业"互利共享、合作共赢"的新型商业理念。

台湾英业达集团副董事长温世仁曾说:"我过去25年所赚的钱,将来要用25年的时间花掉。从无到有,你的价值得到承认。而从有到无,则会让你赢得更多尊重。"

现代商业的成功,不仅要看你个人获得了多少权益,更要看你使大众获得了多少价值或帮助民众增进了多少利益。故此,要改造传统的商业逻辑及陈旧的成功评判标准,将"一将功成万骨枯"转变为"一将功成万室欢"。

实践已经证明,企业间的有效合作,往往能产生"1+1>2"的效应。那种"杀敌一万、自损三千"的两败俱伤的商业竞争模式正在被明智的企业家所摒弃,而代之以互补互利的合作和双赢的模式。

要想"一将功成万室欢",使各方雨露均沾,需要一种可操作的模式去实现,而方兴未艾的互联网及人工智能等新技术,正好以其开放、合作的姿态,为我们提供了践行的工具。

在白家村转了两圈,我沿原路返程,再经过村前高高的白起故里碑时,有一老一少正在碑前拍照,少年抚摸着高高的石碑由衷地赞叹道:"白起不愧是战神,从无败迹,真是伟大!"

老人却主动跟我攀谈起来。他说,白起当然是中国历史上了不起的人物,但白起的成功是令人遗憾的成功。在中国一些地方,杀猪的屠夫都被人看不起,何况是杀人的屠夫呢?作为白起家乡人,他既深感自豪,又为此而惴惴不安。

老人和少年慢慢走远了,我还在咀嚼着老人家仿佛矛盾的话。既深感自豪,又为此而惴惴不安?白起,何以死后仍让后世如此纠结?看来,立在村前和坟前的高大石碑,不如立在民众心中永远的丰碑。

白起因为在历次战斗中杀戮过重尤其是长平之战中坑杀降卒而终生悔恨,那些因为过度竞争、恶性竞争而在市场上杀伐过多的企业家,相信回首往事时也不免痛悔交加吧!

我顿时想起《阿房宫赋》中的名言:"秦人不暇自哀,而后人哀之;后人哀之而不鉴之,亦使后人而复哀后人也。"

六祖慧能：明心见性，即可成佛

【故地抒怀】

韶关南华寺谒六祖

三千皮相砉然开，莫说菩提明镜台。
守得禅心方寸地，人人皆可做如来。

注：慧能（638—713）是中国禅宗的第六祖。他师承五祖弘忍，主张直澈心源，顿悟成佛。慧能起初弘法岭南，是为南宗，其后蔚为"五家七宗"，影响深远。有《坛经》传世。

【现场感悟】

人人皆可成功

沿曹溪之畔去南华寺，让我惊奇于此地的绿，不禁将车停到路边，饱览一番。近处的参天古木，远眺的峰峦叠翠，大概其他地方也有，让人养眼的是此处独特的绿色，嫩绿、青绿、墨绿，一层一层地漾开，漾到远处，似乎连天空也被这绿溶化了；漾到溪水里，入水清幽，水木一体，流动着绿的涟漪。

在这令人陶醉的绿里，我徐徐进入南华寺，但见大门的对联不同凡响："曹溪开洙泗禅门，庾岭继东山法脉"。"东山"是指六祖曾在东山黄梅寺师从五祖弘忍大师。"洙泗"即洙水和泗水，孔子常在洙泗之间聚徒讲学，后常以"洙泗"代称孔子及儒家。由此可看出，六祖在禅宗的地位有如孔老夫子在儒家文化中至高无上的地位。

从大雄宝殿上去，迎面看到一棵菩提树。据说，当年释迦牟尼佛就是在菩提树下悟道的。印度高僧智药禅师在广州光孝寺种下了中国的第一棵菩提树。六祖到南华寺传教时，从这棵佛家"圣树"上剪了一枝移植到了南华寺。后来，智药禅师栽种的那棵菩提树干枯了，光孝寺僧人又到南华寺剪取六祖种下的菩提树枝续种在原处。两棵菩提树"母子关系"互相易位，成为佛门的一段佳话，也受到了历代佛徒的特别崇拜。

在这棵千年圣树下默立了一会儿，六祖"菩提本无树，明镜亦非台。本来无一物，何处惹尘埃"的著名偈语涌上心头，我内心一阵激动，迫切地想瞻仰他的真身。

怀着虔诚的心，我放慢脚步，轻轻迈入六祖殿，便觉尘世杳然而去，而进入另外一个空灵的世界。殿堂之内，庄重肃穆，六祖坐在香烛的光辉当中。仔细看去，在花团之上，六祖慈眉舒展，双目闭合，神态安详，栩栩如生，仿佛刚刚入定一样。他嘴角微翘，似在微笑，又似在赞许，似在鼓励。我想，他也许在赞许、鼓励那些在修行路上的芸芸众生吧。想到他对佛教的改革，为底层大众"修建"的成佛大道，一种特别的感情油然而生，身体不由自主地向他拜了下去。

六祖大概是中国佛教禅宗里知名度最高的祖师了，他实现了印度佛教完全的中国化，并促使佛、道、儒三者融合，开创了禅宗一枝独秀的格局，被称作"东方如来"。他留下的《六祖坛经》是中国禅宗史上里程碑式的一部著作，是中国佛典中罕见的被称为"经"的文献，在当今世界中仍然有着重要的影响。

在英国伦敦大不列颠国家图书馆广场，矗立着世界十大思想家的塑像，其中就有代表东方思想的孔子、老子和六祖，被称为"东方三圣人"。而六祖是中国历史上唯一有思想和真身同时留存至今的奇迹。

由于前来瞻仰六祖肉身的善男信女和游客很多，不能在六祖殿停留太长时间，我再次凝视六祖那安详的神态，仿佛要把他铭刻在记忆的深处，然后才缓缓步出六祖殿。

天气出奇的好。在如织的香客中，我不自觉又来到那棵菩提树下。"不向南华结香火，此身何处是真依？"我学着六祖的表情，闭起双眼，想起了那首偈语，想起了风吹幡动的故事，想起了他顿悟成佛的开悟。

六祖不仅将佛教发扬光大，更重要的是，他给天下苍生打开了一扇通往成佛的"大门"。

六祖开示，见性成佛。

在六祖之前，修行的人要获得涅槃妙果是非常麻烦的，要通过瑜伽实践的修证，还得经历资粮、加行、通达、修习和究竟等阶梯，才能逐渐达到体悟唯识的真谛，成就佛道。这种成佛的理论和道路，非一般人所能企及。而惠能提出了"见性成佛说"，极明白浅显：自心是佛，只要明心见性，除却妄念，明达自心，明照自性，如拨云见日，佛性顿现。

六祖之前的修行者主张隔世修行，远离尘世，上山入庙修行。六祖则提倡入世修行，在家修行、在岗修行，在尘世里修行。陈寅恪称赞六祖道："特提出直指人心、见性成佛之旨，一扫僧徒烦琐章句之学，摧陷廓清，发聋振聩，固我国佛教史上一大事也！"惠能给当时文化低下的普罗大众带来信佛的便利和成佛的梦想，因而得到万众的信奉和支持，这是惠能独立思想的结果，不能不说是一项伟大的创举。

六祖开示，顿悟成佛。

"迷闻经累劫，悟则刹那间。""一刹那间妄念俱灭"，人的思维突变或飞跃即谓顿悟。顿悟是悟自己的佛性。由于人皆有佛性，所以，顿悟功能人皆有之。顿悟有醍醐灌顶功效，豁然开朗，一念成佛。惠能认为，一切众生只要断绝烦恼，用心修行，皆可成佛。顿悟法门无限地扩大了成佛的可能性，或者说直接导致了六祖的平民化思想，即人人皆可成佛。即使罪孽深重之人，只要能够醒悟，放下屠刀，亦可立地成佛。

同时，此论大大缩短了尘世与净土、此岸与彼岸的距离，加快了成佛步伐，为佛教信仰者通往圣境指明了可以攀登的路径和阶梯。

必须特别指出的是，人人皆可成佛，这是对人的一次伟大的思想解放，其蕴含的人本、平等、和谐、创新精神，与西方文化的民主、平等思想相适应，有着普世价值的当下意义。

六祖开示，自度成佛。

要想成佛，人人都可以，但必须做的一件事就是用心"度己"。六祖之前的中国佛学，宣扬人成佛后，阿弥陀佛会来人世接渡来者，前往西方极乐世界，这是"他渡"。慧能宣扬"自度"，认为只要你达到了佛陀境界，就立即成佛，到达西方极乐世界，无须他渡。

六祖的度己法提倡自力救拔，信仰自力，凭借自己的主观觉悟。他认为，唯一正途是认识自身的本性，确立自信，开发自我，实现自我。他说："我于忍和尚处，一闻言下大悟，如本性。"称自己就是凭借用心领悟而顿悟成佛道的，亦即成佛要依靠用心领悟，不假他力。

"用心"两个字是禅宗于世道最大的机缘所在。历来大德高僧、古今圣贤均不离时时处处的万事万物，直接参天悟地，于当下机缘处用心参究，入忘我之境。慧能祖师也正是如此，于一个最简单的舂米过程而入"忘我"之境。

"忘我"是世道思维至极处境界时的用语。没有自我意识的时候，身心、天人是合一的，其实这也是心的禅定状态。

不用心体悟，不能顿悟，谈何成佛？如果用心到"忘我"境界，还有什么不能成功的？

曾记得，美籍华裔科学家丁肇中到中山大学访问，面对记者的提问，他竟然"一问三不知"，因为这15年来他"只做了一件事"，就是在宇宙间寻找反物质。一位杰出的物理学家"一问三不知"，这似乎有点不可思议，然而他的"不知道"就是因为太用心而达到的一种忘我境界。

诞生于美国西雅图的星巴克咖啡，特别要求员工在制作咖啡时须"将心注入"。正是由于有了这个核心文化认同，星巴克才会被资本市场看好，一步步走向今日的成功。

在美国颇负盛名、人称"传奇教练"的伍登，在12年的美国大学篮球联赛当中，替加州大学洛杉矶分校赢得10次全国总冠军。如此辉煌的成绩，使伍登被公认为有史以来最优秀的篮球教练之一。曾经有记者问他："伍登教练，请问你是如何保持这种积极心态的？"伍登愉快地回答："每天我在睡觉以前，都会提起精神告诉自己，我今天的表现非常好，而且明天的表现会更好。"

"就只有这么简短的一句话吗?"记者有些不敢相信。

伍登坚定地回答:"简短的一句话?这句话我可是坚持了20年!重要的是这和简短与否没关系,关键在于你有没有坚持用心去做,如果无法持之以恒,就算是长篇大论也没有帮助。"

由此可见,顿悟和成功其实与长时期的潜心修炼是分不开的。顿悟的最大敌人就是浮躁。有很多企业家在取得了一定的成功后,就浮躁了,就不按客观规律办事,异想天开。比如,1996年在《南德世界》杂志上,牟其中宣布几年内就要成为世界500强企业;"巨人集团"刚有点发展,就要建亚洲第一大厦;"三株"在快速发展的初期,即提出在20世纪末要进入世界企业500强,成为日不落的"生物王国";"亚细亚"亦在早期就喊出了在中国建立起"最大的零售企业连锁帝国"的口号。这些当初的"豪言壮语",现在看起来是有些过头了。

中国很多企业都有"世界企业500强情结"。当然,为企业制定远景目标是必要的,但企业的成功转型和发展,关键在于长期的、科学的、脚踏实地的创新和努力,在于用心经营,否则自以为得了"顿悟",其实只是一些不着边际的空想和幻想,永远不能成"佛"。

"吱吱,吱吱吱……"一阵清脆的鸟叫声唤醒了闭目沉思的我,我睁开双眼,见两只小鸟飞上我头顶的树杈。我慢慢踱到寺院后面的卓锡泉前,祈福的人们早已经排起了长长的队伍:大家都想沾一下圣泉的水,祈盼为自己增添好运。

"曹溪一滴水,遍覆三千界。"人们相信,在曹溪南华寺哪怕得到一滴水的智慧,也可洗却心尘,受用一生。

我恭敬地用双手掬起泉水,一饮而尽,清凉顿时遍及全身。不知怎的,脑海里又浮现出六祖安详的面容。他不仅开启了那扇永远向众生敞开着的成佛大门,而且,至今仍在鼓励众生的修行,希望他们都能够顿悟,能够成佛。

如织的香客,可曾明白六祖的苦心?

经世张謇：
实业济世状元公

【故地抒怀】

游南通，感张謇的影响力无处不在

书生本在状元楼，弃绝功名未觉羞。
已料悲风摇帝阙，欲凭实业拯神州。
初开民智风生水，遍转纱车国待酬。
公益生涯成故事，无为白了少年头。

注：张謇（1853年7月1日—1926年8月24日），字季直，号啬庵，汉族，祖籍江苏常熟，生于江苏省海门市长乐镇（今海门市常乐镇）。清末状元，中国近代实业家、政治家、教育家。主张"实业救国"，是中国棉纺织领域早期的开拓者。

【现场感悟】

良贾何异于志士

在中国历史上，有许多名人与家乡的地名紧密相连，甚至以地名人，如南海的张荫桓、康有为被称作张南海、康南海，合肥的李鸿章被称作李合肥，南通的张謇被称作张南通。在这些人中，与故乡关系真正密切，在故里开创事业，惠及乡梓，影响深远的恐怕只有张南通张謇了。

来到南通，不能不寻访这位状元实业家的故事和遗迹。

张公一生居住过的地方很多，被称作"张謇故居"的地方至少有四处：海门常乐故里、通州西亭祖宅、南通濠南别业和濠阳小筑。他老人家留下的陈迹太多了，在南通大学、狼山北麓园、啬园张謇墓……各种雕像遍布全市，各种轶闻流传坊间，影响力无处不在，仿佛南通与张公已经血脉相连，成为一体了。

在北郊的大生纱厂一厂旧址，我逗留的时间最长。因为，这是张公躬行实业救国的起点，是张公由仕入贾完成惊人转身的地方，也是我国近代民族工业的发源地之一。

通扬运河的流水已经混浊不清，在岸边看着水中的倒影，低矮的旧厂房和建筑物像褪了色的旧照片。大生纱厂一厂留下的大生码头及钟楼、纺织专门学校旧址、实业小学教学楼等历史建筑和设施仍基本保持着原有的历史格局和面貌，成了弥足珍贵的工业遗产。

大生码头牌坊显然经过了修复，焕发出新的光彩。而曾经是标志性建筑的钟楼也已修旧如旧，又再骄傲地挺立在曾经机器轰鸣的厂区。楼前有张公的雕像，他饱含深情地注视着这一片自己亲手建造起来的乌托邦。

大生纱厂一厂见证了张公披荆斩棘创办实业之路，见证了筚路蓝缕的近代民族工业之路，见证了唐闸镇从荒凉走向繁华，成为"中国近代第一城"的现代化探索之路。

在经商之前，张謇长期过着应试、当幕僚的生活，年过40才考中状元，次年甲午战争爆发，给中国带来了空前严重的民族危机。此时"教育救国""科技救国"等种种救国声音此起彼伏。而张謇认为，经济才是根本，"譬之树然，教育犹花，海陆军犹果也，而其根则在实业。若鹜其花与果之灿烂甘美而忘其本，不知花与果将何附而何自生"。这是他针对当时流行的各种主张的批评。他强调，"国非富不强，富非实业不能"，"救贫之法惟实业，致富之法亦惟实业"，旗帜鲜明地提出了"实业救国"的主张，不再执着于仕途，转而从事千百年来为士大夫所鄙视的工商业，这在当时实属惊世骇俗之举。

从创办南通大生纱厂开始，这位状元公陆续兴办了数不清的机构实体。他一生创办的企业多达数十家，涉及纺织、垦牧、蚕桑、印染、盐业、酿造、油料、面粉、肥皂、印书、造纸、电话、航运、码头、银行、火柴、电力、房产、旅业等许多领域。他还开办了师范教育、女工传习所、纺织专科学校等学校及教育机构370多所，建设博物苑、图书馆、剧场等文化设施，以及济民所、养老院等慈善事业，至20世纪20年代初，张謇成为"中国第一个实业大王"。

至今，南通仍保持有张謇开创的中国第一所师范学校、第一所纺织高校、第一所戏曲学校、第一座公共博物馆、第一个农业气象台、第一所刺绣学校等诸多"第一"的桂冠。

大生纱厂的"大生"，来自《易经》的"天地之大德曰生"，意即为了图存救亡，为了强国富民，为了通州民生，就是要使大多数的百姓过上好日子，走共同富裕的道路，实现"大德"。个人是小家，企业是大家，国家是千家万家。崇高的目标给了张謇克服千辛万苦以艰难创业的决心、动力和毅力。

毛泽东在谈到中国民族工业时，曾说过有四个人不能忘记：讲重工业，不能忘记张之洞；讲轻工业，不能忘记张謇；讲化学工业，不能忘记范旭东；讲交通运输，不能忘记卢作孚。

这样的人，又岂是以"商人"两个字所能概括得了的?!

中国的传统观念是"学而优则仕"，只有做了官，才能实现自己的抱负，救国济世，才算有出息。张謇高中状元后，本来也很有可能走向显赫官位，但他却主动打破传统的"官本位"思想，毅然返回家园，把一生奉献给实业、教育与其他革新事业，从民生事业入手，谋求国家的复兴。

张謇走的是"学而优则贾"的新路。其实，学有所成，明白事理，懂得规律，既可以出来做官，推行仁义，为民请命，也可以从商，创造价值，满足大众需求。则仕则贾，殊途同归，都可推动国家的发展和社会的进步。

历史上，状元办厂不独张謇一人，"学而优则贾"更非他老先生的独家专利。在日本，有弃官从商、按照西方模式先后创办了500余家企业的

第一编　明道

"日本实业之父"涩泽荣一；在中国，有声名远播的晋商商帮及晋商家族。

晋商家族中，第一、二流的读书子弟一般都会选择经商，甚至出现过高中进士后依然弃官从商的例子。晋商领袖人物之一的渠木翘，光绪年间以全省第一的身份考中举人，不久又考中进士，但他依然将精力放在创办现代化工厂上，他创办的双福火柴厂一直到20世纪90年代仍在生产火柴。正是一批又一批最优秀人才的加入，才使得晋商的事业百年兴盛。

通过一百多年的浸润，"学而优则贾"的理念已经完全融化在晋商家族的血液之中。正因为如此，晋商的文化程度普遍高于其他商帮，他们的经营模式也通常走在时代的前列，股份制、金融及资本运作等近现代经营管理方式，亦率先在他们身上萌芽。晋商，不仅治商，而且治学。他们虽以商业营生，却始终能够躬行儒家的核心价值，修身立己，造福社会，使得物质财富和精神价值同时得以传承。

王阳明在《〈大学〉问》中指出："商贾虽终日做买卖，不害其为圣贤"，"其归要在有益于生人之道"。他认为，商人们只要在商业行为中能"致良知"，能恪守儒家教义，就没有什么可指摘的。士、农、工、商，"四民异业而同道"，在"儒行"方面完全处于平等的地位。在德行的修养方面，以"儒"为外在身份的知识从业人员并不比其他人员占据更高的地位。

在当今这个变革的大时代，身处各行各业的知识分子都可以"为天地立心，为生民立命，为往圣继绝学，为万世开太平"。只有打破"官本位"主义，鼓励更多人"学而优则贾"，才能培育出中国广大的商界精英群体，才能加快中国经济社会的发展。

离开大生纱厂一厂旧址，走在唐闸镇至天生港的港闸公路上——这是张謇修建的中国第一条民建公路，但觉天格外蓝，路格外宽。我想，这也是张謇"学而优则贾"的成功之路，希望行走在这条路上的人越来越多。

大儒顾炎武：
天下兴亡，匹夫有责

【故地抒怀】

谒昆山千灯镇顾炎武墓

匹夫何所任，天下有兴亡。
朴学原经世，剑胆自流芳。
苟利生民事，唯凭报国肠。
清平堪致用，或可做行商？

注：顾炎武（1613—1682），明清著名思想家、史学家、语言学家。青年时发愤于经世致用之学，并参加昆山抗清义军，败后漫游南北，曾十谒明陵。他学问渊博，开清代朴学风气，"天下兴亡，匹夫有责"就是他提出来的。

【现场感悟】

企业兴亡谁之责？

正是春夏之交，垂柳丝丝，景色宜人，一派江南温软气象。在无锡参加完一系列商务活动后，我只身前往拜谒明末清初著名思想家、史学家、语言学家顾炎武先生的故居。

千灯镇隶属苏州昆山市，距今已有2500多年的历史。镇上有七座建于明清时期的拱形石桥横跨于千灯浦上，一座秦峰塔屹立千年。民居皆白墙黑瓦，昆韵十足，桥上游人如鲫，旧街摩肩接踵。

路过顾坚纪念馆，欣赏了一段被世界教科文组织列为"人类口头和非物质遗产代表作"的昆曲后，沿着号称江苏省内保存最长、最完整的石板街前行，不远处便是顾炎武故居——顾氏南宅"贻安堂"。

故居现存五进明清建筑，雕梁画栋，形成墓、祠、厅一体的园林布局，为千灯明清宅第之首。据说，亭林祠是广东学者、孔教会主持人梁鼎芬于民国三年（1914）来瞻仰亭林墓及遗像时出资修建的。墓前的桂花散发淡淡的清香，仿佛象征着亭林先生的精神和生平。

因仰慕文天祥学生王炎午的为人，顾绛改名炎武。又因故居旁有亭林湖，学者尊其为亭林先生。后人将他与黄宗羲、王夫之并称明末清初三大儒。"天下兴亡，匹夫有责"，是顾炎武的名言。在长期流传的过程中，"天下"被改成了"国家"，"国家兴亡，匹夫有责"，可以说是妇孺皆知。

但这其实不是顾炎武的本意，而且正好相反，顾炎武的原意是国家兴亡"肉食者谋之"，匹夫是无责的。

顾炎武在他的《日知录》卷十三"正始"条说："亡国与亡天下奚辨？曰：易姓改号，谓之亡国；仁义充塞，而至于率兽食人，人将相食，谓之亡天下……是故知保天下，然后知保其国，保国者其君其臣，肉食者谋之；保天下者，匹夫之贱。与有责焉耳矣。"他写此番话的背景是清兵入关，明朝倾覆。简单概括其意就是："国家兴亡，肉食者谋；天下兴亡，匹夫有责"。以后八字成型的名句，则出自梁启超。

在顾先生眼里，"亡国"与"亡天下"是不同的概念与范畴。所谓"亡国"，是指改朝换代；所谓"亡天下"，是说仁义道德之沦亡。故他认为江山易帜，是统治阶级的事情；而道德沦亡，甚至"率兽食人"，则关系到每一个人，人人有责。只有做到"保天下"，即人人坚守基本的信念，坚守道德的底线，方能做到文化传承、民族兴盛和社会发展。

明末社会矛盾重重，皇权空前加强，孤家寡人，昏暴滥杀，终至天崩地解，因此顾炎武不得不实话实说，国事只能由在位的"肉食者谋之"，"匹夫"是无法担起责任的，即谓"国家兴亡，匹夫无责"。

在一家企业的厕所里，我曾见到一条标语："厕所清洁，人人有责！！！"望着后面赫然的三个感叹号，我哭笑不得。

在一些企业里，从公司股份到垃圾堆的垃圾，一切都是老板的，一切都由老板说了算，员工对企业发展既无知情权，又无参与权，更无分享权和所有权，如何能负起责任？如何肯负起责任？

责与权是相对应的，没有"权"，何来"责"？

那么，在一个企业里，如何做到"企业兴亡，匹夫有责"呢？让我们看看沃尔玛是怎么做的吧。

据报道，作为全球最大的私人雇主，沃尔玛从不把员工当作"雇员"来看待，而是视为"合伙人"和"同事"。该公司规定，对下属一律称"同事"而不称"雇员"。即使是沃尔玛的创始人沃尔顿在称呼下属时，也是称呼"同事"。沃尔玛的领导和员工及顾客之间呈倒金字塔的关系，顾客放在首位，员工居中，领导则置于底层。员工为顾客服务，领导则为员工服务。领导的工作就是给予员工足够的指导、关心和支援，以让员工更好地服务于顾客。

在沃尔玛，所有员工包括总裁佩带的工牌都注明"我们的同事创造非凡"，除了名字外，没有任何职务标注。公司内部没有上下级之分，下属对上司也直呼其名，营造了一种上下平等、亲切和谐的氛围。这让员工意识到，自己和上司都是公司内平等而且重要的一员，只是分工不同而已，从而全心全意地投入工作，为公司也为自己谋求更大利益。

更重要的是，公司将"员工是合伙人"这一概念具体化为三个互相补充的计划：利润分享计划、员工购股计划和损耗奖励计划。沃尔玛非常愿意让所有员工都了解公司的业务指标，每一件有关公司的事情都可以公开。任何一家分店，都会公布该店的利润、进货、销售和减价的情况，并且不只是向经理及其助理们公布，而是向所有员工公布。它使员工产生责任感和参与感，意识到自己的工作在公司的重要性，觉得自己得到了公司的尊重和信任，因此，每个员工都会努力争取更好的成绩。

沃尔玛在做的，正是"企业兴亡，匹夫有责"的事情。

要想使企业健康发展、持续经营、盛而不衰,就有必要让员工产生归属感,参与经营管理决策,齐心合作,开心分享,共同进退,并且要让这种价值观和理念在每一位员工心中生根、发芽、开花、结果。否则,就是"企业兴亡,匹夫无责"。

客观上,企业和员工的命运是绑在一起、不可分割的。但是,对于企业的兴亡,员工有没有责任或有多大的责任,是不是由他们的老板决定呢?

我绕着墓园漫行了三圈,低声问亭林先生。亭林先生没有回答。

英明赵匡胤：
长使斯文到眼前

【故地抒怀】

河南陈桥驿怀宋太祖赵匡胤

谁凭杯酒释兵权，长使斯文到眼前。
市井弹词人欲醉，陈桥驿里息烽烟。

注：赵匡胤（927—976），涿郡（今河北省涿州市）人，五代至北宋初年军事家、武术家、政治家。960年，发动陈桥兵变，黄袍加身，代周称帝，定都开封，庙号太祖。在位16年间，加强中央集权，提倡文人政治，开创了中国的文治盛世，是推动历史发展的杰出人物。

【现场感悟】

没有稳定，何来发展？

古时的陈桥驿是什么样子已不得而知，现在的陈桥驿旧址，是一座由清代建筑遗迹修缮而成的两进院落，属省级文物保护单位。

进入大门，前院东面靠院墙的地方有几通石碑。东厢房里有几幅画，描述赵匡胤在赵普等人的协助下黄袍加身，谋代后周小皇帝而自立的故事。

  大殿的前面有一棵大槐树和一棵小槐树。老树已经衰朽，挂着几根"拐杖"，据说这就是太祖皇帝昔日的"拴马槐"，已经成为院落里的"明星"。大家围着它转，围着它拍照，仿佛它就是当年千里护京娘的英雄。

  西厢房还有几幅画，说的是太祖受禅以和平演变的方式成为皇帝，结束了五代十国割据局面，统一中原，建立了大宋王朝的功业。

  大殿里供着太祖像，黄袍加身，神威凛凛，一派帝王气象。

  关于赵匡胤"陈桥兵变"的历史，各界一直争论不休。有一种观点认为，赵匡胤身为一个34岁的年轻军官，勾结文官武将，去欺负孤儿寡母，令人不齿。也有人认为，黄袍加身是审时度势，顺势而为，定国安邦，值得肯定。

  出得殿来，正是正午时分，炎阳似火，烤得人一片眩晕。牌坊前后的道路上，晒满了小麦。一位老农坐在一棵大树的树荫下纳凉，他眯着眼，抽着旱烟。我上前搭讪："老乡，收成不错吧？"他点点头，招呼我在旁边的一条凳子上坐下，聊了起来。

  说起赵匡胤，他说，太祖皇帝对老百姓是好的，黎民并不管谁当皇帝，只要大家有饭吃、有衣穿，他就不是个坏皇帝。如能少打仗，少交税费，多些公道，人民的日子一天比一天好，他就是个难得的好皇帝了。

  正是："渔樵怀旧事，众口说兴亡。"老人的一番话，引起了我深深的思索。

  中国人历来讲求"名正言顺"，没有大义的行为是得不到社会认可的。赵匡胤发动"陈桥兵变"的背景是周世宗病死，其子柴宗训七岁即位之时。"主少国疑"，如果不是成熟且有治军治国经验的赵匡胤以不流血的方式果断接过政权，天下苍生又该遭受旷日持久的兵灾之苦了。今天，我们无从考证赵匡胤是不是看到了"人心思定"这一点，才当仁不让、毅然出手的，但我们毕竟看到他结束了唐末以来的割据和动乱，开创了一个繁盛的新王朝，有利于天下众生。这不能不说是一件大大的功德，这也是人心归附的重要原因。

  对于国家来说，稳定和发展比什么都重要。

  自公元前221年秦王称始皇帝起，撇开如李自成、袁世凯那些建元称帝极短，不能被视为一个朝代的，或如曹操等被后人追封的，以及如明英宗朱祁镇两次登基这样的特例外，在中国2000多年的封建王朝中，约有283位皇帝，未满10岁便继承大位的约有30位，占比竟然超过1/10。东汉的殇帝刘隆，来到世间刚过百日便当了皇帝；南宋最后一位皇帝赵昺在位两年，享年才8岁；清朝的顺治登基时才6岁。这些"孩儿皇帝"在其位而不能谋其政，如果没有一位如张居正之于小万历这样的代理人，其位置与责任是完全不相称的，往往会成为王朝衰败甚至崩溃的主因。历史的正义，并不仅仅是对当时而言的理直气壮，也不是对一两个家族的兴衰荣辱，而应该是在百年千载以后回看，对最广大的民众是否最为有利。

对柴宗训孤儿寡母来说，赵匡胤陈桥兵变确实不地道。但对遭受了200多年兵灾的民众来说，赵匡胤黄袍加身未尝不是好事。以前读史，我常为柴家的孤儿寡母扼腕叹息，来到这个曾经改变历史走向的第一现场，我却醒悟到，天下苍生比任何的一姓一朝更为重要。主观上，或许赵匡胤并未怀抱救济天下之念，但客观上，他确实开创了稳定和发展的全新局面。

同样，企业发展的前提也是稳定。在企业发展的进程中，新的情况、新的矛盾总是层出不穷，稳定工作成功与否，不仅决定着企业的未来与兴旺，甚至决定着企业的生死存亡。

意大利曾经著名的企业古奇集团，在短短几十年内从一个小店铺和家庭式作坊成长为国际顶级时尚品牌，可谓是商业史上的奇迹，但因为发展不稳定而引入私人股权资本，仅仅4年之后就彻底消失了。

创始人古奇欧去世后，把公司财产分给了三个儿子，后来古奇家族内部掀起了巨大的纷争，致使古奇集团的经营活动受到重大影响。投资集团趁机而入，到2004年，巴黎春天集团持有古奇99.49%的股权，古奇使巴黎春天集团晋升为世界第三大奢侈品集团。

古奇这一姓氏随古奇品牌在世界流传，但目前这个品牌已经与古奇家族的人员毫无利益关系。企业内讧导致的发展不稳定，让古奇家族谱写了企业创始家族的一曲悲歌，值得我们深深凭吊。

中国的民营企业"火不过三年，富不过三代"的情形也屡见不鲜。它们声名鹊起，名噪一时，尔后即纷纷败退。究其原因，除了民营企业的外部经营环境变化的影响作用以外,内部矛盾重重、发展不稳定这一点是毫无疑问的。

有句话说得好:走得稳,才能长大。

"天气热,喝口茶水吧。"老农给我递过一碗茶。我站起身,谢过老农的茶水。望着烈日下金黄的麦粒,心想,黄袍加身究竟是当仁不让、处心积虑,还是人心归附、临时拥戴已经不重要了,重要的是赵宋皇朝稳定了乱局,赢得了民心,也赢得了两宋300多年的基业。

大哲王阳明：
心学济世

【故地抒怀】

过余姚瑞云楼怀王阳明

今生低首拜阳明，景仰高标知与行。
满壁威仪传海宇，半庭香草伴书声。
难平最是心中寇，不立休称道上名。
天理从来为一体，瑞云楼畔说峥嵘。

注：王阳明（1472—1528），名守仁，字伯安。浙江绍兴府余姚县（今属宁波）人。我国明代杰出的思想家、教育家。因曾筑室于会稽山阳明洞，自号阳明子，学者称之为阳明先生，后人多称其为王阳明。官至兵部尚书。他是姚江学派创始人，其倡导的"心学"是明代影响最大的哲学思想。

【现场感悟】

破心中贼

几次起了瞻仰王阳明故居的念头，都未能成行。不是忙或懒，是我认为这事情很庄重,不想草率地起程。

　　2016年4月,应朋友邀约,我前往浙江余姚王阳明故居,作一次深度学习。因为前述原因,对于我来说,此行颇有些朝圣的味道。

　　瑞云楼是王阳明出生和成长的地方,重檐高敞,柱粗气宏,仰头望去,依稀可以看到空中祥云片片。据说王阳明诞生时,他祖母梦见五色云中神人送子,所以称为瑞云楼。

　　楼以人存,人以楼传。瑞云楼是王阳明故居的主体建筑。楼上横匾高悬,上书"真三不朽",寓意王阳明真正做到了立德、立言、立功三不朽。相传历史上真正做到这"三不朽"的只有"两个半人":一个是孔子,一个是王阳明,曾国藩算"半个"。但我以为,对王阳明来说,立心、立良知、立笃行才是真正的"三不朽"。

　　综观王阳明的一生,作为军事家和政治家,文人带兵,多次平叛,从无败迹,立下不世之功;作为思想家和教育家,提出"致良知""知行合一",桃李满天下,果行育德;作为改革家和哲学家,开创与程朱理学分庭抗礼的"心学",成为一代宗师,留下《传习录》《阳明全集》等著作,也留下了"破山中贼易,破心中贼难"等至理名言。临终之际,弟子问他有何遗言时,他说"此心光明,夫复何言",令人震撼。在瑞云楼看到"吾心光明"四个大字,顿觉一胸日月,两腋清风,外面阴冷的天气也骤然澄朗起来。

　　王阳明是曾国藩、梁启超、蒋介石、伊藤博文、稻盛和夫等中外名人共同的心灵导师。古今中外,凡以阳明为师者,无不走出精彩的人生,取得辉煌的成就,因为他们掌握了解决一切问题的利器——阳明心学。可以说,阳明心学既是一剂救治当今社会浮躁的清醒良药,也是一张解决各种复杂问题的医方,还是一份平凡人走向成功的孤本秘籍。

　　王阳明的心学思想受到陆九渊、陈白沙等人的影响,融会了儒、释、道三家之精华。他的"心学"体系就在"四句教"中。其中,"无善无恶心之体"体现的是世界观,"有善有恶意之动"体现的是人生观,"知善知恶是良知"体现的是价值观,"为善去恶是格物"体现的是方法论。"心即理""知行合一"和"致良知"乃是内中精髓。习近平曾多次谈到王阳明或引用王阳明的学说,称"王阳明的心学是中国传统文化中的精华",也是增强国人文化自信的切入点之一。哈佛大学教授杜维明先生预言,21世纪将是王阳明的世纪。

阳明哲学不仅可以用来经营生活,而且可以用来经营事业。它不是在你顺利时用来炫耀的,而是可以在你最困难时用来帮助你的。

把阳明心学成功运用于企业经营管理的当首推日本的稻盛和夫。松下、东芝、丰田、日立、索尼等大量日本著名企业及其经营者都是阳明心学的积极践行者。

在日本,松下幸之助被称为昭和年代的"经营之神",稻盛和夫被誉为平成年代的"经营之神"。"二战"以后,稻盛和夫运用阳明心学成功创立了两家世界500强企业,一家是日本京都陶瓷集团公司,另一家是日本第二电话电报公司。

在下定决心投身于电信电话事业之前,稻盛和夫每天临睡前都要叩问自己的良知:"我投身于电信电话事业,是为了增进民众的福利、促进社会的进步,还是为了赚取更多个人的实利或名声?"经过对自己长达半年的反复逼问,最后,他确认自己"动机纯净,全无私心"。于是,他迅速组建日本第二电话电报公司,参与竞争,群策群力,排除困阻,取得了优异的业绩。此后,他以日本第二电话电报公司为核心,合并了赫赫有名的日本高速通信公司和日本最大的国际通信公司,组成了KDDI公司,实现了"惠及民生"的理想。

稻盛和夫对自己的经营哲学曾有一个总结性的说明:"我到现在所搞的经营,是'以心为本'的经营。核心思想就是'敬天爱人'。"所谓"敬天",就是按照天理良知做事,判断事情的出发点不是利害得失,而是是非善恶。如果按利害得失来判断,也许对自己有利,但对别人、对社会不一定有利,两者容易发生矛盾,产生纠纷;如果按照是非善恶来判断,就应该正直而不虚伪,勤奋而不懒惰,自利同时利他。以这样的天理良知做事,就能得到客户、员工、社会的支持,甚至连上天也会眷顾着你,你就能无往而不胜。所谓"爱人",就是指企业存在的目的,即企业在追求全体员工物质和精神满足、个人幸福的同时,也要为人类社会的发展进步做出贡献。

当大家赞许稻盛和夫有扭转乾坤的本领时,他回答说:"其实我要感谢我们的员工,是他们辛勤的努力,才拯救了自己的公司。"稻盛和夫认为,从表象上看,企业是一个追求利润的经营实体,其实本质上企业是一个修行的道场。管理者和被管理者都要修行良知,人人修炼到位,人人皆是圣贤。换句话说,"致良知"的美好结果,可致儒家的"内圣"与"外王",在优秀的管理者和被管理者身上达到和谐有机的统一。因此,在公司内部,挣钱最多的员工一定是品行优秀、表里如一、勇于担当的员工;在市场上,赢利最多的企业一定是客户满意、管理出色、敢于承担社会责任的企业。

稻盛和夫还创造了一个成功方程式:成功 = 价值观($-100 \sim 100$)× 能力($0 \sim 100$)× 努力($0 \sim 100$)。他认为,这是一个适用于所有人的公式。他特别强调,价值观有正有负,一个人即使能力很强,十分努力,但如果他的价值观不对,损人利己,为非作歹,那么他的人生就是很大的负数,并可能给他人和社会造成损害。这不是成功,是失败。

负数的价值观,就是所谓的"心中贼"。它是每个人心里的私欲和负能量。实际上,"天理"就在每一个人的心中。人们通过实践向外求索,通过内省减少欲望,解除各种桎梏对内心的束缚,拂去各种欲望"灰尘"对良心的蒙蔽,将道德伦理融入人们的日常行为中去,以良知代替私欲,知行合一,则可以回归"本真"致良知,可以破除"心中贼",做到人性管理,以及"我心光明"的心本经营。

在当今这个浮躁的商业社会里,商品经济的冲击使得人的欲望日渐膨胀,"心贼横行",许多人竭尽全力攫取财富,却不清楚自己的生活何以越来越迷惘纠结,日甚一日地充满挫折与焦虑。这时候,最需要通过王阳明的心学再次唤醒民众的善心良知,破除各种"心贼"。只有破除了"心贼",才有高尚的情操和清晰的目标,以及践行理想的意志和力量。

清风徐来,竹叶轻动。阳光透过枝叶的缝隙照射下来,光影斑驳,恍若远离尘世。苏东坡对竹一往情深,曾写下"宁可食无肉,不可居无竹。无肉令人瘦,无竹令人俗"的名句。竹,有节有持,也正是王阳明的精神写照。

站在竹影里,我也来了诗意,低首而吟:"从来心贼信难除,更问良知可致无。读罢先生书一卷,云山在望步徐徐。"

北碚卢作孚：
不能忘却的兼善家

【故地抒怀】

过重庆北碚咏卢作孚

商海钩沉说大亨，唯因兼善益民生。
至今滚滚长江水，百折千回濯盛名。

注：卢作孚（1893—1952），重庆市合川人。中国著名爱国实业家、教育家、社会活动家、农村社会工作先驱。1925年创办的民生公司是中国近现代最大和最有影响力的民营企业集团之一。他不畏艰难，支持抗战，为公众造福，在各个方面都有斐然的成就。一生追求独善其身与兼济天下的兼善精神。

【现场感悟】

穷达皆能兼善

来到重庆，除了民生公司几处老宿舍区的残旧身影，已经难觅其他有关卢作孚先生的痕迹，唯有到北碚公园，还可以寻到先生遗留的历史烙印及铭刻其中的理想和精神。

北碚公园由先生手创,原称"平民公园",是个免费开放的综合性山地公园,现已成为都市里闹中取静的休憩佳处。

幽雅的环境,精致的园林,且不去说它,令人意想不到的是,这公园出奇的清净,尘土不扬,落叶不飞,仿佛花草树木也经过了细致的清洗,入目之处,一片清新。

往里走,便是作孚纪念园。坪上草色青青,雕像前叶绿花红,一片生机。园中石碑颇多,刻制的都是先生的语录。先生的坐像被安放在火焰山的最高点,静静地俯瞰北碚全景,注视着这个由他一手奠基的城市。

走近了看,坐像表情坦荡,目光深邃,博爱兼善的精神尽写脸上。坐像虽显陈旧,却一如北培公园,出奇的明净。我伸手在雕像上抹一下,不见一丝灰尘。我想,先生在民众中声望甚高,恐怕不时会有人前来用心清洁吧。

先生及夫人蒙淑仪在此回归大自然。墓后的大理石上深深地刻着"愿人人皆为园艺家,将世界造成花园一样"17个大字。一诵之下,陡然悟出,这正是先生的精神写照。

卢作孚先生是我国著名爱国实业家、教育家、社会活动家、农村社会工作先驱。这位被毛泽东誉为"四个不能忘记的实业人士之一"的"中国船王",是个没有受过学校教育的学者,是个没有个人享受的企业家,是个没有钱的大亨,是个公而忘私、为而不有的兼善家。

先生终其一生都没有为自己和后人积聚下任何产业,但他开办的事业和公益却数不胜数。

1930年秋,先生创办的北碚私立兼善中学开学,诠释了"兼善天下,兼善教育"的办学理念,立校训"舍得干,读兼善",传承至今。

"得志,泽加于民;不得志,修身见于世。穷则独善其身,达则兼善天下。"此语出自《孟子·尽心上》,意思是说:得意时,恩惠遍及百姓;不得意时,修养品德以显于世;穷困失意时,洁身自好以完善自己的身心;得意显达时,就要救济天下,造福百姓。先生弃"独善"而取"兼善",加上"为而不有"的行止,反映了一代伟大的爱国义商那强烈的社会责任感和悲天悯人的仁者襟怀。

先生白手起家创办航运,当初筹资极为困难,他所创办的民生公司举步维艰，在抗战期间，甚至可以说是惨烈地生存着。但是，他不惜人力、财力、物力，坚定地支持祖国抵抗侵略，仅用了40天时间，就抢运了各类人员150余万人、物资100万余吨。同时，付出了16艘船只遭日机炸毁、116名员工壮烈牺牲的代价，完成了不可能完成的任务。这可能是世界上员工死亡最多的企业之一，但民生公司的每一个员工都以公司为骄傲，无怨无悔。

敦刻尔克大撤退依靠的是一个国家的力量，由军队执行，而宜昌大撤退依靠的是一个叫卢作孚的人和他的民生公司。可以说，先生及民生公司的员工用自己的行动改写了孟子的名言：无论达者或穷者，只要有心，只要肯做，人人都可兼善天下，造福社会。

其实，现实社会中，"穷也兼善天下"的人着实不少。

据媒体报道，一名叫韦思浩的老人，退休后拾荒不辍，自己过着清贫的生活，却一直在暗暗助学，直到他去世后，儿女们才发现这一秘密。一时间，韦思浩老人感动了不少人。

还有一则新闻报道，说的是杭州甲骨文科技公司全员做义工被点赞的故事。

一家全员做义工的公司——这可是一张亮丽的新名片。上到高层领导，下到普通员工，而且一做就是9年。9年过去了，全员义工给公司带来了什么？老板说："这可以改变和完善一个人的价值观。一个人感恩，团队就感恩，办公室会更加和谐，大家会更加珍惜。团队的改善，也来源于个人的提升。人性里有负面的东西，比如自私和懒惰，但是如果你坚持，就可以自我改变，至少我看到，有过义工经历的员工会有一种更换频率似的跨越式的改变。"

上述例子说明，"兼善"是名副其实的正能量，在回报社会的同时，也可反哺企业，提升自我。而且，"兼善"不是富者、贵者、达者或者管理者、领导者的专利，而是任何一个普普通通的有心者都可做得到的。天下要做的善事很多，不是看你能不能做，而是看你有没有力所能及。因为，每一个人都有其特长、优势和资源。

在企业经营中，从无到有是一种成功，从利到益则是一种升华。如今，具有公益和企业属性的"社会企业"越来越多，能胸怀社会、造福社群的"兼善人"也越来越多。我们应该相信,一个自愿"兼善"他人、服务社会的员工,一定有更大的发展空间,一定能给企业和社会创造更大的价值。

从北培公园出来,我一路沉思着,不觉来到嘉陵江畔的清凉亭。

这个清凉亭,隐藏着一个先生将母亲寿金不建别墅而改建公益的"兼善"故事。听过介绍,站在清凉亭中,望着嘉陵江上千帆百舸,我不禁想到,卢作孚先生虽然远去了,但他所秉持的"兼善天下"的理念和精神却像这滔滔江水一样流播四方,泽被后世。

法师唐僧：
意志坚定的取经者

【故地抒怀】

登西安大雁塔怀唐玄奘

浮云峻塔几能登，欲上天宫十万层。
渡难求经成故纸，风檐塞雁仰高僧。
惟持一点慈悲意，能照千秋小大乘。
西去长安辞别日，谁知白马作孤凭。

注：玄奘（602—664），洛州缑氏（今河南省洛阳偃师市）人，唐代著名高僧，法相宗创始人，被尊称为"三藏法师"，后世俗称为"唐僧"。为探究佛教各派学说分歧，他一人西行五万里，历经艰辛到达印度佛教中心那烂陀寺取真经。《西游记》即以其取经事迹为原型。大雁塔位于陕西省西安市的大慈恩寺内。唐永徽三年（652），玄奘为保存由天竺带回长安的经卷佛像主持修建了此塔。

【现场感悟】

没有信仰走不远

远远看去，大雁塔巍峨耸立，厚重古朴，脱尽浮华，在西安城当日的雾天之中，多了一种如梦似幻的不真实感。

大雁塔位于大慈恩寺内，由唐玄奘主持修建。佛塔是古印度佛寺的建筑形式，随佛教传入中原地区，并融入华夏文化。作为中国现存最早、规模最大的唐代四方楼阁式砖塔，大雁塔是佛塔中的标志性建筑。它不仅代表了玄奘法师在佛教中的高度，而且代表了信仰在人们心中的高度。

大雁塔底层有两通著名的碑石，西龛碑石是由右向左书写，唐太宗李世民亲自撰文，时任中书令的大书法家褚遂良手书的《大唐三藏圣教序》碑；东龛碑石是由左向右书写，唐高宗李治撰文，褚遂良手书的《大唐三藏圣教序记》。碑文高度赞扬玄奘法师西天取经、弘扬佛法的历史功绩和非凡精神。

二圣三绝，辉耀千秋。

据说，和法门寺宝塔下有地宫一样，大雁塔下可能也藏有千年地宫，玄奘自印度取经所带回的珍宝有可能就藏于塔下的地宫之内。但我认为，玄奘给我们留下的至宝，却是信仰的力量。

历史上的玄奘是《西游记》中唐僧的原型，他们有着同样的信仰和意志。

提起唐僧，会令人想起那个取经路上婆婆妈妈、哭哭啼啼的和尚，这是拜吴承恩所赐，还有周星驰们在影视作品中的夸张。但值得深思的是，西游取经是怎样成为一个走向成功的故事的？

在取经的路上，有个有趣的现象，无论遇到什么人，唐僧总是不厌其烦地告诉他们：贫僧从东土大唐而来，欲往西天取经，依靠三个徒弟来到此间。

唐僧为什么要如此反复表述呢？我想，并不是他性格啰唆使然，而是有意为之的。因为唐僧清楚地知道，西天取经是一次冒险之旅，身体发肤的受损倒在其次，最大的考验是意志：猪八戒动不动就嚷着分家散伙回高老庄继续做女婿，孙悟空也不时有回花果山重做山大王的野心，沙和尚则被动于师兄们。只有唐僧，意志坚定，从不动摇。

不仅自己对取经历经九死一生而无悔，唐僧还把这个信念通过日常的言行灌输给徒弟们，不断地重复，潜意识里加深徒弟们对西去的信心。在这一点上，唐僧从一开始就给西天取经团队确立了一个不变的信仰。如果说西天取经是一部壮丽的史诗，其诗魂就是信仰。虽然唐僧不能腾云驾雾、降魔捉妖，但他拥有坚定的信仰，因而始终是取经团队的核心和指引前进的"师父"。可以说，唐僧取经成功，最关键就是这一点。

信仰指人们对某种主张、主义、宗教或对某人、某物的信奉和尊敬，并把它奉为自己的行为准则，是精神的寄托和行动的指南，在行动上则表现为一定的态度和准则。不少人叹服，世界上最伟大经营模式的创造者竟是释迦牟尼，而寺庙则是旅游地产，不卖产品，却拥有最广大、最忠实和自动上门的顾客。遗憾的是，中国有不少千年寺庙，但从未有过千年企业。

信仰是灵魂的归宿，既是信任之所在，更是价值之所在。经营企业的过程也是追寻和坚守信仰的过程。信仰为企业和企业家给出了自身存在的意义、未来发展的方向、战胜困难的勇气，以及继续前行的力量。企业要基业长青，离不开信仰的追寻、建立、涅槃和传承，得靠每一代人和每一个员工的信守。

相较于其他人，企业家的信仰尤为重要。在整个社会中，企业家作为掌控资源较多、影响力较大的人物，他们的信仰已不仅仅是个人关切的问题，而是关乎整个企业和社会经济发展的大问题。没有信仰或背弃信仰，企业就难免偏离方向，难以走得更远。

更重要的是，一家企业有信仰，就容易有好的道德行为。有好的道德行为，做的事情就有更好的效果，对社会和自然就更有利。企业家的目标并不是牺牲自己而让别人幸福。信仰能够让企业家有良好的社会行为，让企业家本身更加幸福。"信仰有助于人活出道德。"这是美国前总统小布什的感悟，诸位企业家对此又有何感想呢？

2008年6月27日，比尔·盖茨结束了他在微软的最后一个全职工作日。离职一周前，他告诉英国广播公司（BBC）"晚点新闻"的主持人，他要把自己580亿美元的财产悉数捐给他与妻子名下的慈善基金——比尔及梅琳达·盖茨基金会。"我们决定不留给我们的孩子。我们想把它（财产）回馈给社会，用在影响力最积极的地方。"盖茨说，是他的信仰让他做出了这个选择。

美国80%的人信仰上帝，相信万物是上帝赐予的，为此他们会以上帝的标准做事、做人，懂得只有付出才有回报的真理。有信仰的商人认为：信仰及其提倡的价值观使他们增强了自我意识和自信心，决定了企业的价值观和发展方向，以及企业能否健康持续地发展。

而信仰的缺失不仅使企业的发展受到阻碍，还有可能让企业家自身陷入困境。禹作敏目无法纪，以言代法、以身试法，最终未能善终；资本枭雄唐万新以命豪赌，最终他的事业被无穷的野心葬送；国企掌门人王效金，贪婪、无底线，终酿"古井腐败大案"……这些案例提醒我们，信仰对于企业及个人的健康发展至关重要。如果在有信仰和没有信仰的企业之间做一个比较，你肯定会发现，有信仰的企业会有更多的诚信行为，会有更多的遵守商业道德的行为。

"我坚信，任何一家企业为了谋求生存和获取成功，都必须拥有一套健全可靠的信念，并在此基础上，提出自己的各种策略和各项行动方案。我认为，在企业获取成功的过程中最为关键的一个因素就是，始终恪守这些信念。"IBM董事长小托马斯·沃森的深刻体认或许代表了卓越公司对公司信仰与企业持续发展的共同认知。

企业家是身体力行打造企业信仰的第一责任人。每一家企业都有自己的取经路，每一个人都要走好自己的取经路。有了信仰，就可生发出无限力量。由此，我们要向唐僧学习。他做得虽然简单，但表里如一，前后一致，化心于行，善始善终，影响不止于佛教。

在大雁塔，我的眼前又浮现出《西游记》里那个信仰坚定、意志坚强的取经者形象。过火焰山时，当八戒建议只拣无火处走时，唐僧问：哪方无火？八戒答：东、南、北三方都无火。唐僧问：经在何处？八戒答：经在西方。唐僧坚定地说：我只往西方去！

寥寥数语，让人深思，让人感动，让人肃然起敬，让人铭记在心。

神秘秦陵：世界第八奇迹

【故地抒怀】

浣溪沙·过秦陵

龙冢深埋几处沙，曾同书轨统中华。始皇二世一声嗟。

仍藉水银平四海，难凭铁戟佑孤家。春风只与自由花。

注：秦始皇（公元前259—公元前210），嬴姓，名政，中国历史上著名的政治家、战略家、改革家，首位完成华夏大一统的铁腕政治人物，也是古今中外第一个称"皇帝"的君主。

【现场感悟】

做大做强，不如做好做长

秦始皇是世界历史上一个伟大的存在。这个首称"皇帝"的人不仅永远站在史册的中央，而且就安睡在我眼前这座巨大的陵寝里。

参观过秦始皇陵，相信不少朋友的感受只有两个字：震撼！

我去的时候，正值万物复苏的春天，骊山上万木争长，百花盛开，连鸟儿也在为这历史上第一个称"皇帝"的统治者争唱赞歌。

秦陵是中国历史上第一个皇帝陵园，陵园按照"事死如事生"的原则，仿照秦国都城咸阳的布局建造，大体呈回字形。陵墓周围筑有内外两重城垣，已经勘探得出的陵园和从葬区总面积66平方公里，比原来西安城区的面积还要大一倍多——这么宏大的陵墓，只能说前无古人。

据史料记载，秦相李斯亲自设计了始皇陵墓，并由大将军章邯监工。整个工程历时39年，征集了72万人力，修建人数最多时近80万，几乎相当于修建埃及胡夫金字塔人数的8倍。

特别值得一提的是，陵墓周围布置的巨型兵马俑阵，用以护卫皇帝。数千件魁伟英武的大型陶塑艺术作品，以整体形象排列在将近两万平方米的空间里，气势磅礴。秦俑坑出土文物所展现的秦代冶金和金属加工技术比以往的估计要高出很多，其中青铜防锈技术从汉代以后就失传了，直到2000多年后的1937年，现代镀铬技术才在德国产生。

世人称秦陵为"世界第八大奇迹"。

秦陵的各种遗迹，似乎都在回忆着秦朝的强大。李白有诗歌颂嬴政："秦皇扫六合，虎势何雄哉；挥剑决浮云，诸侯尽西来。"秦始皇，这位叱咤风云的旷世君主，不仅为后人留下了统一中华、同文同轨等千秋伟业，留下了这座神秘莫测的陵园，留下了万里长城、阿房宫、直道、驰道、灵渠等巨大的工程，还留下了无数的争议和反思。

如果从秦灭六国、秦王嬴政称"始皇帝"算起，秦朝传三世，共两帝一王，国祚共14年。短命的原因，众说纷纭。我以为，除了暴政严刑、交接班失败外，还与其不顾民心思安、民力疲乏，不断对外扩张，基建投入过大有关。秦始皇耗费巨大的人力、物力、兵力、财力，一味想着做强做大，"超常规发展"，最终在自己首创的世界上第一条高速公路——秦直道上失控翻车。

灭秦者，秦也。

众所周知，秦以武立国，横扫六合，整个天下在短短的十年之内被统一。战争的阴云还没有完全散尽，各地的保守势力和分离主义仍在加紧复辟，但始皇帝继续大规模用兵，北收河套，南占岭南，导致国库空虚，民不聊生。此时，其仍简单迷信于法家，不懂安抚，终于激起民变。一声"王侯将相，宁有种乎"，义军四起，大好江山被换了旗号。

我想，如果始皇帝刚建国时步履能走得慢些稳些，能够以比较温和的方式度过这段充满风险的过渡期，也许不至于那么快就灭亡。

超常规发展，不顾现状地急于做大做强，犹如脱缰的野马一样难于控制，也如超载超速的列车，随时都有脱轨倾覆的危险。

"其兴也勃焉，其亡也忽焉"，寿命太短，无论是对于一个帝国，或者是对一个企业来说，都是极大的遗憾。做大做强，不如做好做长。

"做大做强"是改革开放以来使用频率最高的企业用词之一，以致在潜移默化中成为人们判断一个集团、一个企业成败的重要标准。特别是在信息时代，不少人会说，"快鱼吃掉慢鱼"，速度决定成败。这话有一定道理。企业的快速发展可以依靠于外部条件，但是，企业的持续快速发展，必须依赖于自身的综合条件。特别是高速发展同时带来的风险，并不是每一个企业家都能及时预见和及早预防的，处在"高铁时代"的不少企业沉溺在速度与激情之中，根本来不及思考其中可能存在的漏洞和风险。

我所熟知的一个民营制造企业，原本发展良好，2010年该企业用其所有资产做抵押，向银行贷款8000万元，再动用自有资金2000万元，共1亿元扩建新厂。到2010年年底，6000万元贷款和2000万元自有资金花完，厂房基本建成。此时，宏观调控开始，银行承诺的其他贷款不再发放。这家企业再也没有资金购买设备。新厂房空置，流动资金也耗尽，原有的生产规模都不能保证了，而身上的财务压力却越来越大。

不得不说，很多企业有一种"做大做强综合征"。

陈天桥执掌的"盛大"一心打造"娱乐帝国"，从2006年开始，其直接或间接收购了180多家公司，但华影盛世、华友世纪、盛世骄阳等似乎都打了水漂，没了"后续答案"；"太子奶"在奶业基本成功的基础上，在童装、商贸、化妆品、食品、传媒等领域一拥而上，结果拉长了战线，分散了资源和精力，资金链断裂，最终轰然坍塌。

大家都知道，马云是位牛人，但你是否知道，这位号称"风清扬"的高人也曾跌入超常规发展的陷阱。

阿里巴巴在1999年创办之初，曾实现市场净利润287万元。随后，又分别获得高盛、软银等500万美元和2000万美元的投资。财力的增强，打乱了马云原有的节奏，拿到钱后的阿里巴巴反而陷入混乱之中。2000

年，阿里巴巴在境外疯狂扩张，运营成本居高不下。在中国香港、美国、欧洲、韩国，阿里巴巴需要大量的市场推广、广告费用，每月开销是天文数字，且没有分文收入。2001年1月，阿里巴巴银行账户余额不足1000万美元。

很快，阿里巴巴召开了历史上的"遵义会议"，在一天之内就把美国团队从40人裁到3人，并且相继关闭在香港、北京、上海的办事处。剩下的员工，薪资减半但期权加倍。3个月后，阿里巴巴每月运营费从200万美元缩减到50万美元，这才度过了危险期。

互联网给企业的快速发展带来了条件和机遇，但也会带来浮躁的心态，很多企业家天天像打了鸡血。但是，企业的发展毕竟不是规模和速度的简单结合，做大做强固然重要，但如果不能做好，一切都成为无根之木、无源之水，所谓的做大做强也只能是昙花一现，最终徒留长长的一声叹息。

无论做大做强还是做长，它们的前提都是做好。做好，需要有好的价值观、好的产品和服务、好的品牌以及好的心态。试看古往今来，无视消费者利益的企业，哪一个能走得远的？

神秘的秦陵，既是一个叹号，也是一个问号。

神医扁鹊：
起死回生非一流

【故地抒怀】

谒河北邢台市内丘县扁鹊庙有怀

未病之时道不同，生关死劫岂相逢。
千秋谁识无名术，物理原能一点通。

注：扁鹊（公元前407—公元前310），姬姓，一说为春秋战国时期渤海郡郑（今河北省沧州市任丘市郑州镇）人，一说为齐国卢邑（今山东省济南市长清区）人。由于他的医术高超，被认为是神医，所以当时的人们借用了上古神话黄帝时的神医"扁鹊"的名号来称呼他。扁鹊奠定了中医学"望、闻、问、切"的切脉诊断方法，开启了中医学的先河。

【现场感悟】

见未见，治未病

扁鹊是位了不起的名医，善迹四方，用现在的话讲，叫"德医双馨"。他死后，民间不忘其德，在全国多个地方都有扁鹊墓葬，虽难考真伪，但由此可见扁鹊在世道人心中的崇高形象。

此番寻访的扁鹊庙，位于河北省邢台市内丘县神头村。庙前有条河流，叫九龙水——上游有九条山川之水汇集于此。九龙水上桥梁很多，而去扁鹊庙，要经过的石桥叫九龙桥。因为扁鹊的医术能"起死回生"，所以，九龙桥又称回生桥。当地人神秘地告诉我，人患有疾病或奄奄一息，只要从此桥经过，就可以起死回生。

走进庙内，一眼就看见扁鹊的塑像。我原来的想象里，扁鹊是位身着布衣、比较朴素亲和的老先生，而眼前的塑像，却头戴垂旒冠，身穿皂黄滚龙袍，华贵了许多。扁鹊手拈银须，端坐在宝座之上，倒有君临天下的感觉。我想，这可能是因为扁鹊深受民众爱戴，他的地位及形象都被提升了吧。

2000多年来，扁鹊一直受到人们的敬仰，关于他的传说特别多。据传，扁鹊兄弟三人的医术都挺高明。有人曾问他谁的名气最大？扁鹊答道："大哥扁鸿治病，是治于未发之前，养生防病，保健化病，化有病为无病，一般人都不知道他能事先铲除病根；二哥扁燕治病，是治病于初起之时，化小病为无病；而我治病，是在病情严重之时，救笃病于既倒，故此大家认为我的医术高明，名气因而传遍全国。"

每次想到扁鹊的这段话，我都对扁鹊大哥扁鸿的医术之高，油然而生敬佩之心。把濒临死亡的人救活，确实很厉害，医者名气也大，如扁鹊。而治未病却是把可能发生病症的潜在因素和正在转变为病症的诸因素提前解决掉，听从这类医生的意见，你就没机会得病。"望闻知膏肓，问切断死生。"见未见，治未病，特别需要由表入里的洞察力。

历史上有扁鹊三劝蔡桓公治病，而蔡桓公讳疾忌医，断送了自己性命的故事，这说明把疾病消灭在初始阶段是多么重要，如果病入膏肓，那就无药可救了。

这个道理，相信大家现在都明白了。但换个角度呢？如果我们用来诊断企业，给企业看病则如何？

很多企业陷入困境或突发重大恶性事件，其实是弊端或不利因素长期累积的结果。这其实在早期是完全可以避免的，而且早期预防的成本，也远比晚期的救治成本要低，但遗憾的是，大部分人实际上都是坐等病情加重，然后希望有高手能妙手回春、力挽狂澜。无奈，已经晚了，即便扁鹊复生,何济于事?

窃以为,倘若一个公司总是需要"扁鹊"式的人才,说明这家公司管理有着极大的问题。一个优秀的企业管理者应该是一个能预见、预测、预警、预防,让企业远离疾病的"养生"高手,是一个能让企业持续健康发展的保健师,而不是一个听任企业百病缠身再熟练施治的所谓妙手神医。养生胜于治病。即使"妙手"能使企业暂时除病祛痛,表面上恢复健康,但企业已经阴阳失衡,元气大伤,难以持续发展了。

蒙牛公司的创始人牛根生是一位我十分敬佩的企业家,但他或许就是一个扁鹊式的"医药家"而不是扁鸿式的"保健师"。从乳业巨头伊利出来的牛根生靠几个朋友凑起来的1000多万元,用先打品牌后生产、先委托生产再建厂的理念带领蒙牛创造了一个又一个奇迹,用3年的时间即跻身于中国乳业的前三甲,而后又炒作了一系列的营销事件,使蒙牛实现了非常规的发展。但是,蒙牛的速度与辉煌基本上是靠牛根生个人的力量在维持着。虽然在牛根生的妙手治理下,蒙牛没有立即病倒,还依照惯性快速发展,但是,由于不注意对未来风险的预防,没有对企业一些关键环节做好管控,蒙牛日渐陷入各种麻烦当中,曾被奉为中国企业"教父"级人物的牛根生黯然下课,成为商海中的悲情人物而被定格,他的创业团队也纷纷离开,所创企业也落得个被中粮集团收购的结局。

成也萧何,败也萧何。正是因为牛根生的"医术"高超,所以他能使蒙牛创造奇迹;但恰恰又因为他的"医术"高超,带领企业度过了一次又一次的险境,所以才心存侥幸,没有在问题爆发前狠下功夫,没有一步一个脚印把企业真正做健壮,没有做到扁鸿一样的"不知已病治未病"。

瑞星曾经是中国最牛的杀毒软件品牌,但后来居上的"360杀毒"只用了互联网企业中最常用的"免费"这一招,就让这个昔日的杀毒软件王者落荒而逃。瑞星可以说是没有"病"就直接倒了,至今还在为上新三板而苦苦挣扎。这就是企业缺乏"治未病"思维的直接后果。

美国经济学家柯林斯在其《基业长青》一书中就指出,杰出企业的领袖一定是"造钟"人,而不是"报时"人。他指出:拥有一个伟大梦想或高瞻远瞩的魅力型领袖,好比是"报时";而建立一家公司,使公司在任何一位领袖身后很久,经历许多次产品生命周期仍然欣欣向荣,则好比是"造钟"。一个魅力型领袖其实并不是企业最需要的,他也许能把企业带到一个常人无法达到的高度,但后续的接班人很难延续他的辉煌,所以,企业很可能得不到健康发展和持续发展,而企业真正需要的领袖应该是一个"见未见"的战略制定者和一个"治未病"的"保健师",只有这样,企业才能基业长青。

我一边思考,一边打量这雍容华贵的扁鹊像,忽然记起,扁鹊还真被封过王。那是北宋时候的事,仁宗得了一种怪病,不能进食,无法医治,就命太医祭祀扁鹊。不久,仁宗的病竟然好了。大喜之下,仁宗就加封扁鹊为"神应王",并为扁鹊重修庙宇,再塑金身。所以,一直到现在,祭祀扁鹊的香客从来不少。我面前的一位中年妇女,一边礼拜,一边念念有词。我侧耳一听,原来,她并非祈医禳病的,而是要扁鹊爷保佑一家平平安安,无病无灾。愿望虽然朴素,但道理却与扁鹊故事相同——与其祈祷将来祛病禳灾,不如现在就保一家平安。

我也受了感染,在扁鹊像前默默祷告:愿天下人都身体健康,愿所有的企业都长盛不衰。

医圣张仲景：
医相无二

【故地抒怀】

谒河南南阳城东温凉河畔医圣祠怀张仲景

辨证思维怀大爱，绝伦医理济苍生。
如今人识岐黄术，总颂张公万世名。

注：张仲景（约150—约215），名机，字仲景，东汉南阳涅阳县（今河南省邓州市穰东镇张寨村）人。东汉末年著名医学家，被后人尊称为"医圣"。张仲景广泛收集医方，写出了传世巨著《伤寒杂病论》。确立了辨证论治原则，是中医临床的基本原则，也是中医的灵魂所在。

【现场感悟】

辨证方能治标本

刘老师是我老家一位校友的父亲，一向身体挺好的，才五十来岁，没想到竟得了帕金森综合征。

一天，刘老师由儿子搀扶着来到广州寻访名老中医。我诧异道："这种病症，应该看西医呀。"他儿子在一旁说："看过多个西医，都说没办法根治，父亲再也不肯看西医了。"刘老师则愤愤地说："西医一诊断出是帕金森综合征，也不管我的身体如何，就不分青红皂白给我判了死刑。"

刘老师发了一通牢骚，末了说："中医就没有治不好的病。以前我外孙患了荨麻疹，西医西药很难找到针对性的药方，吃药近三年没有效果，看了中医，吃了中药，提升正气，增强免疫力，病很快就好了，而且不再复发。"

幸好，我有个朋友在一家大型中医院上班，联系上之后，上午就将刘老师送了过去。路上，看他在阳光下被儿子扶持着的歪歪斜斜的身影，一边慨叹中医得民心之深，一边无端便想起张仲景来，想起几年前参观医圣祠的情景。中医之所以深得民心，与这位千古医圣有着很大的关系。

回到家，翻出当年在河南省南阳市医圣祠所拍的照片，场景仍然历历在目。

医圣祠给我印象最深的，有两处。

一是进入祠门后，有10个名医塑像，张仲景占据中心位置，最为高大。这也是客观的事实：1993年，国际权威医史研究机构——英国伦敦维尔康医史研究所，把张仲景列入29位世界医史伟人名单，加以弘扬和纪念，中国医学史悠悠数千年，获此殊荣者唯张仲景一人。

二是步入医圣祠，映入眼帘的一块巨大的照壁。照壁的正面刻写的是《医圣张仲景传》，两侧是一副对联："阴阳有三，辨病还需辨证；医相无二，活国在于活人。"照壁的背面刻写的是张仲景的《伤寒杂病论》序。《伤寒杂病论》是中国第一部从理论到实践确立辨证论治法则的医学专著，是中国医学史上影响最大的著作之一，也是后学者研习中医必备的经典著作，受到医药学生和临床大夫的高度重视。它确立的个体化治疗方案——辨证论治原则，是中医临床的基本原则，是中医的灵魂所在。

所谓个体化治疗方案——辨证论治，即运用各种诊断方法辨别不同的症候，对病人的生理特性、时空环境、生活习俗等因素进行综合分析，研判其致病原因，据此给出恰当的治疗方法和药方。

据说，张仲景曾为两个感冒病人开了同一剂量的麻黄汤，服药后一个好了，而另一个反而病情加重了。这件事大大地刺激了他，促使他深入思考同病异治和异病同治的法则，从而奠定了辨证论治的思想基础。

人们认为，西医重在"治已病"，而中医推崇"治未病"；西医旨在治"人的病"，而中医旨在治"病的人"；西医药善于"治标"，而中医药擅于"治本"。究其根源，在于中医拥有整体观、系统观和辨证论治的核心理论，而西医没有。如西医用药经常有"成人两片，儿童减半"的剂量提醒，但是，60岁是成人，20岁也是成人；3岁的算儿童，10岁的也是儿童；有体质好的，也有体质弱的。所以，这种笼统的服药方式对其中的一部分人群就不适合。

辨证论治是把人和病看作是一个整体、一个系统，实事求是，寻根溯源，进而斩草除根。中医临床辨识和治疗疾病，既辨病又辨证，但主要不是着眼于"病"的异同，而是将重点放在"证"的区别上，通过辨证而进一步认识疾病。中医认为，同一疾病在不同的发展阶段，可以出现不同的证型，而不同的疾病在其发展过程中又可能出现同样的证型。因此，在治疗疾病时应具体问题具体分析。

中医药学凝聚着深邃的哲学智慧，凝聚着中华民族数千年健康养生理念及实践经验，是打开中华文明宝库的钥匙。

如果我们把企业看成一个生命体进行诊断的话，辨证论治原则也同样适用。

如今，企业诊断已经与企业管理密不可分。改革开放初期，许多国内大企业会邀请西方著名管理咨询公司来进行管理诊断，"诊治"存在的管理问题，提升管理能力，以提高经营管理和赢利能力。

但是，如果西方咨询公司在给企业诊断过程中，不顾中国本土特色，不能辨证论治，照搬"西医"的经验，势必将被"诊治"的中国企业推向危险的境地。

众所周知，麦肯锡是全球最"牛"的管理咨询公司之一，可是，在给中国企业诊治时，从诊断到用药，频频出现失误，差点让一些中国企业过早夭折。

比如，麦肯锡在为王府井百货诊断的过程中，还没深入了解王府井百货各管理环节的实际情况，就直接将他们在欧美操作百货零售公司咨询项目的管理软件克隆过来，结果与王府井百货格格不入，难以实施。幸好，王府井百货发现了麦肯锡的治疗方案与王府井百货当时的经营现状格格不人,及早放弃了。

乐百氏就没这么幸运了。

麦肯锡为乐百氏的诊断方案是:"造就中国非碳酸饮料市场的领导者",明确地告诉乐百氏:"只有进入非碳酸饮料市场才是正确的方向。"于是,"今日可乐"胎死腹中。就在乐百氏大举进军非碳酸茶饮料市场的时候,竞争对手娃哈哈推出了"中国人自己的可乐"——"非常可乐",强势进入了碳酸饮料领域。而当年乐百氏的销售收入增长速度从前一年的85.3%大幅下滑到33.3%。

显然,麦肯锡未能以"个体化治疗"的原则对中国企业当时的内外条件做正确的分析和把握。其实,中国企业的"病证"有其特点,请"西医"来为企业诊断,是为提升企业的管理水平和经营能力,哪知"西医"虽然"科学",但在中国却"水土不服"。

世界上没有完全相同的一片叶子,也没有完全相同的一个人,更没有完全相同的企业。而企业经营管理是一个动态的过程,各种影响结果的因素在不断变化发展。因此,我建议,本土的企业家还应该多向张仲景学习,多向传统文化学习,掌握辨证论治的思维,根据企业的内外部条件,因地、因时、因人而异,做出及时的诊断,并调整企业的运营与管理。

那天下午,刘老师从医院回来了,儿子依旧搀着他,手里还提着一袋中药。我关切地向他了解诊疗情况,刘老师有点兴奋:"还是中医靠谱啊,人家就不认为这病不能治。除了看病,大夫还问我有什么爱好,我说喜欢打太极、唱粤曲,他就让我回去除吃药外,多练练太极,多唱唱粤曲。我知道,这是治精气神的……"

看他信心百倍地讲下去,站在一旁的我,忍不住笑了。

留余康应魁：
豫商精神代表

【故地抒怀】

游河南巩义康百万庄园怀康应魁

清芬世守福绵延，慈孝传承即圣贤。
此是中华君子泽，留余一事万千年。

注：康百万庄园又名河洛康家，位于河南省郑州市巩义市康店镇，始建于明末清初。康氏家族前后12代人在这个庄园生活，跨越了明、清和民国三个时期，共计400余年，被誉为豫商精神家园，与刘文彩庄园、牟二黑庄园合称全国三大庄园，与山西晋中乔家大院、河南安阳马氏庄园并称中原三大官宅。

【现场感悟】

留余理念与基业长青

"富不过三代"，对于商人来说，这几乎是一道坎儿。但是，河南的老康家却打破了魔咒，而且富了12代，时间纵跨三个时代。

参观康百万庄园时，虽然正值酷暑，汗流浃背，却挡不住我对于探究老康家秘密的浓厚的好奇。

但被称为"豫商精神家园"的康百万庄园实在太大了。它背依邙山，面临洛水，占地240亩，有33个院落、53座楼房，1300多间房舍和73孔窑洞。穿行在连绵不绝的房舍窑洞之间，我一边擦汗，一边感受着庄园集"古、大、雅、美"于一体的恢宏建筑气象，不难想象康家当年的辉煌。

行行走走之间，在主宅区一过厅上悬挂的旗帜形牌匾引起了我的注意，匾上刻有"留余"两个篆字标题及行楷铭文："留有余，不尽之福以还造化；留有余，不尽之禄以还朝廷；留有余，不尽之财以还百姓；留有余，不尽之福以还子孙……临事让人一步。"全匾共计174个字，为同治年间进士牛瑄所题，是康家训示家中子弟的家训匾，其中心乃"上对皇天对朝廷留余""下对百姓对子孙留余"。

这是一块十分奇特的牌匾，它不同于一般的长方形制式，而是左上角有一缺口，右下角也有一缺口，造型犹如一面迎风招展的黄色旗帜，金底黑字。据介绍，该匾制于1871年，已有100余年历史。

康百万庄园真正打动我的，正是匾上的文字。久久咀嚼其中奥义，觉得这字句看似平常，实则境界深远，包含着极深的经商乃至为人处世之道，也许这正是康氏家族富不止三代、数百年基业长青的原因所在吧。

留余，蕴含着让利于人、平衡共赢、因时而变、兼济天下的理念，浓缩了中国传统文化的精髓，追求的是"花未全开月未圆"和"过犹不及"的状态，取儒家"财不可露尽，势不可使尽，福不可享尽"的中庸之道，汇道家思想中的"无为"与"不争"等思想旨趣，融佛家禅宗思想中的"平常""无执""不忍"等智慧于一炉，深得儒、道、释三教之真味，凝结成一种修齐治平、经世济民的认知，凸显了中原文化的独特韵味，是中华文明在化解矛盾、创造和谐的实践中形成的宝贵精神财富。

事实上，康百万不是单指某个人，而是整个康氏家族的统称。其家族上自六世祖康绍敬，下至十八世康庭兰，一直富裕了12代、400多年。历史上曾有康大勇、康道平、康鸿猷等10多人被称为"康百万"，其中最具代表性的是清代中期的康应魁。他富甲三省，船行六河，土地达18万亩，财富无以计数，多次得到皇帝赏赐，最高时官至三品，数次钦加知府衔。

明清时期，康百万、沈万三、阮子兰被中国民间称为三大"活财神"。民国时期"东刘、西张，中间夹个老康"，此为中原河南的三大巨富。1901年，据说慈禧太后还向康鸿猷借了100万两白银呢，慈禧高兴之余，就说了一句"不知此地还有百万富翁"，因此，"康百万"这个封号就借慈禧的金口而名扬天下了。

康应魁的"墓志铭"上称其："平生孝慈，勤俭持家，好善乐施，赋性淳厚，尤有大过人者本领，识时务。"他曾独资修筑巩县圣庙，又在逢祥符（今开封）、中牟黄河段决堤时修筑黄河堤坝，还在道光年间河南大饥荒中出粟赈灾，使灾民度过荒年。康应魁75岁生日那天，族人和乡亲来为他祝寿。在寒暄祝贺、酒过三巡之后，康应魁老人一把火当众烧掉了族人和乡亲欠债的账目。康应魁的焚券、赈济再一次在中原大地造成轰动效应。

如今，康百万庄园已成为豫商的精神家园，也愿"留余"两字镌刻在华商的心里，取之有度，适可而止，保持人与自然、人与社会、人与自身诸多关系的和谐。尤其是在企业发展过程中，商家要充分认识到人心和市场的复杂多样，抱持一种小心谨慎的态度，三思而行，得理也要让三分，既走自己的路，也要让别人有路可走，以便有足够的空间回旋来应对各种可能性。

晚清著名的"红顶商人"胡雪岩，亦深谙"任何时候都要留有余地"的道理，即使属下犯了不可饶恕的错误，也能够宽厚对待，给以其改过的机会。

胡雪岩有一个叫朱福年的手下，有一次拿了东家的钱"做小货"，东家自然不能容忍，要彻底清查，并打算将他扫地出门。胡雪岩知道后，觉得这样做事未免太绝，于是找到朱福年，开诚布公地与他谈心，还特别留出一些时间，让他暗中检点账目，补上亏空，有意放他一条生路。如此一来，朱福年对胡雪岩的宽宏大度自是感激不尽，此后一直竭诚报效，为胡雪岩商业帝国的壮大发展立下了汗马功劳。

如果说留白是艺术的智慧，那么留余则是经营的智慧。

留余，既是一种与人为善的智慧，也是一种应对市场不确定性和"黑天鹅"事件的未雨绸缪，更是一种从短期利润最大化到品牌价值最大化及可持续发展的战略转变。今逢盛世，更应彰显"留余"的时代价值。特别是在当前，中小企业普遍遇到融资、人才及市场准入等困境，在中国经济生态中占统治地位的大型企业可以打开一扇"留余"的窗口，整合、带领和帮助中小企业发展。譬如，中央企业可将非主营业务的部分或全部服务性业务交给中小企业去完成；在某些主营业务环节，为了提高专业服务水平或效能，也可以外包给中小企业，即国际上流行的"业务流程外包"（BPO）。那些能控制上游关键环节的大企业，可以适当地让中小企业去承担一些下游的工作，这样能更好地提升"全产业链"的质量。即使有直接竞争关系的大型企业和中小企业，也可以找到互相促进、共同提高的方法和路径。

不知不觉，来到一座葡萄架下。架下有石凳，可供小憩。我坐下来，感受骄阳下那一丝的阴凉。我想，余下的院落与房间，不必再看了，也学一把"留余"，找个地方先喝杯茶。

销魂剑门关：
兴亡不恃山川险

【故地抒怀】

过剑门关

曾闻蜀道难，难于剑门关。奇峰锁万壑，人在栈云间。当年古道穿西蜀，至今犹无匹马还。匹马何所顾？万山苍翠处。古木郁森森，日夜浮瘴雾。昔闻姜伯约，列营守剑阁。铁戟扫苍狼，金鼓惊飞雀。曹魏引军来，有将称诸葛。旌旗蔽日光，其气吞河岳。伯约点精兵，雄关足可凭。衔枚五千骑，呼啸下连营。儿郎经百战，皆由死后生。司马遣奇将，邓艾何所向？所向渡阴平，鸟道越千嶂。回看剑门关，枉自烽烟旷。兵锋指成都，蜀汉于斯丧。呜呼，兴亡岂恃山川险，后主降幡终不免。从此再过剑门关，唯见西风残照流云掩。

注：剑门关地处四川省广元市剑阁县城南，居于大剑山中断处，两旁断崖峭壁，直入云霄，峰峦倚天似剑；绝崖断离，两壁相对，其状似门，故称"剑门"。三国后期汉中失守，姜维退守剑阁。魏将邓艾偷渡阴平，入江油，破绵竹关，直取成都。

【现场感悟】

内控是管理的基础

剑门雄关,史称天险。离广元市区58公里,是川北历史悠久的著名风景名胜。如果说广元是"川北第一市",那剑门关就是"四川第一关"。

剑门关之所以得名,是因为其位于大剑山的中断处,两旁断崖峭壁,直入云霄,峰峦似剑;两壁相对,其状似门,故称"剑门"。论起剑门关的险,民间有"一关失,半川没""打下剑门关,等于得四川"之说。史载当年诸葛亮伐魏,在此立关设尉,"一人荷戟,万夫莫开",可见此处地势险要,自古即为兵家必争之地。

沿嘉陵江南上,一路山清水秀,春色旖旎。出城不久,迎面便是横亘百里、翠色朦胧的剑门七十二峰。远眺诸峰,山峦丛立,刀斩斧切,天生屏障,宛如高耸的城墙一般,其气势雄峻之貌初现,与峨眉诸山风格迥异。

天空中飘着细细的雨丝。山环路转,逶迤前行,绵延的风景不断变幻。一路上,渐见乌云密布,怒压群山,转过山口,抵至剑门关时,大雨便下起来了。沟壑深处,腾起层层浓雾,如百万雄兵列阵过来。

我心里顿生寒意,不禁感慨,怪不得此关是中国唯一没有从正面被攻破的关隘。剑门关的两边是像剑一样插在地上的高山,可以想象,面对这么一条羊肠小道,面对着两边光溜溜的岩壁,再能征惯战的将军走到这里也会生出绝望之感。

陆游路过此关时,写下了"衣上征尘杂酒痕,远游无处不销魂。此身合是诗人未?细雨骑驴入剑门"的千古名句。

陆游在此的"销魂",一是对于险峻地形的感觉,二是对南宋时局的担忧,三是对自身报国无门命运的嗟吁。另外,可能还有对"兴亡不恃山川险"那段尘封历史的叹喟。

想当年,蜀汉政权包括大将军姜维本人,以为扼守住险要的剑门关,便可高枕无忧,维持"三足鼎立"之势。孰料魏将邓艾偷渡阴平,从侧面绕过剑门关，入江油，破绵竹关，直取成都，后主刘禅纳印投降。同期的东吴政权凭恃天险长江，也同样未能逃脱覆灭的命运。

因为，国家兴废的关键在于人，而不在于可依赖的外部环境。

如今，一些企业经营者自恃拥有独特的资源优势，比如强大的品牌、庞大的规模、过硬的政商关系、充足的资金或特殊的政策，却忽视了内部管理的完善和核心竞争力的构建，最终时移势易，功败垂成。

1995年，作为在读学生，我们曾邀请珠海巨人集团董事长史玉柱到中山大学参加"走向成功"系列讲座。当天活动座无虚席，史玉柱的励志故事也大大激励了一批怀揣梦想的年轻人。20年后再回顾，巨人集团的得失成败对后来者仍有重要的启迪。

1989年8月，深圳大学软件科学管理系硕士毕业的史玉柱用借来的4000元在《计算机世界》利用先打广告后付款的方式做了8400元的广告，将其开发的M-6401桌面排版印刷系统推向市场，巨人事业由此起步。4个月后，销售额一举突破百万元大关，从而奠定了巨人集团创业的基石。

1991年4月，史玉柱任总经理的珠海巨人新技术公司注册成立，短短两年间，公司便从注册资金200万元发展到年销售收入1.6亿元，实现纯利3500万元。年销售收入增长速度达500%。1993年，巨人公司实现销售收入3亿元，利税4600万元，成为中国极具实力的计算机企业。

1994年，全国兴起"房地产热"和"生物保健品热"，巨人集团开始迈向多元化经营之路，同时涉足计算机、生物工程和房地产行业。不到半年，巨人集团的子公司就从38个发展到228个，人员也从200人发展到2000人。

利与弊就像一个钱币的两面，多元化及快速发展使得巨人集团自身的弊端一下子暴露无遗。控股型组织结构未能有效掌控下属机构的财务，下属单位违规违纪现象层出不穷。据报道，巨人集团有一位副总裁及七位分公司经理携巨款潜逃；西北办事处主任贪污和挪用巨额资金；参与M-6405软件开发的一位员工，在离职后将技术私卖给另一家公司，给巨人造成很大损失……

1996年年底，巨人集团的员工停薪两个月，一批骨干离开公司，整个公司人心惶惶，声名赫赫的巨人集团已经摇摇欲坠。

巨人集团的衰落，并不完全像外界传说的那样是由屡次增加高度的巨人大厦拖垮的。巨人大厦只是导火索，媒体的反转也只是外因，内部管理出现问题才是根本。对于企业而言，被竞争对手打败并不可怕，只要卧薪尝胆、上下一心，还是有东山再起的可能。如果企业被自己内部所瓦解，那才是致命一击。

内控是管理的基础。防止从内溃败，须从内控抓起。如果要做大做强，特别是要做好做长，走上良性循环的发展轨道，离不开内部管理的持续优化和提升。

不知不觉间，起风了，剑门关上空云雾翻腾，宛如龙隐其中。向关下望去，仿佛看见孤独的陆游骑着毛驴，黯然销魂地走过这险绝的关隘。我突然有一种别样的感受，与诗人刹那间心意相通，也顿感失魂落魄。

下了城楼，雨却逐渐大了起来。神不守舍的我来到一个避雨所在，陆游的背影在视线里渐渐模糊。抬眼望去，风吹散了薄雾，但乌云翻滚，正一步步压过来，仿佛要将我吞噬。

我后退几步，想摆脱这丢魂失魄的境地，大声唱起了刘禹锡的诗："兴废由人事，山川空地形。后庭花一曲，幽怨不堪听。"

山谷里传来久久的回响。是的，山川虽险，险不过人心向背；一时豪杰，逃不过成败兴衰。

雄关绝壁，细雨浓雾，真个好不消魂！

诚信陈李济：
四百年济世传奇

【故地抒怀】

题陈李济药厂

悬壶妙药古来稀，陈李风标许最宜。
合作双赢堪济世，白云山下说传奇。

注：陈李济药厂由广东南海商人陈体全、李升佐两公于明朝万历二十八年（1600）共同创立，名号"陈李济"，寓意"陈李同心，和衷济世"。陈李济创建于明，兴盛于清，图存于民国，尚存于今世，是中华著名品牌，是不可多得的人类非物质文明遗产。

【现场感悟】

守正然后出奇

广州白云山，景色秀丽，云雾缭绕于黛山葱绿间，半壁皆素。在白云山的高峰下，有着我国中医药的另一座高峰——现存最古老的中药企业、418岁的"长寿不倒翁"、绵延至今仍欣欣向荣的岭南医药"活化石"、比同仁堂还要早69年的陈李济药厂。

初夏时分，我来到白云山下，徜徉在广州陈李济中药博物馆，体会着博大精深的千年中医药文化和同心济世的百年老字号经营之道。那一排排高大的、散发着幽香的药柜和古老的鎏金匾额，仿佛被沉淀的时间打磨得熠熠生辉。那些陈列着的精巧的药秤药戥，那些耳熟能详的膏丹丸散，那些栩栩如生坐堂问诊的蜡像，无不把一部中医药"活化石"的悠久历史呈现在人们眼前。

最吸引人的是大堂上那副红底金字的对联："火兼文武调元手，药辨君臣济世心"，意蕴深邃悠长，字体遒劲古朴，昭示着陈李济这家百年老店同心济世、守正出奇的沧桑历史。

相传400多年前，广东南海县人李升佐在广州经营一间中草药店。一次，他在肇庆西江码头发现一包银两，将它原封不动地归还给了失主陈体全。陈感念李的高风亮节，将失而复得的银两半数投资于李的中草药店，于是，寓意陈李二人同心、和衷济世的店号"陈李济"自此兴业于广州城南双门底（今广州市北京路194号）。

陈李济的创始之初，就流淌着"诚信"的血脉。拾金不昧的李升佐和感恩图报的陈体全都有着中国传统商人的正直胸襟，他们的合作完全是建立在诚信的基础上，惺惺相惜，一拍即合。从那以后，"诚信"便作为陈李济传人代代恪守的正道，开创出一块同心济世的金字招牌。

守正然后出奇，正是陈李济长盛不衰的秘诀。对于陈李济来说，"正"就是诚信，是济世扶困。历代陈李济人以行善为乐事，把"免费为劳苦大众服务"列为店铺规章，扶危济困，施药赠茶代代不辍，并在此基础上，施行出其不意的品牌推广和营销策略。

清朝有科举考试，每逢京试，学子云集。陈李济看中了这个宣传推介产品的好机会，派员到考场附近，或卖药，或半卖半赠，或赠人手一丸，并送上印有宣传广告的纸扇。科考完毕后还跟踪揭榜，如某人高中，则大肆宣传其服用了陈李济养心宁神丸，精神爽利，蟾宫折桂，极大提高了品牌的影响力。

正道是本，出奇是谋。正因为有着深厚的正道做基础，陈李济营销奇谋才能妙手偶得，屡建奇功。

20世纪90年代，中国女子田径队在教练马俊仁的率领下横扫世界田径赛场,屡破世界纪录。跑道上的成功,给"马家军"带来了商业机遇。在"中华鳖精"广告中,马俊仁以他特有的嘶哑嗓音吼出了一句广告词:"我们常喝中华鳖精!"

于是短短几个月间,中国冒出了数百个"鳖精"品牌,从口服液到冲剂,从药品到食品,都跟"鳖"扯上了"亲戚"关系。中华鳖集团更是创造了不可能复制的辉煌,两年间资产从 120 万元增长到 1 亿元,翻了近100 倍。

然而好景不长,舆论的质疑声越来越大。1995 年,《焦点访谈》记者实地暗访,曝光了江苏某厂制作的所谓"中华鳖精"只不过是红糖水的事实。中华鳖集团大受打击,不得不退出了中国保健品市场。

中华鳖集团的营销者们利用"马家军"的田坛神话,着实火了一把,衍生出一个个暴富神话,其营销策略不可谓不"奇"。然而,依靠廉价的红糖水来冒充昂贵的保健品,无疑已经完全背离了商业和人性的正道,其溃败雪崩的结局也完全在意料之中。

而反观百年老店陈李济,以诚信为原则、以济世为理想、以合作为模式、以慈善为方法、以"存心济世"为正道,先守正而后出奇,生生不息,历久弥新,自有其千古不易的至理。

"守正出奇",也是现代企业市场营销的基本策略。

所谓"正",就是始终为顾客创造价值的理想。企业存在的唯一目的就在于服务顾客,为顾客和社会创造价值。可以说,企业的价值取决于其顾客和社会得到的价值,只有赢得了顾客的满意和忠诚,企业才会赢得未来。从某种意义上来说,营销的最高境界是"己欲立而立人,己欲达而达人",营销的底线是"己所不欲,勿施于人",境界高远的营销甚至等同于一种慈善活动。

而所谓"奇",则是创新的营销和竞争策略。竞争胜败取决于顾客而非企业,会定位、善传播的商品才更受欢迎。如何传播才能有效,没有固定的套路,需要营销者突破常规,敢于创新。

孙子兵法云:"故善出奇者,无穷如天地,不竭如江海。"战势不过奇正,奇正之变,不可胜穷也。奇正相生,如循环之无端,孰能穷之哉!只有守正而出奇,才能做到百战而不殆,甚至不战而屈人之兵。

我站在百年老店陈李济的门前，帝师翁同龢题写的"陈李济"三个大字浑厚之中透精神，揣摩着内中蕴含同心济世、奇正相生的古老经营之道，若有所得。

据说，慈禧太后长期服食陈李济的"乌鸡白凤丸"，容颜常驻，老而不衰。欲求企业百年长青、永续经营的企业家们，要不要偷师陈李济"诚信济世"的古老秘方呢？

堂堂范仲淹：
万家忧乐注心头

【故地抒怀】

过岳阳楼怀范仲淹

岳阳烟水古今同，浩浩汤汤百丈风。
解得先忧后乐意，胸襟岂独范文公。

注：范仲淹（989—1052），字希文，谥文正，汉族，北宋著名的思想家、政治家、军事家、文学家。其所作的《岳阳楼记》中"先天下之忧而忧，后天下之乐而乐"被视为千古名句。

【现场感悟】

无事深忧，有事不惧

昔闻洞庭水，今上岳阳楼。

岳阳楼既有名声又有范儿，所以来看它的人特别多。

在九月的阳光里，我站在岳阳楼前，凝视这座千古名楼。楼并不算高，只有三层，但无论从哪个角度去看，它都显得那么巍峨壮观。如盔的楼顶衬托了它的威仪，四角的飞檐增强了它的动感，金黄色的琉璃筒瓦和丹柱彩楹构建了它的华丽和凝重。这些都使得岳阳楼充满了灵气和魅力。更难能可贵的是，它的建造没用一颗铁钉，没用一根横梁，为我国古代建筑所少见。

楼内嵌着《岳阳楼记》的雕屏，为清代大书法家张照所书，无名氏雕刻家所刻，字大如碗，刚劲峭拔，笔姿洒脱，生动有力。

范仲淹的千古名篇《岳阳楼记》，是他被罢去参知政事而贬官河南邓州时，受好友滕子京力邀，为重修岳阳楼所写。文中的"先天下之忧而忧，后天下之乐而乐"，表达了中国传统知识分子浓厚的家国情怀和深刻的忧患意识，曾激励着无数仁人志士，锐意进取，建功立业。

范仲淹生活在内忧外患的北宋王朝，宦海沉浮，屡遭贬谪的他始终坚持"进则尽忧国忧民之诚，退则处乐天乐道之分"。范仲淹的"先忧后乐"思想集成担当精神、进取精神、超前精神、整体精神和人文精神，其忧患意识表现出文韬武略、知行合一的特质。

孟子在《告子下》中说道："生于忧患，而死于安乐。"苏辙则说："古之圣人，无事则深忧，有事则不惧。夫无事而深忧者，所以为有事之不惧也。"

中国知识分子所言的忧患意识是指一个人的内心关注超越了自身的利害、荣辱、成败，而将国家和人民的前途命运萦系于心，对自然、世界、时代、社会可能遭遇到的困境和危难抱有警惕，并由此激发奋斗图强、战胜困境的决心和勇气。忧患不是悲观，忧患是进取。忧患也不是负能量，忧患是把根深深扎在土里，枝叶才能尽情地向蓝天伸展。

忧患意识不等于杞人忧天，亦非悲观绝望，而是一种居安思危、未雨绸缪、开拓进取的哲学智慧。

19世纪末，美国康乃尔大学做过一次有名的青蛙实验。试验者把一只青蛙冷不防丢进装满热水的锅里，这只青蛙在千钧一发的生死关头用尽全力，一下子跃出那势必使它丧命的热水锅，跳到地面。半小时后，他们使用同样的锅，在锅里放满了常温水，然后把那只死里逃生且已经恢复了元气的青蛙放到锅里。由于水温适度，青蛙没有任何感觉。他们接着悄悄地点燃锅底下的炭火并逐渐加温，青蛙优哉游哉地在水中享受"温暖"，等到它感觉到热度已经受不了时，却为时已晚，终于葬身于热水之中。

这就是著名的"温水煮青蛙"试验。

对于企业来说，最大的危机就是缺乏危机意识。面对市场环境的不断变化，有些企业能应变自如获得生机，而一些企业却步履维艰甚至关门倒闭，其过程与上述水煮青蛙的试验颇为相似。变化的环境，如同逐步加热的水温，有些企业敏感性强，及时觉察，积极应对，因而摆脱危机，稳中求进。可有些企业感觉麻木，抱残守缺，得过且过，到了积重难返之时，就只有惨遭淘汰的份了。

成功的企业往往注重树立忧患与危机意识，力避温水效应。例如，海尔集团以"永远战战兢兢，永远如履薄冰"为生存理念，使企业保持蓬勃向上的发展势头；江苏小天鹅集团有限公司实行"末日管理"战略，坚守"企业最好的时候，也就是最危险的时候"的理念，因此居安思危，防患于未然，做到了持续发展。

《华为的冬天》一文曾在IT业界广为流传，许多公司的老板都会向下属推荐阅读。华为2000年财报的销售额为220亿元，利润29亿元，位居全国电子百强首位。任正非在此时却大谈危机和失败，确实发人深省。从今天回看，实为远见卓识。

曾经的手机老大哥诺基亚，早已失去了过去的荣耀与市场。早在2004年，诺基亚就开发出触控技术，甚至3D技术。诺基亚2010年的研发费用是苹果公司的4倍以上，可惜，这些专利并没有及时转化为产品来适应市场和满足消费需求。表面上看，诺基亚不缺技术和研发，缺乏的是把技术转化为商用的能力。但是，更深层的原因在于诺基亚的管理层缺乏忧患意识和前瞻性眼光，固守功能，不懂变通，没有真正抓住消费者在移动互联网时代的智能化消费趋势，导致其在产品的创新方向上南辕北辙，与消费者渐行渐远。

尤其值得注意的是，在今天这个信息时代，技术一日千里，产品更新换代加快，一觉醒来，行业可能已经重新洗牌。面对如此快速的节奏和残酷的竞争，企业经营者和所有员工都应增强危机感，不要陶醉于一时的成功和卓越里。

经营管理，永远处在忧患之中。企业存在，忧患就存在。一些企业时刻在担忧自己的利润和利益，实际上最需担忧的应该是企业能否真正切合市场的脉搏，持续地满足消费者的需求。只忧自身利益，为忧而无虑，乃肘腋之忧。担忧顾客利益，为忧而有虑，可防患未然。因此，企业要忧到点子上，化忧患为行动，才能度过市场的冬天。

登上岳阳楼，眼前是一望无际的洞庭湖，轻声诵读起《岳阳楼》里"衔远山，吞长江，浩浩汤汤，横无际涯，朝晖夕阴，气象万千"的句子，沉浸在先哲们那"先忧后乐"的胸襟里，自己仿佛也溶化在了这云水之间……

突然，脑中闪过一个不合时宜的忧虑：正遭遇水资源危机的洞庭湖，会不会干涸？

和亲王昭君：最受尊敬的美人

【故地抒怀】

谒内蒙古呼和浩特市青冢怀王昭君

今夜胡天月，应也照汉家。纤纤如玉影，久已去中华。中华故事犹如昨，谁见群山与万壑。三军今已息刀兵，无复佳人论寂寞。旌旗猎猎马扬尘，今作单于怜爱身。大雪纷飞大如斗，此时想见故园春。故园因我来朔漠，边将无缘麒麟阁。请君听我琵琶声，声声似诉朝天乐。天子如今享太平，开边哪得用豪英。君不见，至今青冢悠悠黄昏里，寒鸦宿草寄深情。

注：王昭君（约公元前52—约15），名嫱，字昭君，汉族，秭归（今湖北省宜昌市兴山县）人，西汉元帝时和亲宫女，被誉为中国四大美女之一。竟宁元年（公元前33年）正月，王昭君奉命嫁与匈奴单于为妻，号为宁胡阏氏。王昭君去世后，葬于呼和浩特市南郊，墓依大青山，傍黄河水，后人称之为"青冢"。

【现场感悟】

从竞争走向竞合

中国传统四大美人,唯王昭君被万民崇敬,两千年不衰,为什么?

这是我在昭君墓前对自己提出的问题。

昭君墓位于呼和浩特市以南的大黑河畔,远望陵墓呈青黛色。当地传说,每年"凉秋九月,塞外草衰"的时候,唯有昭君墓上草色青青,因此,昭君墓又称为"青冢"。"青冢拥黛"被誉为呼和浩特八景之一。

公元前34年,匈奴呼韩邪单于被他哥哥郅支单于打败,南迁至长城外的光禄塞下,同西汉结好,曾三次进长安入朝,并向汉元帝请求和亲。王昭君听说后请求出塞和亲。她到匈奴后,被封为"宁胡阏氏"(意思是王后),象征她将给匈奴带来和平、安宁和兴旺。

如果把昭君出塞和以前的和亲做一比较,就会发现,昭君和亲不是简单的"怀柔"或"羁縻",更不是屈辱被迫的权宜之计,而是汉匈双方依据"和合"思想,自愿、真诚地做出的政治抉择。正是由于呼韩邪单于真诚地请求和亲,汉元帝接受萧望之等人的建议,真诚地允许和亲。王昭君个人真诚地以献身精神请求出塞,汉匈人民真诚地拥护和亲,这才造成了昭君和亲的成功,从而也使昭君和亲成为体现中国传统"和合"思想的典型范例。

"昭君和亲"这一历史事件在汉匈关系上起到了积极的作用,它结束了汉匈两族159年的敌对状态,改变了先前以抢掠、战争为主的交流方式,变成了汉匈双方和平、互利的经济交流方式,把深受战争煎熬的两族人民从战争的火坑里挽救出来,使两族转入和平友好的关系。

化敌为友,变竞争为竞合,无论什么时候都需要非凡的智慧。现代商业社会所追求的"共赢"理念也是这种古老智慧的延伸。

在当今全球化、信息化和智能化的大背景下,企业间从竞争走向合作,相互之间的"和亲"将成为常态。明智的企业家都明白,在资源相对有限的商业社会中,并非仅有竞争,在竞争中还会融入合作。只有既敢于竞争又善于合作的企业，才能在这个时代中胜出。

要怎样才能把竞争对手变成合作伙伴呢？最简单的答案是，寻找共同利益。

举例来说，当初，通用汽车公司和戴姆勒-克莱斯勒公司都觊觎着电气混合动力型汽车这一快速增长的新市场，但是，这两个汽车巨头又同时面临着与丰田公司和本田公司的一场硬仗，丰田公司和本田公司都在早期就已进入该市场并处于领先地位。因此，它们必须找到一种方法来加快产品开发的速度，以便在最短的时间内向市场推出具有竞争力的混合动力产品。最后，它们找到的方法是合作。

与竞争对手合作不仅可以分担成本，还可以让自己变得更为强大。

铁姆肯公司旗下的工业集团总裁阿诺德（Mike Arnold）认为："企业可能无力独自承担做某些项目的成本，但是如果与其他企业合作，就可以由大家共同分担这些成本。竞争对手之间的联手合作并不会损害各自的竞争优势。"该工业集团选择和竞争对手合作，合作对象包括像SKF这样的轴承制造商。双方通过合作共享了物流和电子商务等系统。"当市场不景气时，很多制造商都会陷入困境。但是通过合作，即便是市场低迷，我们依然能够提高产能，同时分担成本和风险"，阿诺德总裁满意地说。

企业经营活动是一种特殊的博弈。对抗性竞争是一种零和游戏，你多我少，你死我活，最终的结局必然是一方胜出，或者两败俱伤。这种对抗性竞争不能解决所有问题。随着经营环境日益复杂，市场竞争不得不进入到普遍竞合的历史阶段。

竞合是将合作与竞争相结合的经营战略，是一种更高层次的竞争。竞合可以与任何利益相关方进行，包括昔日的竞争对手。竞合并不意味着消灭了竞争，它只是从企业自身发展的角度和社会资源优化配置的角度出发，促使企业间的关系发生新的调整，从单纯的对抗性竞争走向了一定程度的合作。竞合扩大了企业的资源边界，提高了效率，增强了灵活性，产生互补和协同效应，使企业整体的竞争力得到了提升。昨天还在市场上拳打脚踢，今天就坐在一起其乐融融，从优步（Uber）资源共享、平台共享和劳动力共享的商业逻辑中，我们看到了共享理念的力量。

"嘎——嘎——"，一只孤雁从头顶飞过，在九月的天空里渐行渐远。

我抬头望着它，直到它越来越小，完全看不到了。它是掉了队的孤雁吗？还是探索前路的"哨雁"？

拜别昭君墓，我想，王昭君是绝美的，但她被万民崇敬而两千年不衰，不仅仅是由于她那"落雁沉鱼"的容貌，更是由于她为民族融合做出的贡献。而今天，她的故事又将引发人们对竞合理念的新思考……

隐逸诗宗陶渊明：桃花源里好耕田

【故地抒怀】

徘徊江西九江陶渊明故居

五斗官才不屈权，归来把盏菊花眠。
隐中情趣高无界，醉里红尘别有天。
地出时蔬真沃土，身居净世即桃源。
东篱竹好宜开径，始信蓬瀛到眼前。

注：陶渊明（352 或 365—427），字元亮，又名潜，私谥"靖节"，世称"靖节先生"。浔阳柴桑（今江西省九江市）人。东晋末至南朝宋初期伟大的诗人、辞赋家。曾出仕为彭泽县令，80 多天后便弃职而去，从此归隐田园。他是中国第一位田园诗人，被称为"古今隐逸诗人之宗"。

【现场感悟】

企业家的乌托邦

到了江西的九江，自然景观首选庐山，人文景观则首选陶渊明故居。

特别是后者,我必定是要去看一看的,看一看千年之后,那稀疏的东篱下面是否还种有那淡淡的菊花。

一路上,但见水田漠漠,农人正驱牛犁田。望着不远处青翠的庐山,想象毛泽东"桃花源里可耕田"诗句中的意境,感觉心醉神迷。

还没到陶园,道路两旁的野菊已经深深吸引了我,草地里、水塘边、树木下,到处都是,一片片,一丛丛,迎风竞相怒放。单单这野菊,就让我感受到了不一样的清新的田园气息。

一进陶园,就看到四角翼然的"归来亭"横亘路中,两级台阶穿亭而过。亭柱上"云无心以出岫,鸟飞倦而知远"的楹联则恰到好处地表达了陶公一生的心灵之音。

置身寂静的陶园,遥想陶公当年的生活场景:日出领着妻子荷锄而耕,日落携着妻子惬意而归,看一眼夕阳西下,掸一掸身上的尘土,虽普通但有诗意的生活,触发了诗人的灵感,遂有了这千古绝唱。

陶渊明最著名的作品无疑是《桃花源记》及《桃花源诗》。它描绘了一个没有阶级、没有剥削、自食其力、自给自足、和平恬静、人人自得其乐的乌托邦,体现出人们的追求与向往。

柏拉图的理想国是人类历史上最早的乌托邦。早于陶渊明 800 多年前,古希腊著名哲学家柏拉图就发表了他重要的对话体著作《理想国》。他通过对乌托邦式的完美城邦的描绘,憧憬着一个追求正义和善良的理想国度。后来,英国空想社会主义者莫尔,在他写的《乌托邦》一书中,描绘了一个他所向往的大同世界,那里一切生产资料归全民所有,生活用品按劳分配,人人从事生产劳动,而且有充足的时间从事科学研究和娱乐。从此,乌托邦成为无法实现的理想或空想的美好社会的代名词。

乌托邦是一个梦想,但现代商业社会却太现实了,在竞争、业绩增长、利润等的消磨下,许多人丧失了对于未来的美好遐想。

对于普通人来说,没有梦想和激情,日子将过得乏味而无聊;但对于企业家来说,缺少了梦想和激情,必然带来文化的僵化和落后,不会产生伟大的公司和极致的产品。

值得庆幸的是,乌托邦一直没有远离企业家的想象。

在巴西,有一家被人们视为另类的公司 Semco,有一个被人们视为另类的CEO里卡多·塞姆勒。然而，正是这个另类的塞姆勒，以及其构建的乌托邦式组织，在5年内实现了销售额5倍的增长！

20多年前，塞姆勒眼见巴西通胀率已经达到100%，企业简直没法生存，于是心生退意。可是一旦他不干了，工人就要失业。工人代表找他谈判，说："这样吧，我们主动降低工资，大家共渡难关。但是你得答应两个条件：第一，以后工厂挣钱了，我们应该得到更多分红；第二，以后你签出去的每一张支票，得由我们工会代表附签，也就是说将来花的每一分钱都是我们大家的。"塞姆勒同意了——死马当活马医吧，万一以后挣了钱呢！

奇迹出现了，在通胀率100%的条件下，这家企业居然赢利了！因为每一个工人都觉得，这是我们自己的公司，每个工人都尽心尽力地工作。

通胀过去了，塞姆勒觉得这个体制和模式不错，就保留了下来，什么都让工人自己决定。于是，这家公司变成了巴西一个特别奇怪的存在。塞姆勒是企业的CEO，但他根本不知道他雇用了多少人，也不知道自己的企业具体在干什么，一切决定都不是他做出的，他几乎成了一个多余的人。这让他十分得意。

他对员工保持最高度的信任和尊重：员工可以自愿参加公司里的任何会议，董事会上总有两把椅子虚位以待，所有员工都是先到先得；公司没有商业计划，没有愿景使命，没有长期预算；公司没有人力资源部，没有IT副总裁，没有首席营运官，没有员工着装规范，更没有工作说明书。

这还是公司吗？各界人士纷纷发问。

但塞姆勒依然我行我素。他"带领"公司在10年中营业额增长了900%，并有望在4年内突破10亿美元营业额。塞姆勒甚至被世界经济论坛评选为"全球未来领袖"，被民众票选为"巴西年度领袖"。

离开巴西Semco公司，我们再来看看另一家颇具"乌托邦"色彩的美国戈尔公司。

戈尔公司在成立之初，其员工就被称为"合伙人"。现在，戈尔公司的合伙人已超过20000人，在全球的工厂和销售点超过50个。"员工"与"合伙人"两者之间是有区别的。"员工"体现的是与企业的雇佣关系，虽然从本质上讲，"合伙人"也是如此，但它更加强调与企业的共存共生。

其实，将员工称为"合伙人"的企业不在少数，其中就包括了沃尔玛，不过能实现其初衷的并不多。

在戈尔公司，个人的自由度相对来说要比一般公司大得多。它的"合伙人"们不受固定岗位和任务的限制，公司鼓励他们接受新的富有挑战性的任务。如果某个"合伙人"认为自己的想法具有可实现性，而且能为公司做出贡献，他就可以寻找其他人的支持，组成一个团队付诸实施，而不必逐级上报请求批准。这样的机制无疑非常有利于创新。

有人误以为戈尔公司是没有领导的"无政府主义"企业，其实不然。像其他企业一样，戈尔公司有CEO，还有必要的组织结构。它也有各种部门，每个部门都有各自的负责人。所不同的是，戈尔公司没有明确的头衔和职位，而且领导的产生方式及领导方式与大多数企业都有明显的不同。戈尔公司也同样采取股权激励制度，任何在公司工作一年以上的员工都能获得价值相当于其工资15%的"股票"，"股票"的价格由一个独立的咨询公司确定，"股票"的升值取决于公司增长的能力。由于员工对公司的贡献会影响到其所持有"股票"的价值，他们自然就会努力多做贡献。

再回到国内，从张謇的南通实验、华西村的公有制梦想、孙大午的企业"制宪"到互联网上著名的豆瓣"乌托邦"，无一不体现着理想主义及创新精神，无一不体现着梦想与现实的互动。

陶公笔下的桃花源是美好而遥远的，莫尔的乌托邦是质朴而粗糙的。但我相信，在快速更新的理念和快速发展的科技的支持下，人们今天脑海中出现的乌托邦完全有可能在明天变成现实，乌托邦将会被时代重新定义。

周星驰的搞笑电影里有一句并不搞笑的台词，常常引我深思："人若是没有了梦想，那和咸鱼有什么区别！"每一家企业，都应该是企业家的乌托邦。

企业家，不应该是一条只会赚钱的"咸鱼"。

创世女娲：
炼石补天的女神

【故地抒怀】

过河南周口西华县聂堆镇思都村咏女娲

肇始生民万世崇，斩鳌炼石补苍穹。
子孙欲借回天力，扫去重霾见碧空。

注：女娲是中国上古神话中的创世女神。相传她抟土造人，创造人类社会并建立婚姻制度；后因世间天塌地陷，于是熔彩石以补苍天，斩鳌足以立四极，留下了"女娲补天"的神话传说。

【现场感悟】

环保靠人不靠神

重写这篇小文，源自一条让我着实震撼的消息：工信部已启动了相关研究，将制订停止生产销售传统能源汽车的时间表——继德国、英国、法国、印度等国之后，中国也要禁止销售添加汽油、柴油的汽车了。

这意味着，传统能源汽车在不久的将来会彻底退出历史的舞台，而与此相关的加油站和设施，也将烟消云散。随着这一行业巨变，中国在治理环境污染及新能源发展方面将进入新时期。

思前想后,不由忆起多年前与女儿的一番对话。

一天,在读小学的女儿突然问我:"爸爸,你知道女娲吗?"

我故意摇摇头,问:"女娲是谁呀?"

"她是一个女神。今天,老师给我们讲了女娲补天的故事。"

为了锻炼她的口语能力,我说:"你能给爸爸讲讲女娲补天的故事吗?"

女儿仰起头,用她稚嫩的声音绘声绘色地讲了起来。

"女娲是天上的神,她用泥土做成泥娃娃,再变成了人。有一年,有两个巨人打架,把天撞出了一个大窟窿,天塌了,天上的洪水漏下来,淹死了不少地上的人,这可怎么办呢?女娲为了救人,决定用石头补天。补着补着,石头不够用了,女娲就用自己的身体来补天上的大洞。天被补好后,地上的人民又重新过上了幸福的生活。"

讲完了,她期待地望着我。

我鼓励她说:"讲得很好,你有什么感想吗?"

她低头想了想,问:"天会不会再塌下来呀?要是天再出现一个大窟窿,谁来补啊?"

我安慰她:"女娲补好了天,天就不会再塌了。"

"可是",女儿顿了顿,用非常担心的口气说:"我见过很高很高的烟囱,一直向天喷着黑烟,会不会把天烧出一个大窟窿呢?"

我一时语塞,不知道怎么回答才好,只好耐着性子给她讲环保、讲污染、讲垃圾分类,直听得她昏昏欲睡才罢。

女儿小小的年纪,竟有如此丰富的想象力,这是令我欣慰的。但她的问题,却让我有点措手不及。环保问题,是一个全人类正关注的大问题,我还不知道用什么方式才能引起她聆听的兴趣。

如今,人类与自然已经陷入一种可怕的循环:人类不断地向大自然索取,破坏着自然,而遭受了破坏的大自然也通过地质灾害、河流污染、空气霾害等灾难不断地报复人类。

毫无疑问,企业破坏性生产是造成环境污染、资源枯竭、生态破坏的重要原因。贫困地区的毁林开荒、草原过牧、陡坡种粮等,是造成水土流失、土地荒漠化的主要原因。粗放式的经济发展方式，把环境成本外部化，不考虑资源更新的速度及生态服务价值。低成本的工业扩张，是造成环境严重污染和资源浪费、短缺的根源所在。

据报道，山东有家化工厂，在未办理工商、环保等手续的情况下，非法生产阿散酸，将随之产生的大量含砷有毒废水排放在一处蓄意隐藏的污水池存放。该工厂负责人为节省处理污水费用，趁当地降雨，附近的临沂南涑河流量增加之际，用水泵将含砷量超标27254倍的生产废水排放到南涑河中，致使水体严重污染。后来，该工厂负责人被判刑15年，赔偿国家经济损失3714万元。排污事件及该案判决后，引起社会各界广泛关注。

所有的企业家都应该认识到，地球只有一个，善待自然就是善待我们人类自己。人类只有实现可持续发展，才能和自然长期共存。

佛山三水的新明珠陶瓷集团，可以说是环保模范企业，在"中国家居2015新西兰绿色之旅颁奖盛典暨总裁论坛"上，获"佛山环保先锋榜提名奖"。该集团董事长叶德林被称为"亚洲砖王"，其领导的新明珠陶瓷集团是陶瓷行业的领军企业。该集团一直非常注重环保生产。叶德林强调说，治理污染必须怀着对大自然的敬畏，提高环保意识，善用科技，倡行资源节约、环境友好的生产和生活方式，才能给子孙后代留下更蓝的天、更清的水、更加和谐自然的环境和生活。

现在，国家计划停止生产销售传统能源汽车的消息，表明了政府治理污染的决心，虽然这会让一些企业和技术消失，但"功在千秋，利在后代"。

其实，有卓识的企业家早就扮好了"女娲"的角色。在工信部发布此消息前，格力集团的掌门人董明珠就宣布投资150亿元，在洛阳投建银隆新能源产城融合产业园，建成后将实现年产1万辆纯电动商用车、5000辆纯电动特种专用车、5000辆新能源环卫车，以及新能源皮卡车、纯电动农机具等多个新能源车型。

她也应该算是新时代的女娲吧！

河南省西华县的女娲城，我是去过的，还曾写过几段文字，具体已经记不清楚了。当从电脑里找出当年"到此一游"的照片，一幕幕情景才真切地浮现在眼前。

"女娲补天"的传说，从某个角度而言，是环境保护的远古回声。平衡好环保与发展才有未来。保护环境，靠人而不靠神。随着商业文明的进化，我们要思考如何从一个"经济人"而变成一个"生态人"。

　　希望永远不要再看见那高高的冒着黑烟的烟囱，它们不仅给孩子们幼小的心灵投下阴影，还真的可能将湛蓝的天"烧出个大窟窿"来。到时候，恐怕我们的子孙后代因无力补天而无立锥之地。

第二编

树人

树长短之才

法家先驱管仲：华夏第一相

【故地抒怀】

谒山东淄博管仲墓有思

为商为吏自多愁，枵腹何堪论策谋。
非是胸襟罗万卷，谁知管仲适封侯？

注：管仲（约公元前723—公元前645），姬姓，管氏，名夷吾，字仲，谥敬，春秋时期法家代表人物，颍上（今安徽省阜阳市颍上县）人，周穆王的后代。他是中国古代著名的经济学家、哲学家、政治家、军事家，被誉为"法家先驱""华夏文明的保护者"和"华夏第一相"。

【现场感悟】

树人之计，莫若扬长

山东省淄博市临淄区的牛山，看起来并不"牛"，虽然植被茂密，林木秀美，景色不错，但海拔不足200米，"牛"不起来。

但不"牛"的牛山，因长眠着一位"牛"人，名气也就"牛"了起来。

这位"牛"人,就是有着"华夏第一相"之称的管仲。

管仲之"牛",连素不服人的诸葛亮都是他的"粉丝",诸葛亮"自比管仲、乐毅"。管仲是中国古代著名的经济学家、哲学家、政治家、军事家。他写的《管子》一书,包含了道、名、法等多家的思想以及天文、历数、经济和农业知识。他的一生,波澜壮阔,留下了如管鲍之交、老马识途、金龟换粮等传奇故事,还留下了"一年之计,莫如树谷;十年之计,莫如树木;终身之计,莫如树人""天下不患无财,患无人以分之""仓廪实则知礼节,衣食足则知荣辱"等名句。

站在牛山最高处,看云山秀美,遥想管仲"牛"事,顿觉心旷神怡。据说,每年"三月三"和九月初九重阳节庙会的时候,这里便是一派"拂袖成云,挥汗成雨,摩肩接踵"的热闹景象。但今天,却是万籁俱寂,甚至连风声也没有,仿佛这里的山山水水已经与管仲一同沉睡不醒一样。

孔子认为,管仲辅助齐桓公成为诸侯霸主,尊王攘夷,一匡天下。要是没有管仲,大众都会披散头发,左开衣襟,成为野蛮人了。司马迁也在《史记》中称:"齐桓公以霸,九合诸侯,一匡天下,管仲之谋也。"

管仲年轻时穷困潦倒,为了生活,他与好友鲍叔牙一起经过商、参过军、当过下层小吏,甚至曾经做过"城阳狗盗",但都很不成功。直到他被齐僖公姜禄父聘为"公子傅",辅佐齐僖公的二子公子纠,才逐渐有了施展才华的平台。管仲根据当时国内国际形势,锐意创新,对齐国进行了一系列改革。他把政治、军事、经济、外交作为一个统一整体来对待,推行"一体之制",从而使齐国很快走上了富国强兵之路。

为什么管仲经商、为吏等都很不得意,身居相位反而获得巨大成功呢?

在牛山脚下的管仲墓旁,我突然想到了一位年轻创业者的话。

前不久,我的办公室里来了几个年轻人,拿着一叠资料寻求投资。也许看出我对他们过于年轻有所疑虑,其中年纪最大的(其实也才28岁)侃侃而谈,最后,他说:"我们确实都很年轻,您可能会认为我们的经验不足,能力也不太强,每个人都有明显的短板和不足,但我们都是专才。在这个时代,我们完全没有必要强求一个人什么都做到第一,我们只希望将每一个人安排到合适的位置上,做到能职匹配,将各自的长处发挥到极致,将这些优势整合在一起,就完全可以开创一番事业!"末了,他加了一句:"只关注短板的所谓木桶原理已经过时了!"

能职匹配?木桶原理过时了?

木桶理论也称短板效应,最初是一个经济学术语,后来被广泛应用于现代管理及社会生产各个领域中。传统的木桶理论认为,一只由长短不一的木板组成的木桶,能装多少水不是取决于长的木板,而取决于它最短的那块木板。换言之,如果一个组织的各个部分存在着优劣不齐的情形,则劣势部分往往决定着整个组织的水平。

木桶原理曾一夜之间风靡中国,家长和老师都在忙着帮学生找"短板",恶补拖后腿的功课;老板在忙着帮员工找"短板",妄想拔苗助长;一些领导干部的忧患意识特别强烈,甚至请来专家论证,找出本地区经济发展的"短板",俨然要一改过去靠山吃山、靠海吃海为靠山吃海、靠海吃山的样子,弄得全世界鸡飞狗跳。

毋庸置疑,木桶原理有其积极意义,如改善薄弱环节、提升整体效果、加强团队建设、实现协调发展等。但也必须注意到,这个产生于工业时代的理论,本身就有天生的局限性,已经愈来愈不适应信息化、智能化时代的发展需求。现在一提起木桶原理,大家就会条件反射,首先是神经质地反思自己的"短板",其次是杞人忧天般地寻找自己的"短板",然后决绝地无视和丢掉自己的"长板",最后绝望地在自卑的"短板"世界中失去自己。

人们担心,木桶原理的负面影响已超过正面作用,正在严重地误导我们的思想,极大地浪费我们的天赋、资源和潜力;正在迅速削弱我们的竞争能力,无情地摧残我们的事业、人生和团队。

其实,我们的生存依赖"长板",凭着一技之长便可养家糊口;参与竞争依凭"长板",人无我有,人有我优,人优我特,人特我专,有专利有专营,更容易胜出;人的一生,只有和自己及别人的优点在一起,才能谋得幸福。

大家都知道,李白雄心壮志,要长风破浪,致君尧舜。但政治、军事才能,是他的"短板",诗文才是他的"长板"。谁也不能否认,李白的成功来自后者,而不是前者。也正如姚明,他的成功来自篮球,而不是足球。相反，很多企业中途夭折，是因为败于"短板"。因此，可以说，生于"长板"，死于"短板"。经营要利用"长板"，管理要修补"短板"。尤其是对于创新创业者来说，木桶理论的祸害猛于虎。

所谓能职匹配，就是根据人员不同的才能及特长，量才授职，扬长避短，分配与之相适应的岗位、职级、责任、权力和利益，使岗尽其能，人尽其才，事尽其效。

齐桓公任用管仲所长，使其能职相适，开创了齐国辉煌的历史。管仲的例子说明，一个人的成功，关键是发挥长处，能职匹配。人的一生，短短数十年，应将有限的时间、精力和资源用到最适合、最有价值的地方，这样才可能在最短的时间内取得最大的收获。

当今社会已经进入到智能移动互联网时代，人们通过网络几乎可与外部世界的任何东西相连接，时空的概念变得模糊起来，人与人的合作机会空前增多。这个时代的特点是合作与分享，要求每个人将自己的长处拿出来与其他人的长处进行合作，而不是让每个人拿"短板"去与别人合作。

所以，与其困于木桶，不如打破木桶。扬长板，避短板，同时不失道德的底板，才是与时俱进之举。

管仲在《管子·权修》中提出了"争天下必先争人"的理论，说明"务人"是天下顶重要的事。他说："一年之计，莫如树谷；十年之计，莫如树木；终身之计，莫如树人。"今天，"务人"仍然是天下顶重要的事，但我还要在后面增加一句："树人之计，莫如扬长"，使长者更长，不知管老先生是否同意？

管仲墓畔，曾有许多文人骚客的诗词作品留存，但岁月流洗，风雨侵蚀，多已残破，唯毛维孙"幸脱当年车槛灾，一匡霸业为齐开。可怜三尺牛山上，千古常埋天下才"的诗作仍竖立当场。

——"牛"人埋在牛山上。

毅勇侯曾国藩：中兴第一功臣

【故地抒怀】

谒富厚堂咏曾国藩

屡败何由屡战兴，宗臣自许气堪凭。
堂前莫说凋荷叶，傲骨从来在铁茎。

注：曾国藩（1811—1872），初名子城，谱名传豫，字伯涵，号涤生，清朝湖南长沙府湘乡白杨坪（现属湖南省娄底市双峰县荷叶镇天子坪）人，其故居在双峰县荷叶镇。中国近代政治家、军事家、理学家、文学家，清朝"中兴名臣"之一，官至武英殿大学士、两江总督。同治年间封一等毅勇侯，世袭罔替，谥文正。

【现场感悟】

屡败屡战见精神

在曾国藩的故居富厚堂前，生长着一池荷花。池塘形似半月，取"花未全开月未圆"之意，名为"半月塘"。

凑巧的是，我抬眼望去，初冬的月亮刚好也是一半，清辉流照，淡淡的月光倾泻下来，给这荷塘蒙上了一层神秘的面纱。我弯腰细看，池塘里的荷花早已凋零了，少量干枯的荷叶无精打采地耷拉在荷茎上，独有这荷茎，根根挺拔，还坚韧地支撑着残躯，不肯屈服于这萧索的时节。"暂谢铅华养生机，一朝春雨碧满塘。"李商隐吟咏的，可是这池残荷？

我想象着来年春天满塘荷花盛开的情景，不禁为奋力支撑的荷茎而感动起来，向它肃然致敬。仿佛它也是一具生灵，向世人昭示着，正是它的顽强和不屈，才有来年的满塘荷香。

而清朝中兴名臣曾国藩，就是具有这种精神的人。

富厚堂位于娄底市双峰县荷叶镇富托村的鳌鱼山下，始建于清同治四年（1865），是曾国藩为自己准备的"终老泉林之所"，也是曾氏家族发迹后其九弟曾国荃为他建造的"毅勇侯第"。

中国名山之中，素有"东岳如立，北岳如卧，中岳如坐，西岳如黛，南岳如飞"的说法，荷叶镇正处在南岳欲飞之处，而乡间侯府就像一片荷叶中晶莹的露珠。远看富厚堂，犹如一把太师椅，堂前一个半月形的池塘，周围七个小山包环绕，形成七星拱月的局势，顾盼有情。

毛泽东和蒋介石是中国近现代的两位重要人物，他们都曾高度评价过曾国藩。毛泽东潜心研究曾氏文集，得出了"愚于近人，独服曾文正"的结论。即使是在毛泽东晚年，他还说：曾国藩是地主阶级最厉害的人物。蒋介石对曾氏更是顶礼膜拜，认为曾国藩为人之道，"足为吾人之师资"。他把《曾胡治兵语录》当作教导高级将领的教科书，自己又将《曾文正公全集》常置案旁，终生拜读不辍。蒋介石告诉儿子，里面的家书就是自己要对他说的话。曾国藩还是梁启超眼中的"立德、立言、立功"三并而不朽之人。

如今，对曾国藩的评价可谓越来越高，不同的赞赏者或有不同的视角，但于我，则特别赞许他"屡败屡战"的精神。

说起曾国藩和太平军的作战，初期可谓困难重重。1854年年初，他率领湘军精锐一万人誓师出战，初败于岳州、靖港，他愤不欲生，第一次投水自杀，被左右救起。后水师冒进，连遭挫败，其座船被太平军围困，第二次投水自杀，被随从捞起，只得退守南昌。其间，他上奏"谢宽免处分恩折"时有"屡战屡败"的话，幕僚李元度建议改为"屡败屡战"。曾国藩一见为之大喜,以后就以"屡败屡战"为勉励自己的座右铭。

后人曾评价曾国藩类似刘邦。如果项羽乌江一败犹能再战,历史又将如何改写?其实后来围困天京(今南京)时,湘军也已经到了精疲力竭的地步,所幸洪秀全服毒自尽,太平天国没有了精神支柱,这才一溃而亡。曾国藩能接受屡败,反思屡败,屡败之后犹能屡战,这是常人所不能者。曾国藩后来被封为"一等毅勇侯"。所谓毅者,即坚毅、坚韧之谓也。"毅"字犹在"勇"字前,可见朝廷高度肯定他坚毅之质、坚忍之性与坚持之功。

屡败之后犹能战,实则上已是一种成功。

大发明家爱迪生,与曾国藩有着同样坚忍不拔、屡败屡战的精神。

在1864—1867年间,爱迪生在美国担任报务员,过着流浪汉似的生活,一切都没有保障。在这期间,他换了10个工作地点,5次被免职,另5次自己辞职。1878年9月,爱迪生开始研究电灯,但屡屡失败,一部分股东的信念开始动摇,爱迪生却不屈不挠,苦劝加引导,股东们才决定最后拿出5万美元资助他的研发。在试用了将近1600种材料之后,1879年10月21日,爱迪生的电灯终于研制成功,从此开启了人类的光明时代。

Ilkka Paananen是芬兰著名的Supercell公司(腾讯斥资86亿美元收购其大多数股份)的CEO。他不仅创造出激动人心的产品,还带领出优秀的管理团队。在欧洲举行的"2016创始人论坛"中,他说道:"如果只选一个失败故事,实在是太难了,因为我一直在失败。"

可能有人会觉得,所有的成功者都会经历失败,失败到一定程度之后就会成功,然后就远离失败了。对此,Ilkka Paananen表示:"失败的概率比成功大得太多了,像Supercell这么幸运的公司,成功率也只有1/10,如果你一年都没有什么失败,就说明没有承担风险,也就不可能有太大的成功机会。"

在被问到给新手创业者的建议时,他说:"最重要的是不要放弃追求你的梦想,持续承担风险。创业是九死一生,但我希望可以让那九个失败者分享自己的教训,鼓励他们再次尝试,我觉得这些屡败屡战的企业家们才是真正的英雄,他们应该受到欢迎。"

是的,商场风云多变,竞争对手如林,成功与失败常常就在一念之差、一线之间。成功固然可喜，失败也不可怕。任何一个人都不可能随随便便就能成功，但任何一个人也不应随随便便轻言放弃。只要有着屡败屡战的精神，百折不挠，就一定能反败为胜，最终登上成功的巅峰。

四下寂静，月娥如钩，我徘徊在富厚堂前的荷塘边，想起了孟子的话："天将降大任于斯人也，必先苦其心志，劳其筋骨，饿其体肤，空乏其身，行拂乱其所为也，所以动心忍性，增益其所不能。"孟子的话，本是说人，但也竟像是赞颂着荷茎的坚韧。

"荷尽已无擎雨盖，菊残犹有傲霜枝"，这是东坡的名句。冷月下，一根根倔强的残荷不也正是冬夜的傲霜枝吗？

大师陈寅恪：三百年来一人而已

【故地抒怀】

谒广州中山大学陈寅恪故居

寂寂幽栏外，风轻过小楼。
几回中夜月，独照大儒秋。
向死犹孤郁，平生重自由。
可怜心未罄，不忍看从头。

注：陈寅恪（1890—1969），字鹤寿，江西省九江市修水县人。中国现代历史学家、古典文学研究家、语言学家、诗人，中央研究院院士，通晓20余种语言。他与叶企孙、潘光旦、梅贻琦一起被列为清华大学百年历史上四大哲人，与吕思勉、陈垣、钱穆并称为"前辈史学四大家"。

【现场感悟】

企业家尤须独立精神

陈寅恪是近现代中国最"牛"的学术大师之一。

先生之"牛",表现在学术上,他学贯中西、文史兼通,掌握了蒙、藏、满、日、梵等十几种语言,尤以梵文和巴利文见长,吴宓认为他是"全中国最博学之人"。举一个例子可以说明先生的学问之"牛":1957年,全国反右,郭沫若曾发表文章说:"就如我们今天在钢铁生产等方面十五年内要超过英国一样,在史学研究方面,我们要在不太长的时间内,就在资料占有上也要超过陈寅恪。"竟然要用举国之力和陈寅恪一人在史料掌握方面相抗——先生的史料功夫,只能令人神往。

先生之"牛",表现在治学精神上,始终坚持"独立之精神,自由之思想",难以撼动。也举一例:1953年,他拒绝接受中古史研究所所长一职,在《对科学院的答复》中明确讲道:"我认为不能先存马列主义见解再研究所学……因此,我提出以允许中古史研究所不宗奉马列主义,并不学习政治。"在当时,谁敢说这样的话?用惊世骇俗来形容一点也不过分。

所以,每次路过中山大学陈寅恪故居,我都会放轻脚步,放慢脚步,以表敬意。

陈寅恪故居四周环绕着全国最大最美的校园草坪,芳草鲜美,四时不改青绿,红砖碧瓦,掩映其间。中山大学是中山先生手创的百年名校,南朝山水诗派奠基人康乐公谢灵运栖居广州留下了千年名园"康乐园",可以说是百年名校,千年园林。在这里,既可感受到西方校园的舒适,又可体会到东方校园的诗意,随处都是图画,俯拾皆是文章。

陈寅恪故居旁假槟榔高大,蒲葵墨绿,翠竹挺拔,倍显精神。沿着著名的白水泥路(先生晚年双目失明,专为先生修建),可直达先生的故居。正门可见一座先生手扶拐杖端坐藤椅的雕像,脸庞瘦削,头微上扬,目光深邃,鼻梁笔直,双唇紧抿,凛然"千夫诺诺,不如一士谔谔"的精神。

从1949年至1969年,先生就一直居住于此。《论再生缘》《柳如是别传》等著作就是在此写就的。

"独立之精神,自由之思想"是先生在为王国维所撰碑文中的一句话。"先生之著述,或有时而不章。先生之学说,或有时而可商。唯此独立之精神,自由之思想,历千万祀,与天壤而同久,共三光而永光。"虽然这是陈寅恪为王国维撰写的纪念碑文,却正是先生的自我写照。

中国传统的专制社会,长期束缚和扼杀个性思想和独立人格,一大套伦理规范让人不敢逾越,绝大多数人成为没有独立思想的空壳,犹如行尸走肉。而先生振聋发聩的一声呐喊,为学术界树了一个鲜明的"标杆"。

先生"独立之精神,自由之思想"的"标杆"影响,不仅在学术界成为正直学者的追求与人格的象征,自20世纪90年代"陈寅恪热"开始,已经波及社会各界。

对于企业界来说,也同样需要先生的这种精神。企业家的独立人格与自由精神,是企业生存、创新和发展的基础,是中国经济真正从计划走向市场的基石。企业是具有独立人格的市场主体,没有独立精神,谈何创新创造?

曾几何时,代工企业十分流行,俨然成了一些中国企业的生存模式。随着时代的发展,没有核心竞争力的代工厂面临四面楚歌的境地。在那些光鲜的品牌背后,是一个又一个"一将功成万骨枯"的血汗故事,有些代工厂甚至还没来得及体会疼痛,就悄然猝死,只留下追债及讨薪者茫然的表情。

代工企业只能依附于上游或同行的订单,寄人篱下,没有自我品牌,没有自主技术,没有自主权利,源于没有独立精神。看别人的脸色吃饭,苦况可想而知。企业要走自己的路,首先就必须具备"独立精神"。

美国"定位之父"里斯曾经讲过红牛饮料创始人的一个故事。

红牛项目刚开始时,要按常规的方式展开市场调查。于是,调查公司大面积地询问消费者:你们需要补充身体能量的饮料吗?绝大部分消费者的反应是:不需要。调查公司的报告摆在了红牛饮料创始人的桌子上——市场对能量饮料的需求很小。但是,红牛饮料创始人凭自己的经验和直觉,认为这款产品应该有很大的市场需求,只是常规的市场调查统计不出来而已。于是,他做出了独立的判断,坚持在市场上推出红牛产品。经过一个较长的市场培育期后,红牛终于成了全球最大的能量饮料品牌。

据说,在互联网推出之前,有调查公司也曾询问人们:你们需要使用互联网吗?得到的回答几乎全是:我们现在挺好,用什么互联网啊!

世界上的事情就是如此,错误的判断往往来自"权威"的声音。如果红牛饮料的创始人没有独立精神,恐怕现在风靡一时的红牛饮料早就胎死腹中。如果IT先贤们没有独立精神,我们今天还要贴上邮票去邮局寄信。

在中国，还有一种颇具特色的"官商文化"源远流长，根深蒂固：由于市场经济不太完善，契约精神有待培育，众多商家怀有"畏官"与"傍官"的心态与行为，一些商人甚至热衷于追傍权势，官商勾结，投机钻营。

殊不知，倚靠权力和政治庇护而发展的企业，一旦所倚靠的对象失势，企业小则大伤元气，大则可能招致灭顶之灾。如清代"红顶商人"胡雪岩，勃兴忽衰的同类故事在现代也仍不断上演。如今，我们经常看到这样的新闻：某官员落马了，便有一长串商人名单捆绑于后，官员与商人变成了一条藤上的瓜、一根绳上的蚂蚱，一荣俱荣，一损俱损。这已经成为屡见不鲜的"成也靠山，败也靠山"的现代商业故事。

所幸的是，2013年3月，习近平总书记提出"官""商"交往要有道，既要相敬如宾，又不能勾肩搭背，要划出公私分明的界限。两年之后，习近平总书记又指出，新型政商关系，概括起来说就是"亲""清"两个字。对领导干部而言，所谓"亲"，就是要坦荡真诚地同企业接触交往，特别是在民营企业遇到困难和问题的情况下更要积极作为、靠前服务，对非公有制经济人士多关注、多谈心、多引导，帮助解决实际困难。所谓"清"，就是同企业家的关系要清白、纯洁，不能有贪心私心，不能以权谋私，不能搞权钱交易。对企业家而言，所谓"亲"，就是积极主动同各级党委和政府多沟通、多交流，讲真话，说实情，建诤言，满腔热情地支持地方发展；所谓"清"，就是要洁身自好、走正道，做到遵纪守法办企业、光明正大搞经营。

自从"亲""清"新型政商关系倡导以来，客观上迫使企业家面对社会时加快养成独立而不依附的精神，面对市场时加快养成自由竞争而不寻租的习惯，面对科技时加快养成自主研发而不"复制"的思想。坚持下去，则中国的企业家幸甚，中国的企业幸甚，中国的社会幸甚！

又路过先生的故居，经过那一片青绿的草坪，轻轻走过那条白水泥路，见到先生那坚毅与倔强的表情。也许，我还不能完全理解先生的思想，但我理解先生的精神与风骨，并为之而感动。这种精神与风骨，不仅改变了学术界的治学之风，还让更多的人以此拷问自己，从而改进自己，改良社会。

燕昭王黄金台：
前无古人，后有来者

【故地抒怀】

访河北定兴县黄金台

荒烟蔓草掩高台，忽忆昭王究可哀。
纵置黄金千百两，英雄几许只为财？

注：幽州台即黄金台，为战国燕昭王所建。昭王为了使原来国势衰败的燕国逐渐强大起来，置黄金于台上，延请天下贤能，以致名将乐毅、剧辛等先后投奔燕国。公元前284年，乐毅率军联合各国攻齐，占领70余城，开创了燕国的鼎盛时期。黄金台位于何地，历来争议较多。目前，河北、北京等地均有遗存。

【现场感悟】

舞台比黄金重要

黄金台至少有三任代言人。

第一任代言人是它的策划者——燕昭王客卿郭隗。他让昭王"筑台而师之"，为燕国招徕了乐毅等许多奇人异士，终于使得燕国富强，其故事千百年来脍炙人口，传诵不绝。

第二任代言人，则是初唐诗人陈子昂。他登台慨叹，写下了"前不见古人，后不见来者。念天地之悠悠，独怆然而涕下"的名句，从此妇孺皆知。

第三任代言人当属中唐"诗鬼"李贺，他的"报君黄金台上意，提携玉龙为君死"诗句，让人壮怀激烈，奋发进取。

但历史上的黄金台遗址究竟在哪里？历来争议不断，莫衷一是。

历经种种周折，我终于在河北省易水之南的定兴县高里乡北章村中，找到了传说中的黄金台。

一见之下，有点失望。现在的黄金台，只是一座后人翻修痕迹明显的矮台而已。在四周的枯树上，有一大群寒鸦在冬天的晨光中鼓噪，恰似当年正在招贤纳士一般热闹。遥想当日，这里就是战国时期国际高级人才招聘中心，群贤毕至，英才云集，乐毅、邹衍等高才估计也是在此与昭王签订招聘合同书的。

史载，燕昭王于公元前311年即位，至公元前279年共执政33年。他即位之初，有感于"千金买骨"的故事，礼郭隗为师，高筑"黄金台"招揽人才，以致乐毅、邹衍、剧辛等先后投奔燕国。可以说，当时的黄金台给燕国招徕了不少高级人才，相对落后的燕国一下子便人才济济了，从此以后，一个内乱外祸、满目疮痍的弱国，逐渐成为一个富裕兴旺的强国。

公元前284年，燕昭王以乐毅为上将军，与秦国、赵国、韩国、魏国合纵攻破齐国，除了莒、即墨两城，几乎占有齐国全境，燕国达到全盛。

可惜的是，昭王之后燕国一直内乱，此后，燕王喜被秦国俘虏，燕国灭亡。

很多人都相信一句话，叫"重赏之下必有勇夫"，黄灿灿的金子摆在那儿，的确吸引力不小。但如管仲、乐毅等大略雄才并不仅仅是奔着金钱来的，他们真正要找的是一位能真诚相待的明主，是一个能建功立业的舞台。只用重金，是难以招来真正的栋梁之材的。燕昭王置黄金台，更多的是为了彰显他对人才的渴求和诚信。如果没有一颗诚挚之心和一个良好的发展平台，则千金难买"霸王才"。实际上，舞台比黄金更为重要。

企业要想吸引和留住人才，就必须给其创造一个发挥聪明才智的平台、环境和相应的机制。企业老板倘能将心比心，以心换心，将自家的平台变成大家的平台，共同将发展的平台做大，也就可以将共同的事业做大，何愁各地人才不千里和应、万里相投？

不论大小，每一家企业本质上都是一个平台，人才都在其间寻找最适合自己的平台。创办企业的本质就是搭建一个发展的共生体和利益共同体。所以，无论何时，企业都不要以为为人才提供了高位及高薪就可以高枕无忧，从而忽略了相应的企业文化、生态和机制建设。

中西部某大型国有企业一直苦于缺乏具有国际视野的高级管理人才，2011年，该企业不惜以高薪从某世界500强企业挖来了一位管理学博士，让其主导企业未来的发展战略。然而仅仅一年之后，该博士就提出了辞呈，宁愿去另一个薪酬低得多的民营企业就职。他在辞职信中坦言，一些中西部地区国企领导人的思想还是不够开放、掣肘太多、束缚太紧，企业发展的阻力较大，一些好的建议如泥牛入海，纵有再优厚的待遇，也无法实现个人的抱负和理想，只好挂冠而去。

这样的例子并不鲜见。真正的人才，千金难买。并不是每一个人都愿意为了金钱而浪费自己的生命和才华，一个把金钱作为目标的人不可能摆脱平庸的生命状态，也不可能拥有真正的成就感，更不可能是霸王级的高才，充其量不过是个重赏之下招之即来挥之即去的武夫罢了。

"务人才"，唯贤是举，唯才是用，才能在激烈的竞争中战无不胜，已逐渐成为中国企业家们的共识。但是，如何才能广招天下英才为自己服务，如何才能招徕适合企业发展的人才，如何才能留住人才为你攻城略地，九死而无悔，仍是令企业家们头疼的课题。

历史故事是生动有趣的，现实却是冷酷无情的。不少企业寻寻觅觅，最后可能一个合适的人才也没有找到，于是企业家们常常发出"人才可遇不可求"的感叹。

到黄金台去走一走吧，也许，它会给我们一点启发。

关张结义桃园：
柏树桃树一样多

【故地抒怀】

访涿州城南的忠义店村张飞庙桃园

英雄结义究如何？创业艰难百战多。
耿耿情怀如手足，至今浩气满山河。

注：传说中刘备、关羽、张飞结义的桃园，位于今涿州城南忠义店村，原为张飞庄园的后院。东汉末年，刘、关、张三人情投意合，在此焚香礼拜，宣誓结为异姓兄弟。后来，三人共同努力，成就了蜀汉霸业。

【现场感悟】

找靠谱的合伙人

正值春天，身处河北涿州，不能不去桃园。

提起"桃园结义"，在我的印象里，一直都是挺有诗意的一桩事儿。刘备、关羽和张飞三个哥们，为了一个共同的革命目标，走到了一起，"在那桃花盛开的地方"，举杯结义，对天盟誓：不求同年同月同日生，但求同年同月同日死，有难同当，有福同享。

每读《三国演义》开篇处,都不免逸兴横飞,恨不得陪几个哥们喝上两大碗。但我一直有个小小的疑问,这杀猪的粗人张飞,何以竟存有这别致的桃园呢?

来到涿州城南忠义店村的桃园,却略略让我有些失望。桃园没有想象中的大,桃树也没有想象中的多,倒是园内柏树生机盎然。"桃花盛开"的景象,看来只有在想象里寻找了。更叫人失望的是,园中刘、关、张三人痛饮的雕塑太卡通了,完全是迪士尼的风格,像是儿童公园内的摆设,给游人以奇怪的感觉。最令人奇怪的是,桃园对面的张飞庙内竟修有张飞墓。众所周知,张飞头葬在重庆云阳,身埋在四川阆中,这张飞墓里埋藏的究竟是什么呢?

该种的桃花未种好,不该修的坟墓倒修了。若是张三爷地下有知,依他的脾气,会否拍案大骂起来?又想,要是有人在此处广植桃林,建一结义馆,门口挑以斗大的"酒"字旗,接待天下的英豪,岂不是件十分风流的勾当?像我辈之人,是定要进去喝上几大碗的。

也许所有的遗憾和失望并不重要,对于探访这里的人们,只需确认刘、关、张是在此焚香结义,就足够了,知道贩草席的、卖红枣的以及杀猪的日后弄出了什么动静,就足够了。《三国志》"关羽传"在描写三人的情谊时写道:"刘备起兵时,关羽、张飞替他上阵御敌……刘备常常与二人同榻就寝,像亲兄弟一样。关张二人也不避艰险,侍奉刘备。"刘、关、张三人情深谊重,加上能力互补,奠定了日后蜀汉霸业的基础。

《三国演义》中"桃园结义"的故事更是在华人世界中广为传诵。刘、关、张之所以能成功,是因为他们在早期就选对了合伙人,并确立了老大刘备、老二关羽、老三张飞的创业团队。

同样,在如今创业大潮中,寻找合适的合伙人,比什么都重要。著名投资人徐小平认为,创业第一件事就是要找合伙人。真格基金投的项目非常多,他们发现,失败的企业或者是做得十分困难的企业都有一个共同点,就是其创始人里面只有一个老大,没有老二、老三,没有其他合伙人,没有形成一个真正的创业团队。实际上,联合创始人有时比你的商业方向更加重要。

说到成功的合伙人案例,不能不提到惠普。

1938年夏，戴维·帕卡德（David Packard）和威廉·休利特（William Hewlett）利用借来的538美元，在车库里创办惠普公司。那间仅能存放一辆汽车的车库，成了他们最早的车间。

1939年1月1日，两人正式成立合伙企业，并用掷硬币的方式决定名字的排序。结果产生了"HP"，而不是"PH"。第一年公司收入为5369美元，利润1563美元。看上去很可怜，但公司已迈出了可喜的第一步。从此以后，惠普公司每年都在赢利，从未亏损，可谓企业界的奇迹。

1987年，这间车库被官方正式评定为加利福尼亚州发展史上里程碑式的建筑物，成了名扬四海的"硅谷诞生地"。戴维·帕卡德和威廉·休利特两人近半个世纪的合作关系更被视为创业的经典，他们所倡导的"惠普之道"也被列为美国最佳企业管理方式。

在"大众创业，万众创新"的当下中国，创业已上升到国家战略，几乎在所有的行业和领域，无论是天使投资，还是风险投资（Venture Capital，VC）、私募基金（Private Equity，PE），资金已不再是创业的首要瓶颈问题。在"靠谱的人、到位的钱、合适的事"这三个最基本的创业要素中，如果具备其中两个要素，就可以启动创业项目，但其中，最关键的还是要有靠谱的合伙人。

如何找到志同道合的合伙人并建立合适的创业团队，是创业者要过的第一关。

在创业团队中，每个合伙人都应该是多重角色的合体：公司的股东、项目的运营者、技术的研发人、业务的开拓者、文化的创立及传承者……合伙人共同让一个创业项目变成一个专业公司，并让一个有效益的企业法人演变成一个有思想的社会经济细胞。

合伙人之间不仅要相互了解，在能力上还应能互相补强——像刘、关、张那样。

奇虎360董事长周鸿祎这样形容好的合伙人："他甚至会比老婆更懂你，你觉得既能毫无顾忌地'欺负'他，又恨不得'执子之手'，合伙到老。"

这话说得有点意思。我们再回头看看刘、关、张的合伙，是的，这哥几个的结义是名副其实的，他们对彼此的了解、重视和信任程度，比对自己的老婆更甚。特别是大哥刘备，经常在二位老弟面前念叨"兄弟如手足，妻子如衣服"，这样的合伙人，相信任何外来因素也不能将其动摇。

离开桃园的时候，我对导游小姐说："等我再来的时候，能看到满园桃花吗？"导游小姐脸上一红，笑得比桃花还灿烂，说："那是必须的。只有柏树，没有桃花，怎配叫结义的桃园呢？"

我不知道她是出于礼貌应付我，还是真打算动员他人种桃。不过，这些都不重要了，我想，在那个时代，刘、关、张纵使没有繁花盛开的桃林作诗意的背景，他们一样结义，一样成就大事。

创业是一条孤独的道路，你需要一班伙伴。而联合创业就像婚姻，你需要一个既能相互理解又能互补的拍档。

名将吕蒙：
士别三日，当刮目相待

【故地抒怀】

过荆州古城咏吕蒙

隔岸涛声似有无，白衣妙计渡江初。
终非吴下阿蒙者，日挽强弓夜读书。

注：吕蒙（178—219），字子明。汝南富陂（今安徽省阜南县吕家岗）人。三国时期东吴著名将领。以胆气称，初不习文，受孙权之劝，后多读史书、兵书，鲁肃称其"学识英博，非复吴下阿蒙"。曾以白衣渡江之计袭破蜀将关羽，占领荆州。

【现场感悟】

培养学用型人才

游览完楚文化的发祥地和三国文化的中心地荆州古城，朋友领我到江边的河鲜坊吃晚饭。

从河鲜坊的窗外望去，荆州古城显得更为巍峨雄壮。脚下是波涛万顷，远处是水天相接。我心念一动，问朋友："这里莫不是当年吕子明白衣渡江之所在？"在得到肯定的答案后，我向朋友提议："让我们向吕蒙敬一杯，如何？"朋友慨而允之。一饮而尽之后，朋友问起敬酒吕子明的理由，于是，我们就此讨论开来。

建安二十四年（219），曹操被关羽打得喘不过气来，便密使孙权起兵袭击关羽的后方来减轻压力。几经权衡后，孙权决定攻打荆州。为了麻痹关羽，吕蒙建议孙权起用当时寂寂无闻的陆逊来接替自己，让关羽放松戒备。关羽果然上当，对东吴不再存有戒心，逐渐把东线的军队北调至樊城前线对付曹仁。得到消息的吕蒙来到浔阳（今九江），把精锐士卒都埋伏在船舱里，甲板上的船工一律便衣而不带甲胄，自己则装扮成商人，沿着长江向江陵隐蔽进发。沿途关羽的巡哨和岗哨都被"尽收缚之"，最终取下荆州，导致关羽败走麦城。这就是有名的"吕子明白衣渡江"。

吕蒙年轻时并不愿意读书，孙权很不高兴，对他说："你说你事情多，难道还有我的事情多吗？我经常读书都觉得很不够用，你怎么就不能自勉呢？"吕蒙于是醒悟过来，开始发奋读书。后来鲁肃到吕蒙的防地，向他询问一些关于军事的见解时，吕蒙对答如流。鲁肃大吃一惊道："看来你已经不是吴下阿蒙喽！"吕蒙笑着答："士别三日，应当刮目相看嘛！"

可见，知耻后学、学以致用，才是吕蒙"白衣渡江"获得成功、令人刮目相看的要诀。

"学而时习之，不亦说乎？"这是《论语》中的名句。上中学时，老师跟我们解释道："学习并且能时刻复习，这不是一件很快乐的事情吗？"工作多年以后，我发现，繁体字的"习"（習），上面是个"羽"字，本义应是形容"鸟数飞"。也就是说，将学到的东西加以实习演练，学以致用，活学活用，才是一件值得高兴的事情。

所以说，学以致用、知行合一极为重要。学习永远不迟，学用贯穿一生。特别是对于一般的中小企业来说，建立学习型组织还不够，应该进一步建立学用型组织，多培育学用型人才，组建有效的人力资源队伍，实现从学到用的转化，看见从学到用的实效。

力成科技（苏州）股份有限公司高级设计工程师张水洪，是苏州大学应用技术学院2004届毕业生。他谈起在校的学习经历时，话语中充满感激之情："如果不是学院的人才培养模式贴近行业企业需求，提升了毕业生就业竞争力，我也不可能这么快胜任公司安排的工作，还因为工作业绩突出被派往美国硅谷锻炼。"

张水洪的成功其实是苏州大学应用技术学院贯彻"学以致用"办学理念、着力打造高层次应用型人才的缩影。在中国独立学院综合实力和毕业生质量百强名单中，苏州大学应用技术学院均榜上有名，成为苏州地区唯一入围的独立院校。

曾在读博期间"开小差"创办广州基迪奥生物科技有限公司的夏昊强，曾拿下创新大奖，公司估值过亿。他认为，将学与做打通十分重要，中国不缺科学家，但缺技术转换人才。而相关资料显示，在德国、日本等经济发达国家，作为蓝领的技术工人十分受欢迎，一些职业技校招生即是招工，就业前景光明，工作也多有创建。

荀子说："知之而不行，虽敦必困。""知"很重要，无"知"就没有人类文明。但是，在现代社会，你知道得再多，也没有百度和谷歌"知道"的多。况且，"知"并不是目的，"知"是为了"用"，"知"而不会"用"，不能变成行动，再丰富的知识也无用。当代技术发展的速度已日渐超过人类社会能够适应的程度，这更需要我们加快学习更新，特别是更加重视继续学习和学以致用的转化能力，并放开手脚，"撸起袖子大胆干"，勇于创新和立业。房地产大佬王健林脱口而出的"清华北大不如胆子大"话糙理不糙，可能就包含了这层意思吧。

与朋友讨论至此，心意相通，朋友说："吕蒙大才，知耻后学，学以致用，应为他连干三杯！"

我突然又想起《庄子·逍遥游》里的那个寓言故事：有个叫朱泙漫的人，不惜倾家荡产跟着支离益学习杀龙的技术，三年学成了杀龙之术，却没有龙可杀。

朋友听完，与我拊掌大笑。

后主李煜：可怜薄命作君王

【故地抒怀】

西江月·逊李唐庄

词笔风华绝代，江山一夕成空。
凭栏独立晚来风，吹得心头深痛。
只擅轻吟浅唱，原来不是真龙。
当初何不出深宫，犹可山林寄梦。

注：李煜（937—978），初名从嘉，字重光，号钟隐、莲峰居士，汉族，生于金陵（今南京），祖籍彭城（今江苏省徐州市铜山区），为南唐的末代君主。开宝八年（975），李煜兵败降宋，被俘至汴京（今河南省开封市），封违命侯。史书上说他"性骄侈，好声色，又喜浮图，为高谈，不恤政事"，在位15年，世称李后主、南唐后主。

【现场感悟】

先定位，后作为

"春花秋月何时了，往事知多少……"

可惜的是，这是一个既没有春花也没有秋月的冬日早上，寒冷的天空中还飘洒着雨夹雪。

开封古城外西北角，紧邻东京大道南侧，黄汴河东岸有一个村子叫逊李唐庄（现名孙李唐庄）。这是一个寂寂无闻的小村子，隐藏在道边的树下，甚至无法在地图上找到它的名字，但该村却大有来历——南唐后主李煜逊位后被囚禁于此，村名因此而来。

众所周知，李煜是个失败的皇帝，他在政治上毫无建树，然而却精书法、善绘画、通音律，诗和文均有一定造诣，其中词的成就最高。他继承了晚唐以来花间派词人的传统，但又通过具体可感的个性形象，反映现实生活中具有一般意义的某种意境，将词的创作向前推进了一大步，扩大了词的表现领域，被称为"千古词帝"。亡国后，李煜词作更是题材广阔，含意深沉，在晚唐五代词中别树一帜，对后世词坛影响深远。

一句话，这个家伙是个不折不扣的艺术大家。他如果不当皇帝，在艺术圈里绝对是骨灰级的人物。民间有语："男怕入错行，女怕嫁错郎。"除了李后主，100多年以后的宋徽宗、宋钦宗父子皇帝的书画艺术水平也极高，已经超过了一般的专业水平。尤其是宋徽宗赵佶，是古今少有的艺术天才。他自创的书法字体被后人称为"瘦金体"，他画的花鸟画自成"院体"。然而这位老兄在位25年，宠信奸臣，骄奢无道，最后沦为亡国之君，被俘受折磨而死，被后世评为"宋徽宗诸事皆能，独不能为君耳！"正是："做个才人真绝代，可怜薄命作君王。"

历史上，这类入错行的人还真不少。例如，末代辽帝耶律延禧酷爱打猎，是一名天生的职业猎手；明朝天启帝热爱木工，都快赶上先祖鲁班了。

古人云："在其位谋其政。"但做皇帝、坐江山却不是他们的兴趣所在。既然被扶上了这个位子，就不得已"做一天和尚撞一天钟"，其怠政荒政的结果可想而知。用现代职场的眼光来看，他们都属于职业错位的典型案例。

俗话说："人各有志。"每个人的志趣是不一样的，而且其天赋、能力、需求和被寄予的希望、责任都是不一样的。在职场中，每个人只有根据各自实际，综合各种因素，找准自己的职业定位，才能发挥最大优势，更轻松地取得成功。李后主们都是因为客观原因而被动坐上龙椅的，他们在内心一直没有对自己要做一个好皇帝的期许。相反，如张謇、鲁迅、卢作孚等，他们有对自己要救国强国的期许，主动对自己的人生重新做了定位，并获得了成功。当然，创业做老板，就是主动定位，做一个自用之人，否则就是被动定位，做一个被用之人。

企业的定位与人生的定位是同一个道理。在世界著名汽车品牌中，有的定位豪华，有的定位驾驶乐趣，有的定位低成本，沃尔沃（Volvo）的定位却是安全。沃尔沃的创始人 Assar Gabrielsson 和 Gustaf Lalson 曾说过："车是人造的。无论做任何事情，沃尔沃始终坚持一个基本原则：安全。现在是这样，以后还是这样，永远都将如此。"优先专注于安全、耐用，就必须放弃对外观、速度、性能等其他利益的第一诉求。多年来，沃尔沃积极探寻交通事故成因，积累有关安全驾驶的信息和知识，从而开发出安全性更高的交通运输工具。"每年都是安全年"，这句话对沃尔沃来说毫不夸张。自公司于1927年成立至今，沃尔沃始终以关注人身安全为准则的理念，推出了大量具有前瞻性的安全发明。至今，沃尔沃已经成为安全汽车的代名词，在全球范围内获得了一大批忠实的消费者。

准确定位，是成功的基础。在现代市场竞争和职场竞争条件下，选择比拼搏更为重要。努力之前，必须做好选择。选择之前，首先得做好自身的定位。一个人选择了什么样的方向、行业、职业和位置，就要做好相应的事情并承担相应的责任。得失成败往往在一线之间，选择定位往往在一念之间。是做一个自主的创业者、做自己的CEO，还是做一个追随者、配合者？进入职场前，宜及早做好自己的职业及人生定位，这样才能实现自己的人生价值，才不致虚度一生，误己误人。

否则的话，就会重蹈李煜们的覆辙，"问君能有几多愁，恰似一江春水向东流"，到时后悔也来不及了。

自荐毛遂：脱颖而出

【故地抒怀】

过河南新乡市原阳县毛遂故居有感

原来脱颖未迟迟，锥处囊中岂不知？
莫道千秋传大勇，匹夫之怒恰当时。

注：毛遂（公元前285—公元前228），战国时期赵国（今河北省邯郸市鸡泽县毛官营村）人，为赵公子平原君赵胜的门客，居平原君处三年未得崭露锋芒。公元前257年，他自荐出使楚国，促成楚、赵合纵，声威大振，并获得了"三寸之舌，强于百万之师"的美誉。

【现场感悟】

勇于不敢

河南省原阳县师寨镇路庄村，是个毫不起眼的小乡村，但因为是毛遂故居所在地，所以颇有点名气。

说起毛遂，大家自然便会想到"毛遂自荐"的成语。这个典故太出名了，路庄村因沾了毛遂的光而有了名气。依我看，顺势将路庄村改名为

"毛遂庄"，旅游前景将一片光明。在改地名盛行的当下，不知路庄村的父老乡亲为何对此无动于衷？

我寻到路庄村，本是希望能找到更多关于毛遂的遗迹。可惜的是，因为年代久远，毛遂留下的印记几乎没有了。

据说，村里原建有毛遂庙，现庙已毁，只存石碑四块立于原庙址。旁边一间新改为毛遂庙的房子里供奉着毛氏塑像。一对蜡烛，几炷清香，让毛遂从历史的深处浮现出来。

"毛遂自荐"的故事为大家所熟悉，但毛遂自杀的悲剧，就鲜为人知了。史料记载，毛遂在赵国平原君手下当门客，由于出身寒微，又未显现任何过人之处，长期不受重用。公元前257年，秦国围攻赵国国都邯郸，情势危急，平原君决意挑选20名门客前往楚国商议抗秦大计，起初只选了19人，毛遂自荐前往。在与楚王的商谈中，毛遂以三寸不烂之舌，把楚王说得连连点头，促成了楚赵联合抗秦，救赵国于水火之中。平原君觉得毛遂是个能人，回国后另眼相看，敬为上宾，予以重用，这就是"毛遂自荐"的由来。

后来，燕国派大将军粟腹率大军攻赵国，平原君慌乱无措，时有对毛遂不服气的人对平原君说："毛遂是个能人，就让他统兵退敌吧！"平原君听了，也是病急乱投医，即命毛遂统军与燕军交战。毛遂推辞不下，只得领军上阵。然而，毛遂虽然长于令词，是个外交人才，但却不懂军事，不是统兵之才。燕军将领粟腹足智多谋，领兵包围赵军，毛遂却指挥军队硬碰乱闯，结果被燕军杀得片甲不留，全军覆没，眼看自己要成为俘虏，毛遂又愤又羞，拔剑自杀了。

唉，自荐皆缘雄辩壮，休教阵上作将军！

毛遂在国家遇到危难之时，敢于自荐并一举功成，无疑是个大勇之人。但他其后却无法做到勇于不敢，无法坚决、坚持拒绝统兵打仗这种他并不擅长的事务，致使人生转折为另外一种结局。

《道德经》第七十三章说："勇于敢则杀，勇于不敢则活。"意思是说，一个人无所顾忌，则充满凶险；有所顾忌，则稳妥灵活。事实上，古往今来，成大事者，都是既勇敢同时又勇于"不敢"的。

台湾作家李敖一身傲骨，他痛恨国民党高官的腐败，讨厌很多人，也骂了很多人，其中就包括著名诗人余光中，因为余光中写过一首悼念蒋经国的诗，李敖便称他为"马屁诗人"。有人问余光中："李敖天天找你茬，你从不回应，这是为什么？"余沉吟片刻答："天天骂我，说明他生活不能没有我；而我不搭理，证明我的生活可以没有他。"

这是多么有智慧的回答。是余光中不"勇敢"，怕了李敖吗？显然不是。只是他觉得生活中还有更重要的事，他不愿意在这种事情上纠缠不休、分散精力。这才是真正的"不勇之勇"。

孟子告诉我们，勇敢不完全取决于热血，更多应取决于义理、冷静和坚忍。"勇于不敢"是另一种"勇敢"，甚至比普遍意义上的"勇敢"需要更多的智慧和更大的勇气，更为难得。苏东坡在《留侯论》中说："匹夫见辱，拔剑而起，挺身而斗，此不足为勇也。天下有大勇者，卒然临之而不惊，无故加之而不怒。此其所挟持者甚大，而其志甚远也。"

在生活和工作中，我们要面对许多"勇于不敢"的考验。比如酒后驾车，就要勇于不敢。有些人缺乏对自身能力和违法违规后果的正确评估，自诩"勇敢"，以为喝酒后开车是小事一桩，结果发生车祸，悔之莫及。此并非勇敢之举，只不过是一种不自量和不负责任的表现罢了。而真正自知者，则具有"不勇之勇"，一是在要驾车的情况下坚决不喝酒，承认自己喝酒不"勇敢"；二是在喝了酒的情况下坚决不驾车，不逞一时的英雄而造成终身的遗恨，这才是真正的勇敢。

还有些企业黑眼珠只盯着白花花的银子，制造假冒、伪劣、毒产品，无视法律和道德的底线，自以为"勇敢无惧"，结果却鸡飞蛋打，甚至身败名裂，着实可悲。

真正的"不敢"与"敢"还存在着一种微妙的转换关系。例如，传统的日本清酒都是冬季酿造的，一般企业都严守祖训，保证品质，不敢越线。而"月桂冠"则勇敢迈出了四季酿造这一步，通过技术创新，在保证品质基础上实现了产量的突破。在这里，敢与不敢都需要勇气，敢与不敢都取得了各自的成功。

"勇于不敢"既是一种智慧，更是一种品格。所谓"不敢"，它的深层含义是因为心中有所敬畏，即"不敢欺心""不敢僭越"，如此，方能持中以正，敢于担当。

世间谁笑邓艾吃：
阴平古道的逆袭

【故地抒怀】

过川北阴平古道题邓艾

阴平一望气宜秋，栈道难行古木稠。
劲旅曾经挥剑戟，雄关莫怨扼咽喉。
无非绝地成革裹，毕竟奇功赖险求。
才下摩天离九死，前军已报取江油。

注：邓艾（约197—264），字士载，本名邓范，义阳棘阳（今河南省南阳市新野县）人。三国时期魏国杰出的军事家、将领。公元263年，他与钟会分别率军伐蜀，被姜维堵在剑门关以北，久攻不下。邓艾兵行险着，经阴平走数百里险要小道，裹毡而下摩天岭，直插江油关而灭蜀汉。

【现场感悟】

冒险精神不可或缺

"蜀道之难，难于上青天。"

以前听李白慨叹过蜀道难行,今天走过阴平古道阴平山一段,方知高山险谷,荒岭野径,名不虚传。

时值5月中旬,在老乡的带领下,我们从青川县清溪古镇进入阴平古道。一路崇山峻岭,崖陡林密。早上雾气之浓重,好像随手就能拧出水来。各种野生动物不期而至,出没林中,每个人都不得不睁大眼睛,小心翼翼。前行方向,有时灌木丛生,有时杂草缠绕,无路时,只能弯腰低头,探索慢走。很快,衣裤和鞋子都湿透了,鞋底打滑,有人不断跌倒。走不了几公里,已经气喘吁吁,步履艰难。由于准备不足,经不起几个队友的反复劝阻,只好原路返回。

据老乡介绍,这段路算不上崎岖。阴平道上最险恶的去处是摩天岭。那里是甘肃与四川的分界处,峭壁悬崖,无路可走。在切刀背路段,一段刀背一样的山嵴直通主峰,两面是悬崖峭壁,真是"一夫当关,万夫莫开"。

摩天岭顶曾有诸葛庙,由于年久失修,如今庙已倒塌,只存残垣断壁。据《三国演义》故事,孔明当年曾布防人马,并立碑于此:"二火初兴,有人越此,二士争衡,不久自死。"虽然演义不等同于史实,但还是为邓艾捏了把汗。

当年,邓艾在钟会的嗤笑声中,率军马从沓中出发,行无人之地七百余里,凿山通道,造作桥阁,以毡自裹,推转而下,偷渡摩天岭,直插江油关,兵不血刃地占领了涪城。涪城守将马邈面对从天而降的魏军,不战而降。此后,魏军迅速进占绵竹,逼近成都,刘禅投降,蜀汉灭亡。邓艾在此创造了生命和战事的奇迹,立下了不世奇功。

如今,阴平古道沿途还有许多邓艾留下的遗迹和传说,如邓艾磨刀的磨刀石、盖印的印合山、邓艾军兵歇息时抖鞋土的鞋土山、邓艾丢失衣服的落衣沟、邓艾练兵的射箭坪等。

史实是,邓艾的奇袭也付出了极为巨大的代价,同时,其成功也包含了很大的运气和冒险成分。

阴平古道,既是阻断成功的险径,又是走向成功的出路。通过"阴平古道"的冒险,邓艾走向了成功。但是,现实生活中,并不是每一个人都敢于行走"阴平古道",也不是每一个人都能走得过"阴平古道"的。

俗话说："富贵险中求。"人生要想到达更高的层次，就得冒更大的风险。特别是企业家的道路，注定荆棘丛生。现在科技突飞猛进，市场供求瞬息万变，外部环境繁复多变，未来不确定性进一步增多，敢不敢过"阴平古道"，成为每个人的艰难选择。

高风险，也意味着高回报。不少成功的企业家，凭着过人的胆识，冒险逆袭，走过商战中的"阴平古道"，赢得了出人意料的成功。

20世纪50年代初，美国西方点子公司有意为产品合格率仅为5%的晶体管申请专利，日本索尼的盛田昭夫竟以10万美元购买这一项还不成熟的专利，准备在世界上率先批量生产晶体管收音机。当时，人们都认为这是一个极为冒险的赌注。盛田昭夫以其独特的商业眼光，认定在世界电子业率先批量生产晶体管收音机一定前途无量。经过在专利基础上的深入研究，索尼公司将晶体管产品合格率提高到95%，同时成功开发出世界上最早的袖珍式晶体管收音机。正是这次大胆冒险的专利购买决策，帮助索尼公司走上了世界电子行业的领先和扩张之路。

如果你是老板，会怎样决策呢？购买专利，有技术缺陷，有导致失败的风险；不购买专利，有错失领先市场的风险。做与不做，都有风险。企业经营实质上是在风险中寻找机会，没有风险，就没有机会。

企业家是一种极为稀缺的生产要素，远比劳动力、土地、资本难以获取。冒险是企业家进取精神的集中表现，冒险精神是不可缺少的企业家精神。

汉能控股集团的老板李河君外表儒雅，但身体里流淌着冒险的血液。综观汉能整个发展历程，有两次重大的豪赌，一次是历时10年建设的金安桥水电站，一次是薄膜太阳能。现在，汉能与李河君还身在赌局之中，胜负未知。

既然风险是不可避免的，有人便干脆直接投入风险当中，与风险共舞，做起了高风险的营生——风险投资——这可是与吕不韦倾家荡产投资异人、邓艾父子押上三千条性命偷渡阴平一样的豪赌。

风险投资（Venture Capital）简称VC，也有人把它翻译成创业投资。这种投资方式不需要抵押，也不需要偿还。如果成功了，投资人将获得几倍、几十倍甚至上千倍的回报；如果失败了，投进去的钱就算打水漂了。

对创业者来讲，使用风险投资创业的最大好处在于即使失败，也不会背上沉重债务。这样就使得年轻人创业成为可能，使创业者放下包袱。

"脸谱"（Facebook）的成功，就与风险投资的持续投入分不开，其上市造就了史上最高的投资回报之一，投资回报率最高竟达到了令人吃惊的近1000倍。2006年，Greylock Partner和Meritech Capital Partner两家风投各自向"脸谱"投资1250万美元，其时"脸谱"估值约为5亿美元。6年后，他们所持股份价值超过15亿美元，投资回报率近200倍。2007年至2008年间，李嘉诚通过旗下私人基金先后两次投资"脸谱"，投资回报率超过6倍。

但风险投资的风险也不容忽视：资金不断投入，公司不断倒下；天使投资的死亡率甚至高达95%，何止九死一生！可以说，风险投资是真正考验企业家眼光与冒险精神的"阴平古道"。为了风投行业的持续健康发展，有必要如当年允许科技人员凭技术入股一样，进行机制创新，给投资人和初创企业设立一种再保险制度，为那些因大环境骤变或行业过度竞争而失败的创业者提供退出保障，鼓励他们二次创业。

强者之所以成为强者，就是因为他们有一颗大心脏，有一个不怕失败、敢于胜利的商胆，敢为别人所不敢为。而企业家之所以为企业家，不是凭着董事长或总经理的职位或身份，不是凭着身家亿万的财富，不是凭着各种榜单的排位，而是凭着对顾客需求和市场的灵敏嗅觉，凭着对社会资源的整合增值能力，凭着敢于冒险、勇于创新创业的精神。

出阴平古道，走向剑阁县普安镇，走在弯弯曲曲的山路上，又见到剑阁七十二峰，延绵百里，峭壁千仞，雄伟壮观，气势磅礴。

不管天色阴沉、雨雾迷漫，我坚持来到位于北庙乡的孤玉山上，在大雨之中向邓艾父子破败的墓茔礼拜。

骤然，天空中响起了几声霹雳，一阵闪电在天地间乱舞。我惊奇地发现，那坟下竟有一朵不知名的花，挣扎着伸展自己的身姿。看着这花儿，内心竟生出一股莫名的感动。我撑着伞，在雨中深深向邓艾父子破败的墓茔鞠了一躬：向邓艾父子致敬，向置之死地而后生的冒险精神致敬。

旅行家徐霞客：
探人所之未知

【故地抒怀】

访江阴马镇徐霞客故居竟不得入，遂题长句

高山岌岌水泱泱，大好河山是故乡。川陵原谷自天成，白云生处莽苍苍。欲访名山渡绝塞，爰有奇人号霞客。削竹为杖草为囊，踏遍深林穿大泽。雁荡雄奇西岳险，露宿餐风未能免。金沙源出雾昆仑，冰碛不毛去难返。奇人但笑可寻仙，芒鞋一束负于肩。几回生死系悬崖，凿冰为路又登天。非为饱看江山壮，探密搜奇察万象。日间履险涉林泉，夜间篝火为灯凝思所得书纸上。何处沧浪出乱流，何处深窟适壮游。何为习俗长相异，从容一一叙从头。泛舟西海半轮丹，古道烟霞明灭间。三山若遇蓬莱客，书罢归来不看山。踏遍神州人未老，煌煌九卷终成稿。至今犹泽草木间，湖山长忆君行早。

注：徐霞客（1586—1641），名弘祖，字振之，号霞客，明朝南直隶江阴（今江苏省江阴市）人。明地理学家、旅行家和文学家，他的60万字巨著《徐霞客游记》，记录了各地的名胜古迹、风土人情，开辟了地理学上系统观察自然、描述自然的新方向，被称为"千古奇人"。

【现场感悟】

在行走中探索

草长莺飞二月天，正是出游好时光。

出差苏州，下午忙里偷闲，我乘兴造访 100 公里外的徐霞客故居。几经问询，兜兜转转，耽误了许多时间，才来到江阴市马镇南岐村。结果，刚到徐霞客故居门口，眼看着两扇大门吱吱呀呀地关上——工作人员要准点下班了。

站在晴山堂前，仿佛行远路访友而不遇，不知这位仁兄又到哪里远游去了，又不知哪年哪月能再来相访。我的心情自然有些失落。忽然又想起东晋王子猷雪夜船访戴安道，经宿方至，造门不前，乘兴而行，兴尽而返的故事，不觉莞尔一笑。

趁着天色尚早，我向附近的村子信步走去，舒缓一下疲惫的双腿。在水渠边，遇到一个拉车的老汉，正奋力上坡，车上装满了物什，分量不轻。见那老汉憋得脸色通红，我赶忙走到车后，帮他推了一把。

上了坡，老汉擦着汗，连忙道谢，问我是寻人，还是问路，并热情地邀我到家里做客。老汉家里人不多，儿子媳妇都出门打工去了，只有一个十来岁的孩子。说话间，烫了一壶黄酒，整治了几碟小菜，虽然清淡，但别有风味。就这样，"一壶黄酒初相逢"，霞客多少事，都在笑谈中。

说起老徐家，老汉可是如数家珍。老徐家人才辈出，达官贵人层出不穷，徐霞客的曾祖徐经，更是学问大得不得了。但是，目睹官场腐败黑暗，历经官场明争暗斗，老徐家渐渐远离了政坛，到徐霞客这辈儿，干脆做了旅游专家。

旅游专家这个称谓并不准确，这位老兄更像是地理专家和文学大家，"朝碧海而暮苍梧"，旅游只是他的副业。以今日的行政区划分来算，徐霞客在 22 岁之后的 34 年中，足迹遍及今 21 个省、直辖市和自治区。他"达人所之未达，探人所之未知"，所到之处，探幽寻秘，并有游记，记录观察到的各种自然现象、人文、地理、动植物等状况。

据说，徐霞客出行总是带着铁锹，预计着如果死在路上，就最后为自己挖一处容身之所。考察归来，他撰写的60万字《徐霞客游记》，开辟了地理学上系统观察自然、描述自然的新方向，这既是系统考察祖国地质地貌的地理名著，又是描绘华夏风景资源的旅游巨篇，还是文字优美的文学佳作，在国内外都有深远的影响。

就连伟人毛泽东都想学他："他跑了那么多路，找出了金沙江是长江的发源。'岷山导江'，这是经书上讲的。他说这是错误的，他说是'金沙江导江'，他不到处跑怎么能写得那么好？这不仅是科学作品，也是文学作品。我有这个志向，我很想学徐霞客。"

显然，毛泽东说"很想学徐霞客"，是想学徐霞客科学考察的探索精神，并非怡情山水。

中国传统文化向来强调要"读万卷书，行万里路"。读书、行路，并不是目的。上下五千年，纵横三万里，为的是去发现、创新、创造、创业。到各地探寻，在路上读书，就是在路上"读世"，这样既是回到历史的第二现场，亦是来到未来的第一现场；既可以深入充满生机的大自然，遇见各种鲜活的人，碰触到真实有趣的故事，还可以收获不一样的体悟，捕捉到不一样的灵感，发现更多的发展机会。

尤其是现代的企业家，不仅要有旅途中的探索精神，更需要具备经营企业的探索精神。没有探索精神的企业家难以突破自己，是走不远的。

特别是在移动互联网时代，许多传统行业和老字号，由于思维保守、技术研发停滞、经营模式落后等问题，出现了经营困难、产品销路不畅等情况，甚至部分老字号企业也濒临倒闭。据统计，目前国内的老字号有70%是在勉强维持现状，20%面临长期亏损，只有10%才是赢利的。因此，唯有解放思想，勇于探索，创新经营方式，"百年老店"才可能获得新生。

新创的企业，面对巨大的竞争压力，面对产品同质化严重的市场，更要有探索精神。

宁波井亿家净水科技有限公司的创始人陈松标有一次到韩国旅游，发现当地没有桶装水和饮水机，用的都是多层过滤直饮水。凭借灵敏的"嗅觉"，他马上抓住了这个商机，2010年，"井亿家"注册成立。到2014

年，这家名不见经传的小微企业已经成为注册资金上千万元、有8名股东的中小型企业。2014年，在宁波大学生创业大赛上，"井亿家"凭借"智能云净水"项目，从浙江省300多家参赛企业中脱颖而出，一举夺魁，吸引风投机构意向投资1700多万元。如今，"井亿家"的直饮水机已进入了中国移动、正泰电器、顺丰快递等一批知名企业。在宁波，超过一半以上的汽车4S店，放置的都是"井亿家"的直饮水机。更让陈松标骄傲的是，在2011年开拓的客户中，至今还有90%是"井亿家"的忠实用户。

在探索的路上，徐霞客发现了大自然的奥秘和规律，当然，也有人发现了美景，有人了发现美食，而像陈松标这样敏感的企业家，则可发现新的商业机会，成为市场创新和社会革新的先行者……

从老汉家出来，早已是月明星稀。他执意送我到村口，并给我指明了详细的返程路线。我走了老远，回头望时，还见他模糊的身影站在那里，在皎洁的月光下向我挥手告别。

射阳居士吴承恩：
文豪一代笔如椽

【故地抒怀】

过淮安打铜巷咏吴承恩

文豪一代笔如椽，古巷幽居写壮篇。
猴有灵犀称大圣，猪随佛子到西天。
云溪叠梦水帘洞，邻叟充形土地仙。
证道降魔皆旨趣，难能奇想出新鲜。

注：吴承恩（1504—1582），明代小说家。他杰出的长篇神魔小说《西游记》以唐代玄奘和尚赴西天取经的经历为蓝本，想象大胆，构思新奇，创造出孙悟空、猪八戒、唐三藏等不朽的艺术形象。

【现场感悟】

想象力是创新的源泉

从胯下桥的里街出来，很快便走进一座古朴典雅的青砖小院，首先映入眼帘的是一片苍翠的竹林。清风起处，绿叶婆娑，摇曳生姿，令人心旷神怡。

这座既有千竿竹,又有万卷书,还有无限想象力的所在,就是位于淮安城西北打铜巷的吴承恩故居。

吴承恩故居内正厅大门上有一联曰:"搜百代阙文,采千秋遗韵,艺苑久推北斗;姑假托神魔,敢直抒胸臆,奇篇演出西游。"这副对联精辟地概括了吴承恩一生的成就和《西游记》的历史价值。

说实话,四大名著中我最喜欢的是《西游记》,不仅是因为它高度的艺术性,更因为它充满了天马行空、不拘一格的想象力。用现在的语言来说,《西游记》写的是一次走出国门的学习过程,里面多是神佛妖怪、异域风情,各种尖端武器和先进技术层出不穷,这些与人们日常生活经验相去甚远的内容,最考验作者和读者的想象力。吴承恩以他那汪洋恣肆的想象力和富于感染力的文笔,为读者构建了一个宏大的、别样的神魔世界。可以说,《西游记》将全球化、"宇宙村"、高新技术、尖端武器、量子隐形、人工智能等元素,以及中国传统的"道"和西方现代的"术"完美地结合在一起,这与当前我们面对的世界和探讨的经营管理何其相似!

爱因斯坦曾说过:"想象力远比知识更重要,因为知识是有限的,而想象力是无限的。想象力概括着世界上的一切并推动着社会的进步。想象才是知识进化的源泉。"

是的,再美、再伟大的事物也超越不了想象。想象力是人类最有价值的东西,直接催生出人的创意和创造力。爱因斯坦之所以能发现相对论,就是因为他能经常保持童真般的想象力;牛顿之所以能从苹果落地而产生想象直到发现万有引力这一重大的科学规律,也是因为他拥有超级的想象力。可以说,想象力是所有发明和创新的源泉,是推动社会进步的重要动力。

2013年1月,电影《西游降魔篇》的导演周星驰与阿里巴巴集团董事局主席、首席执行官马云现身北京,共同展开了一场"天马行空"的"巅峰对话"。周星驰认为,领导者需要在梦想、团队、坚持的基础上,拥有天马行空的想象力:"想象力至关重要,它引领我们勇往直前,不断地突破自己,直到找到一个方向为止。"

之前,在2009年亚太经合组织(Asia-Pacific Economic Cooperation,

APEC）中小企业峰会现场，马云与 NBA 冠军科比·布莱恩特也有过一次类似的对话。两人在交谈中也强调了热情和想象力对于成功的重要性。科比表示，打篮球用的是智慧，用的是想象力。马云则坦言，自己并不适合打篮球，但篮球和商业有很多相同之处，比如想象力，比如热情。

已经 60 岁的李东生是电子产业界的英雄，他曾两次获选"CCTV 中国经济年度人物"，被外国媒体誉为"最具国际想象力的中国冒险家"。

TCL 的发展是想象力与忧患意识相叠加的结果，在它成长的各个阶段都显示了卓越的想象力。这种想象力源于管理者的商业前瞻性和忧患意识，他们看到了未来，也看到了风险，并在风险中完成了企业的重生。

李东生认为，互联网时代更需要想象力。做企业和拍电影等艺术创作一样，伟大的企业需要保持恒久的超乎寻常的想象力。但现实是，我们周围有很多企业家，包括职业经理人，恰恰在想象力方面异常贫乏。做一个项目、一件事，在还没有开始的时候，他们就对自己说"NO"。没有结果的压力束缚，人往往就敢于大胆地想象。

想象没有止境，创新不会止步。在这个黄金时代，我们要尽可能变现自己的想象力。

当前，世界正逐渐从移动互联网时代进入人工智能时代，层出不穷的新科技、新理念、新领域，让人们的想象力有了前所未有的更大的空间，如 3D 打印食物来了，量子通信获得突破了，中国式"刷脸"掀起了支付革命……放在以前，这是任何富于想象力的企业家都难以预想的。所以说，作为一个与时俱进的企业家，应该拥有充沛甚至是无穷的想象力。在商业世界中，要大胆地去想，大胆地去做，千万不要等别人成功了，而你却在那儿后悔：天啊，我当时怎么就没想到呢？

作为中国最早的民营企业家之一，牟其中在 20 世纪 90 年代曾用 1000 个车皮的轻工产品，从俄罗斯换回了 4 架图 154 飞机，奠定了四川航空发展的基础。随后他又与俄罗斯合作，发射了电视直播卫星，开启了中国电视直播的新模式。他曾谋划在满洲里投资建设"北方香港"，还曾想把喜马拉雅山炸开一个大口子，让暖湿气流带来雨水造福当地人民……牟其中是"敢想"的狂夫。"世界上没有办不到的事，只有想不到的事"是他的豪言壮语。现在，这位南德集团前董事长出狱了，回到了人们的视野之中，他还会续写新的狂想"传奇"吗？

然而，想象力和好奇心毕竟不等同于创造力。想象毕竟不能跨越一切界限。除了敢想，我们是不是还要划出一条不应想、不能想、不敢想的红线呢？

离开吴承恩故居许久，我还沉浸在他所描述的奇幻世界里。傍晚，我走在淮安的大街上，华灯初上，繁星闪闪，一道流星倏忽而过：那是有人在打着灯笼飞奔吗？

教育家陶行知：
捧着一颗心来

【故地抒怀】

游安徽休宁万安镇感陶行知四颗糖故事

化雨春风信有时，和言树德赖行知。
育人感召宜糖果，能许甘甜渐渐滋。

注：陶行知（1891—1946），祖籍浙江绍兴，出生于安徽省歙县西乡黄潭源村，原名文濬，大学期间推崇王阳明的"知行合一"学说，取名"知行"。陶行知是教育家、思想家、伟大的民主主义战士。

【现场感悟】

不懂赏识就不懂管理

天空飘着毛毛细雨，走在安徽省休宁县万安镇的皂荚巷时，行人稀少，古朴幽静。烟雨朦胧中，突然想起戴望舒的著名诗句：

撑着油纸伞，独自
彷徨在悠长，悠长

又寂寥的雨巷
我希望逢着
一个丁香一样的
结着愁怨的姑娘
……

不过，我希望逢着的是一位17岁的少年。他就是由此登上去杭州的帆船，走上寻找教育救国道路的。

他就是陶行知。

从休宁中学对面的小道往古镇中心区走去，穿过一幢幢古朴的房屋，走过一条条幽静的巷弄，突然，一座外观宏伟的明清建筑出现在眼前，门牌显示这就是陶行知启蒙馆。这幢皂荚巷最惹眼的古建筑，是四进三开两层楼的徽州老屋，原为陶行知启蒙老师吴尔宽先生的故居。陶行知寄居在万安镇外祖父家达10年之久，就读于吴尔宽私塾。启蒙馆里桌凳依旧，师生雕像栩栩如生。站在他们身旁，耳边似乎传来少时陶行知跟着老师朗诵古文的脆脆童声。

陶行知是被郭沫若赞誉为"二千年前孔仲尼，二千年后陶行知"的伟大教育家。他一生的主要教育主张是"生活即教育""社会即学校"和"教学做合一"。

有一天，作为校长的陶行知在校园里看到一名男生正想用砖头砸另一个同学，就及时制止，并叫这个学生到自己的办公室等候处理。

在详细了解情况后，陶行知回到办公室，发现那名男生正在等他，便掏出第一颗糖递给他："这是奖励你的，因为你很准时，比我先到了。"小男孩手足无措，不敢相信自己的耳朵。

等小男孩接过糖果，陶行知接着掏出第二颗糖："这也是奖励你的，我不让你打人，你立刻就住手，说明你很尊重我。"小男孩将信将疑地接过糖果。

陶行知又掏出第三颗糖："据了解，你打同学是因为他欺负女生，说明你有正义感。"这时那名男生已经泣不成声了："校长，我错了。不管怎么说，我用砖头打人是不对的。"

这时，陶行知掏出第四颗糖："你已经认错，我们的谈话也结束了。"

就这样，陶行知以出其不意的赏识教育，瞬间感化了激动的学生，圆满地达到了教人育才的目的。

我曾经把这个故事讲给一个朋友听，他热泪盈眶，动容地说："这实在太感人了！太伟大了！我对自己的孩子都做不到。"

正所谓，态度一变，方法无限；态度一变，问题不见。

与智商、情商一样，赏商正进入越来越多人的视野。赏商（Appreciation Management Quotient，AMQ）是指对个体积极因素的发掘和激励其进步的能力，体现的是对人性的把握和对团队及人际关系的影响力，它强调发掘人的长处，激活固有的天赋，诱导积极因素，实行正面激励，传递正面能量，以帮助个体成长成功。为更好地理解和把握它，我们可以简单地认为，赏商就是情商的升华。

越来越多的管理人员指出，一个人智商高，不一定是管理能手；赏商高，则一定是管理高手。赏商正成为教育者和管理者的必备素质。赏识可以帮助我们还原管理的真义，从根本上解决管理有术无道的困惑。

许许多多的研究表明，最能激发员工全力以赴、高水平发挥的是给予他们精确的肯定和及时的激励。除应得的薪水之外，人们更需要感到他们在工作中做出了贡献，他们经过努力所取得的成果会得到企业及上级的赞赏。

韩国一家大型公司的保险箱在某天晚上被盗，而与盗贼展开殊死搏斗的，竟是一名清洁工。作为公司最没地位、最不起眼的角色，作为可以置身事外或者可以采取其他更为安全措施的人，为何他愿意不惜牺牲生命去保护公司财产呢？在给该清洁工举办的庆功宴会上，他解开了所有人的疑问："总经理每次走过我身边的时候，总会轻声地说'你的地扫得真干净'。每当此时，我的内心都会感到一阵温暖。"

台湾作家林清玄当年做记者时，曾经报道过一个小偷，说他作案手法非常细腻，犯案上千起，第一次被捉到。他在文章的最后情不自禁地感叹："像心思如此细密、手法那么灵巧、风格这样独特的小偷，又是那么斯文有气质，如果他不做小偷，做任何一行都会有成就的吧！"没想到，他20年前无心写下的这句话，却影响了这个青年的一生。如今，当年的小偷已经是台湾好几家羊肉店的老板了。在一次邂逅中，这位老板诚挚地对林清玄说："林先生写的那篇特稿，打破了我生活的盲点，促使我反思，为什么除了做小偷，我就没有想过做正当事呢？"林清玄的"赏识"令他从此脱胎换骨，重新做人。

以上两个故事都在说明，有爱就有赏识。赏识别人，尤其是赏识那些似乎最不值得我们赏识的人，会唤醒他们的性灵，激活他们的能量，照亮他们的未来，甚至会带来意想不到的变化。

哲人詹姆士曾说："人类本质中最殷切的渴望是被肯定。"美国心理学家马斯洛的需要层次理论中也提到，被人肯定是人类的一种高级需求，而赏识正是肯定一个人的具体表现。

赏识是一种关爱，它让员工从日常工作中感受到管理者真切的关怀和爱护；赏识是一种同理心，需要领导换位思考，去设身处地地为对方着想，更多理解和宽容；赏识是一种激励，管理者在承认差距、尊重差异的基础上通过赏识引导员工扬长避短、释放潜能，积极进取；赏识更是一种心态，是一种需要养成的习惯。管理者应该用更多的微笑、更多的倾听、更多的掌声与竖起的大拇指来与员工交流，善于发现他们的"闪光点"，哪怕是一丁点的光亮，也要用放大镜去"欣赏"。

可以说，不懂赏识就不懂教育，不懂赏识就不懂管理。

从陶行知启蒙馆出来，毛毛细雨依旧淅淅沥沥，没有停息的意思。又走在那条古巷里，在烟雨中，我仔细寻觅，希望看到那个从这里走出的17岁少年的身影。

只有细雨，打湿了我的衣服。

而陶行知先生的教育理念，也犹如这温润的细雨一样，滋润着教育，滋润着孩子，滋润着春天。

濠梁观鱼：
"子非鱼，安知鱼之乐？"

【故地抒怀】

安徽凤阳濠梁遗址怀古

南华高古信堪真，不见茫茫濮上人。
蝴蝶梦中花蕊发，凤凰台上大鹏邻。
心怀日月无清浊，道似乾坤辨主宾。
云在青天鱼在水，谁能知我乐津津。

注：濠梁为传说中庄子与惠子观鱼之地，两位先哲在此地留下了"子非鱼，安知鱼之乐""子非我，安知我不知鱼之乐"的哲思机辩佳话。

【现场感悟】

做一尾快乐的鱼

十多年前我到过安徽凤阳，问了很多人，也请教过当地旅游部门的朋友，但好像谁也说不清楚朱元璋的故居遗址在哪里，更不清楚濠梁观鱼遗址之所在，只得在老乡们的指引下，在一片荒地旁的一个小水沟边发了半天呆。

有水无鱼，有意无境，留下了一个不大不小的遗憾。

回来之后，脑海中还常常萦绕着濠梁观鱼的故事。日有所思，夜有所梦。梦中曾听得庄子与惠子倚在凤阳临淮濠水的亭中展开新的辩论，池中游鱼数尾，影影绰绰，自得其乐。听着两人高谈阔论，鱼儿笑了，对他们不屑地吐着泡泡。最后，不知怎么回事，自己也变成了鱼，与濠水的鱼一同对着庄子和惠子吹泡泡。

庄子和惠子都是战国时期的思想家。一日，两人同游于濠上，只见一群鲦鱼来回游动，悠然自得。庄子曰："鲦鱼出游从容，是鱼之乐也。"惠子曰："子非鱼，安知鱼之乐？"庄子曰："子非我，安知我不知鱼之乐？"这一故事载入《庄子·秋水》篇，后来，人们就把它概括为"濠梁之思"。而在崇尚超脱意趣、虚灵胸襟的魏晋南北朝人的笔下，还有个更雅致的说法，叫作"濠梁间想"。

几千年来，不少思想家与哲学家将此当成哲学问题进行反复论证，更有人提出，庄子的"子非我，安知我不知鱼之乐？"是悖论，是诡辩。

庄子是不是诡辩，话题很长，且不做讨论。惠子的"子非鱼，安知鱼之乐？"这个也被讨论过许多遍的问题，却引起了我对企业管理的长久思考。

当今社会竞争激烈，从企业家到每一位普通员工都"压力山大"。商海浮沉，殚精竭虑，你过得快乐吗？在一家企业里，如果老板不了解员工的状态，不关怀员工的悲与喜，势必面临着低下的效率和高企的人才流失率，甚至酿为悲剧。

多年前，媒体曾报道的富士康发生的"十二连跳"事件，部分原因就是该公司的管理层对员工的工作和生活状态缺乏足够的了解和改善而造成的。老板不是员工，如何有效地获取不同员工的工作状态和需求信息，是企业管理的一件大事，不能掉以轻心。

不妨问一下：你最后一次想了解员工的想法，以及他们对工作的感觉是什么时候？对于这个问题，大多数老板恐怕回答不出来。根据一项调查显示，70%的员工对工作不投入。那些不了解关键员工的老板，可能会漏掉吸引和留住优秀人才的重要信息，更不用说如何让他们积极而持续地推出优质产品和服务了。

美国著名企业、游戏零售商"游戏驿站"（Game Stop）的人力资源主管丹尼尔·帕伦特（Daniel Parent）在这方面就做得很好，值得我们学习。

丹尼尔的日程表上经常出现一件待办事项："问问员工工作是否开心，以及我该怎么做才能让他们更开心。"丹尼尔根据多年经验发现，只要询问团队成员以上两个问题，就能让员工明白他是支持他们的。而且，丹尼尔还能知道员工真正面临的问题并为他们指明方向。

了解员工的状态后，丹尼尔就可以据此帮助提升员工的绩效，而且也能提高他们对工作的满意度。有个叫Jennifer的女员工，非常想成为优秀员工，但她最近才生完孩子休完产假回来工作不久，丹尼尔和她的谈话令他印象深刻。他问Jennifer工作时有多快乐，她坦承，同时兼顾两种角色，压力比较大。

后来，得到上司允许后，Jennifer能调出时间和刚出生的小孩相处，这改变了她的处境。通过定期沟通，丹尼尔能确保Jennifer的工作表现符合甚至超出预期。这样，她就能把工作之外的时间全神贯注地用于照顾小孩。丹尼尔表示："如果我没有问她，根本就不可能会知道她的困扰。"

还有一位女员工，有次开会前告诉丹尼尔她要去看牙医，所以必须在四点会议结束时就立刻离开。到了四点十分，讨论仍很热烈，会议丝毫没有要结束的迹象。丹尼尔小声告诉她最好现在离开，才能赶得上看牙医。她露出感激的微笑并悄悄离开会议室。

丹尼尔只花了一点点时间询问和了解员工的工作状态，相较于员工离职后他必须花费更高的成本来重新招聘，这小小的投资获得了很大的回报。

受富士康"十二连跳"事件的影响，国内许多企业纷纷开始建立员工关怀体系，了解并关怀员工。但是，面对社会的发展及员工的多样化需求，真正了解和满足员工的全面需求并不容易。

我以为，以下方法或可帮助你了解员工的工作和生活状态：一是通过日常的观察与反思；二是利用座谈会集中了解民意，抓住问题重点；三是设立员工沟通日，定期进行沟通；四是抓住一切机会了解员工的情况。

顺便提一下，在了解员工是否快乐的同时，最好还能帮助员工培养和增强快乐的能力。据研究，快乐不仅是一种心态，而且是一种能力。具有快乐能力的人在任何情况下都能快乐起来，能更好地把有限的能量投入到建设性的事务中去，提高工作效率。对于成功，这是相当重要的因素。让员工成为一尾快乐的鱼，对于企业，这是隐性报酬。

濠梁遗址可以无鱼，企业的氛围里不能没有快乐。

再回到"濠梁间想"，我想，庄子的"鯈鱼出游从容，是鱼之乐也"的判断，是有问题的，最起码，他应该问问那些鱼儿，是否真的快乐，而不是仅仅从表面看到的情形来判断。

怪不得惠子反驳他。

狂人祢衡：
恃才傲物，迷而不觉

【故地抒怀】

过汉阳龟山祢衡墓

大勇弥天处，书生胆气豪。
裸衣狂击鼓，扶醉痛呵曹。
未计生和死，唯因笔胜刀。
千秋功罪后，谁与祭风骚？

注：祢衡（173—198），字正平，东汉平原郡（今山东省德州市临邑县德平镇）人。为人恃才傲物。孔融曾荐之于曹操，其称病不去，曹操封他为鼓手，却反被他裸身击鼓辱骂。后死于江夏太守黄祖之手，时年26岁。

【现场感悟】

个性与建设性

沿汉阳莲花湖边的小道向小山坡上走，拾级缓行，两旁只有绿树野草，不见闲花杂生。石级上，到处都是飘零的枯叶，仿如从无人迹，颇有"至今荒山上，兰蕙不忍生"的意境。

我前去的地方，就是重建于汉阳龟山南麓园丁园西侧小路边的祢衡墓。

看来，祢衡虽然名气很大，才气很足，但前来瞻仰他的人并不多。

祢衡的名气，一是来自于他的满腹才华，他即席写作《鹦鹉赋》，落笔便压倒在座的群英。字字铿锵如金玉，句句飞动似云龙，鹦鹉洲也由此而得名；二却是因为他的击鼓骂曹。

当时的祢衡，才20出头，就自我标榜："天文地理，无一不通；三教九流，无所不晓；上可以致君为尧舜，下可以配德于孔颜。"孔融很赏识他，两个人也互相吹嘘，祢衡称孔融曰"仲尼不死"，孔融回报称祢衡为"颜回复生"。

祢衡虽然有名气，但当时却没有合适的工作，而他是很想找一份体面工作的，替他找工作的责任自然落到了孔融的身上。孔融当时极得曹操信任，他向曹操写了一封推荐信。曹操求贤若渴，专门安排了面试。

但在面试时，祢衡却傲气十足，让爱才的曹操也很生气。祢衡狂气发作，仰天长叹："天地虽阔，何无一人也！"他还把曹操的职业经理人团队不分老少，大大地贬损了一通，却没有提出丝毫的建设性意见，曹操更生气了。但是，由于祢衡的名声很大，曹操还有惜才的意思，想让他到基层磨磨性子，从鼓吏做起。但祢衡却不领情，试用第一天，在曹操的派对大会上，竟然裸衣将老板骂了个狗血淋头，体无完肤。当然，曹总的气度就是不一样，没有杀他，而是再次给他机会，让祢衡前往荆州为使说刘表来降，临行前还让手下文武备酒相送。到送行时，祢衡进门看到大家都端端正正地坐着，对他的到来置之不理，立马就放声大哭。荀彧问："你哭啥呢？"祢衡说："你看我走进了死人的棺材里了，怎么能不哭呢？"大伙一听，都生气地说："什么？你说我们是死尸，那你分明就是一个无头狂鬼！"祢衡说："我无头？我是汉朝的臣子，又不做曹家的狗腿子，怎么能说是无头呢？"大伙气得要杀掉他，荀彧连忙拦住说："他就像一个小小鼠雀，哪里用得着动刀子啊！"祢衡说："我即便是鼠雀，也不像你们这些人，你们只配叫做螟蠃虫！"大家被气得不欢而散。

后来的事情全世界都知道了，祢衡因为狂得太过分而被黄祖杀掉了。

其实，杀祢衡的不是黄祖，而是祢衡自己。祢衡害的是无法根治的"高傲不合作病"，这是他骨子里固有的顽疾。他不但具有几近自恋的智力优越感，还把这种病态的自恋向全世界公布，这就等于自绝于朋友同事：我是高才，我怕谁？此地不养爷，自有养爷处。

有意思的是，孔融居然称祢衡为"颜回复生"。大家知道，颜回是孔子最得意的门生，孔子对他的称赞是最多的，称赞他具有君子四德，即强于行义、弱于受谏、怵于待禄、慎于治身，赞扬他不迁怒，不贰过，"敏于事而慎于言""好学""仁人"。两相对比，孔融对祢衡不知是真心赞许还是存心讥讽？但有一点他们是极为相似的，那就是英年早逝，颜回29岁头发全白，40岁就去世了。祢衡被杀时年仅26岁。

职场中人应明白，如果自认是一个"人才"，那就一定要为企业创造价值，做出贡献。自古以来，多才者多有个性。脾气与才能一样大还好，如果脾气大才能小，或者多才者太过任性，结局多有不堪。祢衡既然选择了"魏氏公司"，就应虚心接受魏氏企业文化的改造，主动融入这个团队，而不能随时把个性发作出来，逞一时口舌之快。这种夹杂着负面情绪的所谓才华既不能给企业带来效益，也不能给自己加分，处理不好，轻者自讨没趣，重者丢掉性命。

对企业来说，祢衡既不是方案的提供者，更不是决策的执行者，甚至算不上是问题的发现者，而只是计划的破坏者、麻烦的制造者，是没有合作精神的"刺头"、没有建设性的负资产，他只会破坏企业的团队和事业的发展，最多归为可有可无的偏才。

真正的高才者，必定是富有建设性且懂得团队合作的人才。

众所周知，微软公司使数以万计的雇员成了百万富翁。可鲜为人知的是，他们中的许多人在取得了经济独立之后，仍继续留在微软工作。如果你了解微软公司的工作条件并非舒适安逸，你就会觉得微软雇员们的献身精神难能可贵。在这里，一周工作60个小时是常事。在主要产品推出的前几周，每周的工作时数还会过百。微软公司也并非以其高额津贴出名，相反，它却以"吝啬"著称。

那么，是什么神奇的吸引力，竟使这些百万富翁不是因为自己经济的需要而如此卖命地工作呢？答案只有一个，那就是完全超越了自我的团队意识。这种团队意识，已在微软公司生根发芽。微软人认为，他们不属于自己，而是从属于微软这个团队。董事长比尔·盖茨在谈到团队精神时，讲过这样一段话："这种团队精神营造了一种氛围，在这种氛围中，开拓性思维不断涌现，员工的潜能得以充分发挥。我们微软公司所形成的氛围是：'你不仅拥有整个公司的全部资源，同时还拥有一个能使自己大显身手、发挥重要作用的小而精的班级或部门。'我们的策略一向是：聘用有活力、具有创新精神的顶尖人才，然后把权力和责任连同资源，一并委托给他们，以便使他们出色地完成任务。"

不难想象，如果比尔·盖茨聘用了祢衡，这狂人也一定会把所在团队搞成一盘散沙的。

如今企业的内部分工越来越细，团队协作的频率越来越高，每一个人都明白互相合作、相互支持的责任、好处和意义，因为个人的胜利不等于团队的胜利，而团队的胜利却意味着每一位成员共同的胜利。

南怀瑾认为，上等人，有本事没有脾气；中等人，有本事也有脾气；末等人，没有本事而脾气却很大。其实，脾气差往往就是一种能力不足的表现。可悲的是，没有任何职场经验的祢衡，将自己摆到了太高的位置，目空一切，看不起所有的人。对号入座，他最多也只能算是一个有本事也有脾气的中等人。

对于任何一个人而言，不管能力高低，脾气不好都是融入团队的最大障碍。作为员工，如果不能接受企业的文化和历史，包括接受老板的经营理念，则不敢想象这个员工能够融洽地与周围的人相处，遑论团队合作。对于"魏武营八极"的老板来说，祢衡必然是被视作"蚁观"一类了。故此，葛洪提醒道："故开口见憎，举足蹈祸害，贲如此之伎俩，何理容于天下而得其死哉？……于戏才士，可勿戒哉！"

祢衡长眠鹦鹉洲，本来是历史的最好安排。如今其墓园被迁移到与其历史毫无关联的莲花湖畔，重建于山坡林间，人迹罕至，不知他泉下有知，会否继续破口大骂？

清官海瑞：
"先生如万年青草"

【故地抒怀】

谒海南省海口市西郊滨涯村海瑞墓

廉正著英名，无求水至清。
若为真圣者，务必戒周兴。

注：海瑞（1514—1587），字汝贤，号刚峰，海南海口人，明代著名的政治家，以忠孝和刚直不阿著称于世，被世人誉为"海青天"。海瑞虽素有清正廉明的美誉，但亦有不近人性、残苛寡情的一面，有人甚至将他比作武则天手下的酷吏周兴，张居正因此将他闲置十几年。

【现场感悟】

厘清灰度好管理

初夏的清早，太阳刚刚升起，我已来到海口市西郊滨涯村，拜谒素有"海青天"美誉的一代名臣海瑞之墓。

但见整个墓园，椰树挺立，绿草如茵。特别是一地绿草，生机无限，给人深刻的印象。我贪婪地吸吮着早晨挟带浓厚青草气息的新鲜空气，却陡地想起明朝思想家李贽对海瑞的评价："先生如万年青草，可以傲霜雪而不可充栋梁。"人们认为，李贽此语，应是对海瑞的中肯评价。

史载，海瑞自号刚峰，屡平冤假错案，打击贪官污吏，甚至抬棺上疏，深得民心，享有刚正清廉、尽忠尽孝的美誉，但亦有特立独行、不近人性、残苛寡情的一面，被认为是有严重缺损的清官，是"古怪的模范官僚"。他曾因为5岁的女儿接受了男童的一个饼而大发雷霆，认为女儿应该一死以全"贞节"。结果，可怜的小女孩真的在7天之后绝食死去。海瑞先后有过3位夫人，又至少纳过2个小妾。他的妻妾均难得善终，他本人及母亲、小孩难得幸福。据著名心理咨询师武志红分析，这位海大人很可能患有严重的精神疾病和人格障碍，有着"巨婴"的心理和行为，否则就无以解释他在历史上做出的种种"堂吉诃德"式的反常举动。

刘鹗在《老残游记》里有一段话说得好："赃官可恨，人人知之。清官尤可恨，人多不知。盖赃官自知有病，不敢公然为非；清官则自以为不要钱，何所不可？刚愎自用，小则杀人，大则误国，吾人亲目所见，不知凡几矣。"这与明末时的东林党"清流误国"的观点又何其相似！

从历史上看，海瑞被视为道德完美的"海青天"。但水至清则无鱼，人至察则无朋。人世间是有黑白是非的，黑白一定要分清，是非一定要分明，原则一定要坚守。然而，世界并不是非黑即白的，黑白之间还有过渡空间，黑白之外还有着极为广阔的世界。因此，一个组织的领导者要懂得"灰度管理"。非黑即白，用直线思维判断事物，用苛刻的态度要求人，没有任何包容心，不懂得"灰度管理"，并不适宜担当最高责任。故而，管仲临终前并未推荐自己的朋友兼恩人鲍叔牙接替自己的职位。

虽然海瑞极端清廉和忠诚，不属于刘鹗痛恨的那种清官，但作为高级管理者，海瑞缺乏基本的"灰度管理"理念。这也可能是"明朝第一相"、时任首辅张居正狠心将他闲置十几年，不予擢用的原因。

任正非曾告诫华为的管理者："一个领导人重要的素质是方向、节奏。他的水平就是合适的灰度。坚定不移的正确方向来自灰度、妥协与宽容。"

任正非的"灰度"既不是中庸，更不是一种所谓的阴阳界限。他的"灰度"主要是对人，不是对事。也就是说，"对人讲灰度，对事讲流程"。比如在决策的时候，是民主决策；但是在执行和管理上，就是权威但这里面就充满了"灰度"。

"灰度管理"是在黑与白之间能够平滑过渡的一种管理方式。管理者要拒绝简单的是非界限，跨越"中间状态"的迷惘，在黑与白的融合之中找到自己的方向和路径，在各种复杂因素交织的活动中控制自己的步伐节奏，这就是"灰度领导力"。

在现代企业管理中，有不少案例可以佐证"灰度管理"是企业成功的重要法宝。美国俄克拉荷马市的精瑞公司（Kim Ray Inc.）成立至今已超过半个世纪，是一家生产原油开发机械的制造商，产品的市场占有率高达全球市场的50%以上。精瑞公司的成功秘诀在于董事长何霆翱（Tom Hill）从1992年起所推动的企业品格训练计划。刚开始，为了找出生产效率无法提升的原因，他把整个工厂运行的情形摄录下来。通过录像，他发现不少员工常常消失在镜头中，原来有人浪费了不少时间在到处寻找工具上，有人则偷偷跑去喝咖啡休息。发现这种现象后，他没有暴跳如雷，也没有开除这些不讲效率或偷懒的员工，而是决定通过品格教育训练，向员工强调敬业尽职、井然有序等多种良好品格的重要性。员工在接受培训教育后士气大振，安装机器的时间大大缩短，效率大为提升。不仅如此，精瑞公司还强调企业应尽的社会责任。在石油产业景气度低迷时，精瑞或介绍员工到其他公司暂时安顿，或是鼓励他们到市政府当义工，再由员工薪资提留成立的基金支付薪水差额，以取代遣散员工的常规方式，结果员工对企业的忠诚度大幅提高，也赢得了"品格企业"的美誉。

前人告诉我们，要一分为二或一分为三地看待问题。在实际的经营管理中，不同的人看见不同的"灰度"，不同的判断带来不同的结果。

世上有黑色，有白色，但更多的是灰色。黑白容易分清，灰色却难分明。很多时候，我们既不能把事情完全定性为"黑色"，也不能把事情一概定性为"白色"，而要进一步探讨居于黑白之间的"灰色"。我们既不要把人看成是天使，更不要把人看作是恶魔，而是从人性的视角来理解包容，扬长避短，和谐共生。

海瑞在历史上有着高大的形象，至今垂名青史。但作为一名高级管理人员，海瑞无疑又是不完美的。

鹤将军卫懿公：无"志"的玩家

【故地抒怀】

过河南滑县楚丘卫懿公养鹤故地

嗜玩宜有志，养志促成功。
几许糊涂者，痴同卫懿公。

注：卫懿公（？—公元前660），姬姓，卫氏，名赤，卫惠公之子，春秋时期卫国第18任国君。卫懿公继位后，终日只知奢侈淫乐，喜好养鹤，竟赐给鹤官位和俸禄，因此招致臣民怨恨。公元前660年，狄人攻打卫国，卫懿公兵败被杀。卫国经此变故，由大国变成小国。

【现场感悟】

玩物亦可养志

一个小县城，竟让我待了三天，这是我来时没有料想到的。

在河南省滑县，这个能穷尽视野的平原，我深深地感觉到了"人杰地灵"这个词的内涵。这里不仅是彭元哲、吕不韦等人的出生地，也是赵紫阳先生的故乡。

在道口烧鸡和老庙牛肉的余香里，我观赏了令人称绝的滑县木版画，随后还拜谒了惠子冢。不过，最让我唏嘘的，莫过于游览故称"楚丘"的八里营乡殿上村，那是卫懿公的养鹤遗址。

自然，现场已经没有一丝仙鹤的气息了，可当年，这里却群鹤飞舞，堪称奇观。

现代人也喜欢养宠物，一些人把小猫小狗看得比父母还亲，连世界首富比尔·盖茨业余时间也玩鱼养鸟。但是，卫懿公却把宠物养到了前所未有的境界：不但他爱养仙鹤，全国人民都要和他保持一致，全民一起养鹤。他把偌大的王宫变成了专业养殖场，看着成群的白鹤盘旋在宫殿上空，他高兴得手舞足蹈，对鹤高歌。他把白鹤看得比大臣和后妃都要亲，封它们做将军，让它们享受比大夫还要优厚的待遇。他出巡时，还会把鹤带在身边，怕鹤飞太久会累着，让它们和自己同乘华丽的车马。为了让自己心爱的宠物吃好喝好，卫懿公还发明了一个闻所未闻的税种——鹤税，弄得老百姓怨声载道。

后来，狄国人来攻打卫国，没有人替他打仗，人们都说"让你的仙鹤去应战吧"。结果，狄人大败卫国，追赶卫懿公到荥泽这个地方，把他给杀了，之后还把除肝脏以外所有的肉都吃光了。

养宠物养到丧国被吃，古今中外，恐怕绝无仅有了吧？可以说，卫懿公是因玩物而丧国亡身的典型代表。

历史上，夏桀、商纣、周幽王、吴夫差等，即位之初，无不意气风发，立志要干出一番事业，而后均因贪于一己之欢而丧失斗志，终至落得同卫懿公一样身死国破的下场。有了这些反面例子，人们谈"玩物"时往往勃然变色：小心玩物丧志！

其实，"玩物"只是外因，关键在于是否有"志"，"志"是否纯净坚定。志向若光明坚决，则"玩物"亦可以"养志"。所谓"玩物丧志，其志小，志大者玩物养志"，说的就是这个意思。卫懿公之所以下场悲惨，不是丧失了"志"，而是压根就没有"志"。

当今企业家中，"用心玩物"者大有人在，如王石喜欢登山，刘永好喜欢摄影，马化腾迷恋天文，柳传志喜欢打高尔夫，周鸿祎喜欢捣鼓音乐，王健林喜欢唱卡拉OK，郭广昌喜欢打太极，牛根生喜欢打乒乓球，等等，但这些爱好都没有让他们"丧志"，反而给予了他们修养身心、怡情悦性的机会，成了他们个人独特个性的一部分。

特别值得一提的是，广东阳江十八子集团总经理李积回，不仅立志要做"世界刀王"，而且实际上已经成为"世界音响发烧友第一人"。在阳江十八子集团总部，李积回把三楼开辟成他的"世界发烧音响博物馆"，馆藏黑胶唱片超过70万张，CD唱片超过130万张，拥有18个视听室和3间大型陈列室，音响器材不可计数。从欧美日经典唱片到中国内地及港台流行黑胶唱片、CD；从古董音乐盒，到近代留声机，再到胆机和数码音响，这里应有尽有，并且还在不断增加着新成员。每次经过阳江，我都争取到"十八子"的音响室开开"耳"界，好好享受一番。

在外人看来，这李积回多少有点"不务正业"，他却不这么认为："音响是个载体，不同的音响器材，可以听出不同的感觉。我是一个音响发烧客，喜欢收藏好的音响，追求更高的音乐品质。而且，音乐是没有国界的。聆听音乐，可以让浮躁的心灵得到安宁，理顺思路，明确目标，从容前进。我认为，这是玩物励志。"

据李积回介绍说，他每天早上6点起床，打开音响，听音乐；8点准时上班，处理公司的事情；晚上又回到音响博物馆听音乐和打理唱片。这样的日子一过就是十几年。在这里听着音乐，让他的思维更开阔、更清晰，可以把之前的事情和要做的事情融会贯通。很多时候，正是音乐帮助他找到了产品创新点和创建"十八子"文化的新思路。

"癖好养心，玩物养志"，在李积回这里，得到了充分的验证。

"玩物丧志"，是"玩物者"太注重玩，在玩的过程中淡化或消解了自己的志向。如果在玩的过程中，将那些消极的因素转化为满满的正能量，从而抗拒粗糙生活的吞噬，让浮躁的心灵获得些许宁静，成为一个真正懂得生活的人，实际就能做到"玩物养志"。

高祖刘邦：
酒酣曾唱大风歌

【故地抒怀】

登江苏沛县歌风台咏刘邦

当日还乡处，君臣意若何？
为求真猛士，同唱大风歌。
汉帝功成后，楚王泪下多。
英魂今在否？击筑上高坡。

注：江苏省徐州市沛县为汉高祖刘邦的故乡，歌风台为沛县古八景之一。公元前196年，汉高祖刘邦还归故里，置酒沛宫，邀家乡父老欢宴，曾作《大风歌》。

【现场感悟】

独唱不如合唱

2000多年前，刘邦平定了叛乱的淮南王英布，还归故里，置酒沛宫，邀家乡父老欢宴，把酒话旧，感慨万千，酒酣兴起，这位布衣皇帝放声高歌:"大风起兮云飞扬,威加海内兮归故乡,安得猛士兮守四方!"刘邦"歌毕泣数行下",120名少年和而歌之,群情为之激昂。这就是著名的《大风歌》。

按周、秦和汉初的规矩,凡帝王举行正式活动或仪式,都要筑台。为此,沛县父老筑台纪念,名叫"歌风台",并在台上树碑,用大篆刻《大风歌》。歌风台现位于苏、鲁、豫、皖四省相交的苏北沛县。古歌风台历经沧桑,屡建屡圮。我今天登临的,已非汉代原台。今台楼高近30米,雕梁画栋,壮阔宏伟,是周围建筑群的至高点,在全国同类建筑中堪称首位。清晨的阳光洒在楼顶的屋脊之上,眼前闪耀一片金光,倍感大汉雄风。邀宴堂前,立有一尊刘邦的汉白玉像,身材魁梧,举樽按剑,仿似正在慷慨高歌。

刘邦出身底层,要什么没什么,他为什么能成功逆袭,可以在衣锦还乡后得意地高唱《大风歌》?

刘邦取得天下后,曾在洛阳南宫把这个问题抛给文臣武将:"诸位,请告诉我,我为什么能够得到天下,而项羽却失败了?"众人纷纷发言,只有王陵之言被记入史册:"陛下使人攻城略地,因以与之,与天下同其利;项羽不然,有功者害之,贤者疑之,此其所以失天下也。"刘邦对自己显然已经有了清醒的认识,说道:"公只知其一,不知其二,夫运筹帷幄之中,决胜千里之外,吾不如子房;平国家,抚百姓,给饷馈,不绝粮道,吾不如萧何;连百万之众,战必胜,攻必取,吾不如韩信。三个人都是人中豪杰,我能够使用他们,所以才能得到天下。项羽只有一个智囊范增,却不能用,所以才被我打垮。"群臣都服了——不服不行啊!

刘邦虽然出自社会底层,没受过什么正规教育,也没多高的文化知识,还有喜好酒色的毛病,但他却不拘一格,扬长容短,善于组织各类优秀人才,特别是团结高文化、高素质的读书人为自己所用,依靠团队奋斗。张良、萧何、陈平,虽然都有一定的毛病,但哪一个不是学富五车、能力超群的睿智之士?虽然樊哙是狗屠,灌婴是布贩,娄敬是车夫,彭越是强盗,周勃是吹鼓手,韩信是待业青年,但他们哪一个不是能力突出的专才?刘邦正是倚靠着团队的优势,使所有的人才都最大限度地发挥作用,才具备了与群雄逐鹿、与项羽相争的资本,最终赢得了天下。

人们习惯将刘邦与项羽进行比较分析。项羽这个家伙，直到临死都没有认识到自己为什么败亡。后人倒是替他总结了：他勇力太强，刚愎自用；不能识人任才，尤其是不能善用读书人；有勇无谋，只靠勇力，缺乏智力，没有合力，这是他的失败根源。俗话说："一个篱笆三个桩，一个好汉三个帮。"项羽不懂识人、聚人、育人、任人、赏人、安人，像韩信、陈平这样突出的人才都跑到对手阵营去了，人才不断流失，连饱读诗书、极具智能的"亚父"范增也容不得，只靠一个人战斗。没有形成一个真正的团队，哪怕你是能拔山举鼎的"西楚霸王"亦是枉然。

刘邦和项羽争天下，一个靠团队的合力，一个凭一己之力。正因为此，屡战屡败的刘邦终于战胜了堪称"战神"级别的项王。

我也曾经到过安徽垓下古战场，到过乌江古渡口的霸王祠，深深体会到霸王别姬的悲苦。如果说，刘邦的《大风歌》是团队胜利之歌，是招贤纳士，再创辉煌之歌，那么，项羽的《垓下歌》则是个人英雄主义之歌，亦是失败的挽歌。垓下凄凉儿女曲，沉雄不是大风歌。

今天你唱什么歌，决定了你明天的得失成败。

美国友邦公司的销售代理团队中有一种"血缘模式"，即在月度前5名的颁奖典礼上，每一个获奖的代理人都要当众报出对自己帮助最大的代理人名字，在自己获得奖励的同时，公司还会再颁发一份礼物，给这个对自己帮助最大的团队伙伴。团队毫无芥蒂、精诚合作的传统也由此传承下来，从而成为凝聚整个团队的核心力量。在新时代，管理者在强化团队意识的同时，尤其要注重如友邦公司团队模式的创新，"凝聚全体人员，合理安排人手，依靠专业人才，培育领袖人物，清除滋事的员工"。

从歌风台下来，拜谒了天下原庙之首的汉高祖原庙，走过全国最大的仿汉商业步行街，游览荷叶田田的汉城公园后，我又回到歌风台刘邦雕像前。我重新细品只有三句共23个字的《大风歌》，发觉歌中包含了建功立业之心、奋发有为之志以及安邦定国之忧，雄豪自放，气势磅礴。轻声诵读，仍感余音不断，壮怀激烈。

《大风歌》，是刘邦的独唱，也是他带领团队走向成功的领唱，可称得上是流传千古的"中国好声音"。

药王孙思邈：
人命至重，有贵千金

【故地抒怀】

谒河南济源王屋山孙思邈墓

药王奇术早倾城，犹勒千秋百代名。
恒有一言须记取，人之所贵莫如生。

注：孙思邈（581—682），京兆东原（今陕西省铜川市耀州区孙家塬）人，出生于隋开皇元年，卒于唐永淳元年，活了102岁。他是我国乃至世界历史上著名的医学家和药物学家，历史上被人们尊为"药王"。

【现场感悟】

健康活着就是最大的成功

长命百岁，甚至修成不死之身，自古以来就是人类的梦想，许多人还以身践行——有多少皇帝是嗑丹药嗑死的？恐怕数不清吧。

可是，在1000多年前的隋唐之际，却有一位名副其实的百岁寿星，他便是有"药王"之称的孙思邈。这位无疾而终的老先生，一说活了102岁，一说活了142岁，都有一定的根据，虽有争议，但他至少活过百岁，应无疑问。

这位名满天下的"药王"如今长眠在巍巍的王屋山下,峰水环秀的大店河边,山花烂漫的小山村旁。

清明时节,樱花盛放,连片似雪,暗香浮动,满山清幽。在王屋山下,闻着空气中的芬芳,我想,"药王"不愧是"药王",连归藏之所的选择也特别适合养生。

孙思邈是继张仲景之后中国第一个全面系统研究中医药的先驱,是隋唐时期伟大的医药学家,被人称为"药王",是我国医德思想的创始人,被西方称之为"医学论之父"。他第一个提出针药兼用和保健灸法,是第一个麻风病专家,还发明了导尿术等,创下了一系列纪录。他勤奋好学,知识广博,著书立说,一生著书80多种,其中《千金药方》《千金翼方》被誉为中国古代的医学百科全书。

有趣的是,这位药王还是一位著名道士及养生学家,他将儒家、道家以及古印度佛家的养生思想与中医学的养生理论相结合,第一个提出"防重于治"的医疗思想,提出了"辨证养生"的哲学思想、"药食同源"的寓医于食论、生活在于运动的"调气论"、节欲知足的"自慎论"、多与少平衡的"适度论"、豁达养心的常乐"长寿论"、仁德与人的"益寿论"、妇女特殊的"保养论"、天地节令与人结合的"自然养生论"等,并预测和亲身实践了能"度百岁"的观点。

"初唐四杰"之一的卢照邻对"药王"长执弟子礼,十分恭敬,称孙思邈虽年已百岁,仍然耳聪目明,神采飞扬,堪称"古之聪明博达不死者"。这说明,孙思邈不仅高寿,而且健康。

"天下熙熙,皆为利来,天下攘攘,皆为利往",许多人一生都在为名利奔波,哪有工夫来"调气""养生"?及至撒手之时,才有觉悟,却悔之晚矣。

《中国企业家》杂志曾对国内企业家进行的"企业家工作、健康与快乐状况调查"统计结果,让中国的企业家们很是坐立不安:一些慢性疾病在企业经营者中具有较高的发病率,几种常见慢性病如高血压、高血脂、慢性胃炎等的患病比重还呈上升趋势。同时,调查结果显示,87.4%的企业经营者感到"压力很大"。因为压力大,企业家因心梗、脑疾猝死事件也屡屡发生。一个一个企业家离去的背后,都有"过劳死"的因由。

也许数据太枯燥,让我们看看以下冷冰冰的事实吧。

2006年1月21日,上海中发电气(集团)有限公司董事长南民因患急性脑血栓抢救无效,在上海浦东仁济医院去世,享年37岁;2004年4月8日晚,爱立信中国有限公司总裁杨迈,在连续忙碌几个星期后,去健身房健身,突然心脏病发作抢救无效毙命;2004年11月7日,均瑶集团董事长王均瑶,因患肠癌医治无效在上海去世,年仅38岁;2005年4月10日上午,著名画家、企业家、导演陈逸飞因上消化道大出血在上海突然去世,享年59岁;2005年9月18日,网易代理首席执行官孙德棣去世,年仅38岁……

据有关资料,在2010年1月到2011年7月的19个月里,知名上市企业中就出现了19名董事长、总经理级别的高管离世。在这19名逝者之中,因患病而亡故的比例最高,为12位,达到63%;因抑郁原因自杀离世的有4位,占21%;另外3位则系意外殒命。

我们在为作古的才俊扼腕叹息的同时,心中也响起了警钟:为何那么多的知名企业家英年早逝?

强烈的使命感、责任心和奋斗精神,让企业家们脱颖而出。但也因为身居要位,承担着企业发展甚至生死存续的重任,随着竞争愈趋激烈,企业家们往往需要花费更多的心血和精力来应对内外环境的变化,谋求眼前的实利和长远的发展。很多企业高管已经到了忘我的境界,甚至忽视了自己的生活节奏和身心健康。

另外,在市场竞争环境尚不完善的背景下,不少企业家不得不花费大量的时间和精力,去应对企业经营管理之外的各种应酬,喝酒、抽烟、熬夜等不健康的活动无法停止。由于平时不注重身体,直到生病了或者年纪大了,身体发出某些强烈不适的信号时,他们方才方寸大乱,临时抱佛脚,但往往多已错过了医治的最佳时机。

陆游曾提醒道:"世人个个学长年,不悟长年在目前。"不注重眼下的身体,不做好基础的保健养生,不做好有效的预防,哪里有什么招之即来的健康和长寿?

让我们回头再看看药王孙思邈,他之所以能活到百岁以上,是因为他早早就意识到了健康的重要性。他认为"命同朝露","人命至重,有贵千金"。在《千金要方》一书中,他把养生作为人实现其社会价值的唯一基础,提出人们要摒除名利、喜怒、声色、神虑、糟散,方能"信顺日跻,道德日全,不祈福而有福,不求寿而寿自延"。他高度重视食疗、养生、养老,终身不辍。

正是由于孙思邈通晓养生之术,才能年过百岁而视听不衰。他提出的许多切实可行的养生方法,时至今日,还在指导着人们的日常生活,如心态要保持平和,不要一味追求名利;饮食应有所节制,不要过于暴饮暴食;气血应注意流通,不要懒惰呆滞不动;生活要起居有常,不要违反自然规律等。

汤显祖说:"天地孰为贵?乾坤只此生。"中国工程院院士钟南山说:有了健康并不等于有了一切,没有健康就等于没有了一切。毕竟,健康地活着,才是最大的成功。

电影《活着》的最后一句台词曾令我感动很久:"你要好好活着!"

"药王"孙思邈给我们留下了丰富的中医药及养生文化遗产,我们没有理由不好好活着。

马倌金日磾：
封侯赐姓一胡儿

【故地抒怀】

过陕西兴平金日磾墓有感

执策槽头感至尊，胡儿爵禄动乾坤。
古来多少成功者，竭虑尽心务一门。

注：金日磾（公元前134—公元前86），字翁叔，是西汉时驻牧武威的匈奴休屠王太子，因父亲被杀，与母弟同随浑邪王降汉，被安置在黄门署养马。汉武帝因获休屠王祭天金人，故赐其姓为金。他是我国历史上一位有远见卓识的少数民族政治家。

【现场感悟】

立业还须先敬业

金日磾，这三个字读"jīn mì dī"，不知道他的人，大都会读错。

金日磾是汉武帝时期一位养马的官儿。我到兴平茂陵凭吊汉武帝时，也拜谒了他的坟墓。金日磾墓与霍去病、卫青、霍光、公孙弘之的坟墓一同拱卫着茂陵。汉武帝连死后都离不开他，你说这位养马的匈奴人厉害不厉害？

金日磾坟墓的封土规模不小，上植松柏，周围开满各种鲜花。这与茂陵及其他陪葬墓绿草茵茵确实很不一样，似乎要彰显他并不一般的身份和贡献。

汉武帝元狩二年（公元前121）开始，骠骑将军霍去病两次出兵攻击匈奴，大获全胜。匈奴休屠、浑邪二王及部属4万余人降汉，休屠王被杀，汉武帝封浑邪王为列侯。金日磾因父亲被杀，无所依归，便和母亲阏氏、弟弟伦随浑邪王降汉，被安置在黄门署养马，时年仅14岁。

在一次宫中游乐中，汉武帝注意到了牵马而过的金日磾，得知他是休屠王之子，便拜他为马监。由于他孝敬母亲，做事小心谨慎，从不越轨行事，深受武帝信任，之后被升迁为侍中、驸马都尉，直至光禄大夫，成为亲近侍臣。

后来，武帝病重，委托霍光与金日磾辅佐太子刘弗陵，并遗诏封其为秺侯，金日磾坚辞不受。一年后，金日磾卧病不起，在病床上接受了封号及印绶，次日逝世。汉昭帝为他举行了隆重的葬礼，将其陪葬茂陵，谥号"敬侯"。

由养马的仆役而至辅政的大臣，金日磾的际遇可谓世间少有。然而，这不光是凭他的运气，而是与他做事专注、敬业的品格有关。据《汉书》中载，金日磾养马，"马甚肥好"，故而能得武帝的欢心。他当官以后，更是以忠勤为务，"匡国家，安社稷，因权制敌，以成其忠"。这样的人，又焉得不成功？

同样，周朝的非子曾受周孝王诏，主管养马于汧水、渭水之间。非子受命之后，处处尽职尽责，不几年工夫，马匹大大增加，而且匹匹都雄骏无比，孝王每年来看都非常满意。为了表彰他的功劳，孝王封赐他几十里地，并号曰"秦嬴"，从此开创了秦人从游牧部落向国家形式过渡的新纪元，最后他的子孙嬴政横扫六合，建立了强秦，第一次统一了中华。

从养马开始，历经数百年努力，开辟帝王之业，非子和金日磾都是了不起的人物。

而在企业界，提到敬业，不禁想起一个日本人给我讲过的一个故事。

一个利用暑期到东京帝国饭店打工的女大学生被分配到厕所做清洗工

作。当她第一天伸手进马桶刷洗时,差点当场呕吐。勉强支撑了几天后,她实在难以为继,决定辞职。就在要走的时候,她发现一位老清洁工居然从清洗后的马桶里舀了一杯水喝下去。大学生看得目瞪口呆,但老清洁工却自豪地表示,经他清理过的马桶,是干净得连里面的水都能喝的!这个举动给她极大的震撼,此后,她不再以洗厕所为苦,却视为自我磨炼与提升的道场,每当清洗完马桶,总是躬身自问:"我可以从这里面舀一杯水喝下去吗?"

假期结束,当经理验收考核成果时,女大学生在所有人面前,从她清洗过的马桶里舀了一杯水喝了下去!这个举动登时震惊了在场的所有人。经理认定,这名学生正是他们需要延揽的人才。毕业后,这名大学生果然顺利进入帝国饭店工作。而凭着这股匪夷所思的敬业精神,37岁以前,她成为日本帝国饭店最出色的员工和晋升最快的干部。37岁以后,她步入政坛,得到小泉首相赏识,成为日本内阁邮政大臣。这位女大学生的名字叫野田圣子。

当然,也有反面教材。

在《西游记》中,曾在天上养过马的"弼马温"孙大圣,因为不满意官职太小,不但整天游手好闲,还偷桃闹宴,无所不为,最后大闹天宫,被如来佛祖压在五指山下长达500年之久——孙大圣曾经是一个不敬业的典型,当然,日后保护唐僧西行取经时,孙行者基本上已经改掉了这个毛病了。否则,如何成就得了斗战胜佛?

由此看来,成功者必然是敬业者,他们要么是爱一行干一行,要么就是干一行爱一行。如果工作是我们主动选择的,则应爱一行干一行;如果工作是被动得到的,亦要干一行爱一行。如果你已经在这个行业浸淫长久,深入其中,是什么职业都不重要了,正所谓"知之者不如好之者,好之者不如乐之者"也。

荀子有言:"锲而舍之,朽木不折;锲而不舍,金石可镂。"有敬业精神,方会全身心投入;有敬业精神,方可积健为雄,成就大业。

金日䃶,你可能不认得他,也不一定非要到他的坟头烧几炷香,但这个人及他的精神,值得我们记住。

画坛大师齐白石：从木匠到巨匠

【故地抒怀】

过星斗塘咏齐白石

丹青圣地有奇风，星斗塘前万籁空。

画外还余三绝技，寰中遍认一慈翁。

尤惊笔下鱼虾趣，已夺人间造化钟。

驰名未觉成垂暮，谁谶宗师出木工？

注：齐白石（1864—1957），湖南湘潭人。20世纪中国画艺术大师，世界文化名人。早年曾为木工，后以卖画为生，57岁后定居北京，晚年盛名。

【现场感悟】

衰年不妨变法

湖南省湘潭县白石镇杏花村星斗塘，是湘中大地上一个普通的小村落，风景却异常优美。一路行来，但见翠峰环绕，杂树生花，水塘潋滟，村舍俨然，仿佛是一幅徐徐展开的潇湘水墨画卷，令人心旷神怡。

一代艺术巨匠齐白石老人的故居即坐落于此。

白石故居建于清咸丰年间，属传统的湘中农舍格局，坐东朝西，土墙茅顶。齐白石生于南正房。他与陈春君结婚后，在此生活了36年。

故居南侧的星斗塘，是白石老人少时临摹鱼虾的地方。故居后的菜地，是他观赏蔬菜的处所。他热爱自然，喜爱恬静的农家生活，酷爱小动物，常观其态，形于胸，跃于纸。故他所画的白菜青翠欲滴，栩栩如生，画的鱼虾有"纸上鱼虾可做羹"之说。后人评论，老人以人物、山水，名重一时，尤以瓜果菜蔬花鸟虫鱼为工绝，与星斗塘故居有着割舍不断的关系。

白石老人与吴昌硕共享"南吴北齐"之誉。特别值得敬佩的是，57岁时的白石老人仍然有衰年变法的勇气。年近花甲，别的画家早已守成，门户守得严严密密，连只蚂蚁都休想钻进去，他却反其道而行之，一改轻车熟路的画风，去追求遥远和未知的艺境。

白石老人衰年变法，起因于他对自己的工笔画越来越不满意，他说："余作画数十年，未称己意，从此决定大变，不欲人知，即饿死京华，公等勿怜……"几经琢磨，他豁然悟出了"大笔墨之画难得形似，纤细笔墨之画难得传神""作画妙在似与不似之间，太似为媚俗，不似为欺世"道理，真正达到了外师造化、中得心源的自由之境。这种蟒蛇蜕老皮的苦乐也只有他本人最清楚："扫除凡格总难能，十载关门始变更。老把精神苦抛掷，功夫深浅自心明。"他在晚年时自己总结画虾的特点说："余之画虾，已经数变，初只略似，一变逼真，再变色分深淡，此三变也。"

一个"变"字，突出地说明了一代国画宗师勇于突破自己、衰年变法、大器晚成的传奇内核。其纯朴的民间艺术风格与传统的文人画风相融合，达到了中国现代花鸟画最高境界。

美术界普遍认为，齐白石要是只活到60岁，历史将不会记下他闪闪发光的名字。老人自己也认为，他70岁前后的画"方可一看"。这都说明衰年变法也是必要的，而且获得了极高成就。

其实所谓"衰年"，也是人生的"收获之年"。半生劳碌始有所悟所得，收获总结正当其时。60岁之于人生，就像水烧到了临近沸点，只要轻轻再加一把火,便可沸腾。可惜很多人,特别是一些老艺术家、老医药师、老教师、老工程师未明白这个道理。前半生积极探索,日积月累,退休后木然放手,一了百了,终其一生,未能创新自立,极为可惜。正如白石老人的衰年变法,已有坚实基础,更易水到渠成。放弃一壶即将沸腾的热水已是浪费,何况放弃即将成功的辉煌人生呢?这或许就是木匠与巨匠、凡人与圣人的差别。

墨守成规可以算作一笔既得利益,而求变创新必须承担风险。常人都喜欢沿袭不变,因为面对不变的工作和习惯的生活,很熟悉,不用动脑,不必费力,可以得到差不多的结果,而且责任不大。真要出了问题,只要守住自己的一亩三分地,也可安然无恙。但是,僵化不变的心态只能让人慢慢木然,知识慢慢老化,生活慢慢失去意义,就像一只温水中的青蛙。

企业如果一成不变,也早晚要被市场淘汰。

金佰利－克拉克公司是成立于1872年的美国老牌纸品企业。1971年,该公司的股票已跌至低谷,处于危险境地。首席执行官达尔文·E. 史密斯走马上任后,他和研究小组得出一个结论:传统的核心业务——铜版纸行业虽然竞争也不激烈,但也不景气,一定会走向平庸。企业要走向辉煌,必须变革。于是,史密斯做出了该公司历史上最不寻常的决定,破釜沉舟,卖掉所有的造纸厂转而经营消费品。当时,各种商业媒体称这一举措愚蠢之极,但史密斯毫不动摇。25年后,金佰利－克拉克在消费品的8个产品系列中有6个超越了宝洁公司。

百年企业突然转营新业务,这无疑就是企业界的衰年变法。现在,中国老字号企业经营困难的现象十分普遍和突出,谁能及早变法,创新发展,谁就可以擦亮品牌,赢得未来。

轻风吹过星斗塘,一条鱼儿跃出水面,荡起了一圈圈的涟漪,也激起了我心中的阵阵涟漪。我想起著名科学家苏步青先生的诗句:"丹心未泯创新愿,白发犹残求是辉。"也许,这就是白石老人的写照,也是鞭策我辈不息进取的寄语。

台湾佛光山：
人间佛教的东方乐园

【故地抒怀】

访台湾高雄佛光寺并星云大师

红尘踏遍未知还，教席研经两不闲。
誓拔人间千万苦，修持何必入深山。

注：释星云（1927年8月19日— ），江苏扬州人。俗名李国深，法号悟彻，临济宗第48代传人，国际著名佛学大师，其信徒常称之为"星云大师"，现任国际佛光会世界总会会长。主编《人生》《今日佛教》《觉世》等佛教刊物。著作等身，对佛教制度化、现代化、人间化、国际化的发展，居功至伟。

【现场感悟】

在经营中修炼

第一次现场听唱佛歌，是在台湾高雄佛光山。

那天，接待的知客师将我们请到客堂品茶。在袅袅的香烟中，一位尼师含笑领唱，众尼师随之和唱。一曲清唱，余音绕梁；一杯清茶，内心澄明。

我不禁感叹，佛家原来是可以这样接待客人的。

未到台湾高雄大树乡之前，我以为佛光山也许和大陆某些寺庙一般，建于名山深谷之间，圈地设门，明码收费，商业气息比佛门气息还要浓厚。参观完佛光山，我惊奇地发现，这里虽规模宏大，但宝相庄严，人流不息，秩序井然，一派祥和。而且，进门入室、礼佛抄经都不需要花费一分一毫。

佛光山是台湾规模最大、信众最多、最负盛名的佛教道场。星云大师于1965年开始率领弟子，一砖一瓦地建立起这个佛国净土，并设立了佛教大学，让此地同时兼具人间的热闹和佛国的祥和。时至今日，佛光寺已成为集佛教文化、教育、慈善、修持为一体，融合传统与现代的佛家乐园。

几十年来，星云大师的足迹踏遍了世界各地，于全球五大洲成立寺院及别院、分院共260余所。星云大师成立的国际佛光会世界总会，600多万会员遍及世界各地。星云大师致力于让佛教走向人间化、生活化、现代化、社会化、大众化、艺文化、事业化、制度化乃至国际化，使佛教成为世界了解中华文化的窗口，并为促进两岸交流做出了巨大的贡献。

尤其值得称赞的是，星云大师大力改革，弘扬"人间佛教"，摒弃以往那种佛教徒隔绝红尘、潜身于深山古刹的修行方式，讲求"入世间修行"，行的是"入世间法"，提倡佛教要与世俗社会紧密联系，佛教要大开"弘法利生"的方便之门，要用佛教来解决人生问题，佛教要为活人服务，成佛在人间，"人成佛成"。这些观点无疑具有非凡的现实意义。

由此，我想到了活跃在商界和佛教界的"佛商"们。大家知道，"佛商"已不仅仅是一个概念，而是当今商业社会中的一种客观存在。

所谓佛商，是与儒商、道商、易商相对而言的一类商家。从表面上看，佛商是指把"商"的职业和"佛"的智慧结合起来的企业家。但真正的佛商，应该是智慧之商、慈悲之商、快乐之商。他有明确的信仰、慈善的行动、智慧的见地、平和快乐的心态，在经营中修行，在修行中经营。诚如星云大师所言："管理，其实就是在考验自己心中有多少慈悲与智慧。管理的妙诀，首先须将自己的一颗心先管理好，让自己心里有别人的存在，有大众的利益；能够将自己的心管理得慈悲柔和，人我一如，以真心诚意来待人,以谦虚平等来带人,才算修满管理学的学分。"

星云大师又说:"有菩提心,行菩萨道,即是菩萨。"因此,广义的佛商,是指有慈悲心、公益心的商人。即便该企业家并不声称信佛,但只要他热心公益慈善事业,善待客户、员工,有超脱的商业智慧,我们也不妨称他为"佛商"。

凤凰卫视的掌门人刘长乐先生就是这样一位佛商。外人很难知道他与佛结缘始于何时何因,但许多人知道他长年随身携带一尊布袋和尚的塑像。他说:布袋,也是"不带",说的就是放下。他每见到佛像都要敬拜,往功德箱里捐点钱。2007年1月11日,刘长乐以凤凰卫视董事局主席兼行政总裁的工作身份,又以佛教徒的个人身份,来到佛光山与星云大师进行对话。话题从"凤凰与佛的缘分""包容的管理哲学"一直到"和谐社会"。刘长乐说:"'凤凰'讲和美,佛教讲慈悲,有着同样的精神核心。"他认为,"儒教治世,佛教治心,道教养身"。佛教不仅能为中华民族提供和谐振兴的动力,也可为渐趋刚性的西方文明带来清新祥和的活力。当此之时,把佛教中兴放在历史的、现实的和它与中华文化深远关系的角度去考量有着非同一般的意义。这既是传统文化复兴的需要,也是因应时代变迁应该汲取的力量。

佛家的随缘、放下、平等、正觉、清净、自在等诸般妙识以及因果思想,对净化企业和社会道德环境、净化人心、杜绝腐败和不正之风、改善人际关系、减少心理压力、祛除心理疾病等方面都有着正面和积极的意义。这可能就是星云大师"人间佛教"的理念风行商界的妙谛所在。

唐代一个著名的尼姑曾作禅理诗一首:"终日寻春不见春,芒鞋踏破岭头云。归来偶把梅花嗅,春在枝头已十分。"春并非无存,是视而不见,见有未觉,因而疏忽。同样,"佛"其实就在我们身边,在我们心里,在我们的日常生活中,在我们的言行举止中。

真正的修行不在山上,不在庙中,不在西天,不离红尘。作为经商人士,要在工作中修行,在生活中修行。当工作和生活出现了难题时,不少人总觉得我们的修行被打乱打断了。实际上,困难和矛盾正是我们修行的道场。试问,没有逆境和困难,我们如何修行磨炼?通过修行磨炼,终可遇见更好的自己,遇见更好的世人。

小仙翁葛洪：
学贯百家，惠泽天下

【故地抒怀】

谒广东惠州罗浮山咏葛洪

源流百世信求真，得道罗浮不浣尘。
九转丹炉崇实证，几开药鼎济生民。
望中云鹤思高举，世外宗师许再亲。
若未谦谦持诺奖，屠妪能知有几人？

注：葛洪（284—364），字稚川，自号抱朴子，晋丹阳郡句容（今江苏省句容市）人。三国方士葛玄之侄孙，世称"小仙翁"，著名炼丹家、医药学家，于治术、医学、音乐、文学等方面亦多有成就。曾因军功被封为将军、关内侯，后隐居罗浮山炼丹，采药济世。

【现场感悟】

企业家应自赋使命

2011年北京保利春季拍卖会上，元代王蒙的名作《葛稚川移居图》

以4.025亿元成交,仅次于以4.368亿元成交的黄庭坚书法作品《砥柱铭》,成为国内第二高价的古代书画作品。

《葛稚川移居图》画的是东晋著名道士葛洪携子侄移居罗浮山炼丹的故事。此图山峦起伏,层岩叠嶂,无论山石、树木、人物,均画得一丝不苟。画中的葛洪身着道服,手持羽扇,正牵鹿渡桥。下面房舍几间,庭前草树丛密,溪上小桥横卧,将两处屋舍连接。中部山路曲折,溪水潺潺;上部山峦叠起,瀑布飞下,反映了当时士人对于隐居的希冀。

我有幸在广东省博物馆观赏到这幅名画。驻足十多分钟,对它的全景构图古拙可爱、笔法灵动与用色考究,留下了十分深刻的印象。也由此,我对罗浮山有了新的认识,对葛洪有了新的兴趣。

后来,有机会重上罗浮山,我专程寻访了葛洪的遗踪。

穿过山脚下白莲湖蜿蜒曲折的桥廊,来到罗浮山七大洞天之一的朱明洞。洞天中泉水淙淙,古木森森,鸟语花香,寺院众多,是块清静幽雅、超尘脱俗的风水宝地,素有"神仙洞府"之说。

传说,葛洪曾在此修道炼丹,炼丹炉遗存如今仍在。葛洪80岁时,携妻子鲍姑同服自炼金丹,双双羽化成仙。仙逝后所遗的道袍幻化出成千上万的彩蝶翩翩起舞,聚集于云峰岩,成了蝴蝶洞天。

葛洪的经历丰富,名气很大,在医学、药学、道学、儒学、文学甚至音乐等方面均颇有建树,著作宏富。不论是在东晋,还是在中华五千年文明史中,他都算得上一位奇才。他的头衔有一大堆:伏波将军、关内侯、文学家、理学家、化学家、炼丹家、医药学家……每一个头衔都名副其实——这足以令那些将名片折上几折、写满各种头衔的所谓"名家"汗颜。

而我最敬佩葛洪的,是他"医药学家"这个头衔。

英国剑桥大学学者、以《中国科学技术史》闻名的李约瑟称葛洪是中国古代"最伟大的博物学家和炼金术士"。"炼丹术"的另一重要贡献是在医学方面。李约瑟认为,"整个医药化学源于中国"。而葛洪,则是其中不可或缺的关键人物。不少专家指出,"葛洪在罗浮山的13年,是他一生中最有成就的13年"。葛洪在罗浮山的工作,除了修道炼丹,主要就是行医采药,著书立说,编写教材,培训老百姓,让他们学会为自己看病。

由于少年丧父,葛洪生活在社会底层,以砍柴为生。看到穷苦的人家看不起病，或因地处偏僻请不到医生而命丧黄泉，他深为同情，从小便立下拯救天下贫困百姓的宏愿。

光有理想当然不够，葛洪还自赋使命，身体力行，造福社群，通过使命实现愿景。

他认为，《黄帝内经》等历史名著所述的诊疗系统非常复杂难懂，不适用于劳苦大众和穷乡僻壤。因而他在收集和研究各种药方、为民治病的同时，另行设计出了简便易行的有效医方，以应穷人和偏远山村的需要——这就是著名的《肘后备急方》。

"肘后"意即可以把它藏在肘后衣袖之内，随身携带，以便紧急诊疗时，能随时取出参考应用。从这个意义上来说，《肘后备急方》可以说是中国最早的"临床诊疗急救手册"，也是在民间普及中医药知识最早的教科书。在该书序言中，葛洪说明编撰此书的目的就是"备急"之用，所记方药"率多易得之药，其不获已，须买之者，亦皆贱价草石，所在皆有"。《肘后备急方》对缺医少药的乡村穷人提供了很大的便利和帮助，一时大受民众欢迎。

比如，在灸法方面，葛洪用深入浅出的言语，注明了各种灸法的运用办法，只需澄清灸的尺度，不懂得针灸的人也能运用。

后世把葛洪的医疗技术高度概括为"简便验廉"四个字，他的医疗思想和技术方法对中医的发展起了很大影响，泽被万世。2015年获得了诺贝尔生理学和医学奖的屠呦呦，就是从葛洪的《肘后备急方》得到了启发："青蒿一握，以水二升渍，绞取汁，尽服之。"

不论葛洪的其他成就，单此一项，他用"简便验廉"的方式，将医药带进千家万户，解除痛苦，挽救生命，实现了自己的愿望，就是一个伟大的成就。

作为一个人，一个企业，谁没有梦想？谁没有愿景？

但是，如果光有愿景，而不能像葛洪那样自赋使命的话，在现实中，大部分梦想最终都会变成空想。假如葛洪不注意方法，他的医学专著晦涩难懂，怎能实现救助普通黎民的目标呢？

愿景是企业将来的目标，而使命告诉企业如何才能达到那个目标，是企业对自身和社会发展所做出的承诺，是公司存在的原因和依据。这个道理虽简单，但在我接触过的企业里，大多对此的解释很模糊。

我曾问过不少老板："公司的愿景与使命是什么？"回答五花八门，最多的答案是"以人为本""诚信经营""顾客是上帝"等放之四海也皆准的说法，还有"质量是生命"等高尚而无差别的话。这些说法，也有很多企业制作成标语挂在公司显眼的位置。美国通用公司的韦尔奇曾对此评价道："大凡正派的公司都无一例外地赞成这些品质，坦率地讲，所谓诚信是参与商业游戏的基本要求，如果你连这一点都做不到，恐怕早就被封杀出局了……又有哪家优秀公司不重视质量和服务，或者不以顾客为焦点呢？"

愿景和使命不是为了挂在墙上展示，而是企业骨子里真正坚信的东西。良好的愿景和使命绝不是千篇一律的概念，而是能让员工切身感受到它的存在、指引企业往何处前进的具体想法。它不是套话，也不故作高深，犹如《肘后备急方》一样，让每一个普通人都能明白并轻易使用。

比如，宝洁公司的使命是"提供名优产品，真正改变客户的日常生活"，微软的使命是"让每一张桌子上、每一个家庭中都有一台计算机，都使用微软的软件"，沃尔玛的使命则是"给普通百姓提供机会，使他们能与富人一样买到同样的东西"，福特公司的愿景与使命则显得朴实无华："让每一个家庭都拥有一辆汽车"。

企业如果没有清楚的使命，难以走远。马云说："我们不断地强调使命和愿景，有的人讲阿里巴巴给大家洗脑，其实错了。在信息开放的今天，还有几个人能真的被洗脑？员工相信阿里的使命和愿景，是因为我们真正激发了员工内心的动力。愿景和使命碰在一起，会像化学反应一样，激发出强烈的火花，点燃人们的内心，大家觉得做这件事情有意义，才会努力做下去。"

像葛洪一样，马云是一个自赋使命的企业家。马云说："我们不是普通的民营企业，也不是国有企业，我们把自己定位成中国的'国家企业'。今天的中国经济，因为阿里有了一点点的变化，我们希望通过十年的努力，世界经济因为阿里的电子商务，也能够发生变化。"

自赋使命，而不是因为别人的强加，才能让人和企业走得更远。只有自我的承诺，在奔向目标的过程中才会有不竭的原动力，才能发挥自己最大的能量。须知，是自赋使命而不是"天赋使命"，才让释迦牟尼、耶稣用尽毕生心血向人们传授自己的真知灼见，成了人类精神上的领跑人。

不知不觉，我走到洗药池旁。传说，这是葛洪和他妻子鲍姑平时洗制所采集中草药的地方。池边有一苍劲巨石，石上有清末爱国诗人丘逢甲的题诗："仙人洗药池，时闻药香发；洗药仙人去不返，古池冷浸梅花月。"洗药池另一边，还有一通石碑，上书"青蒿治疟之源"，这是屠呦呦于2011年获得医学科学领域最重要的奖项——拉斯克奖后所立。

正在此时，老妈打来电话，说家里的罗浮山百草油快用完了，让我买两瓶回去。

我笑了，我知道，百草油由葛洪创制，至今还广受欢迎，老妈去哪里都要带在身边。不带两瓶回去"睇门口"，老妈肯定不让我入家门口。

霸主楚庄王：
一鸣惊人的大鸟

【故地抒怀】

探湖北沙洋县楚庄王大冢

问鼎思高蠹,开疆辟楚风。
崇陵春草绿,岁岁绕飞鸿。

注:楚庄王(？—公元前591),又称荆庄王,春秋时期楚国国君,"春秋五霸"之一。自谓"三年不飞,一飞冲天"。后称霸中原,威名远扬。

【现场感悟】

一飞冲天凭什么？

从古纪南城北行进入沙洋县境内的纪山镇,但见田野尽处是山丘,山丘之上有寺庙,寺庙后面遍布密林和湖泊。密林和河湖之间,一个个封土堆散布其中,这就是大薛家洼楚墓葬群。

雨后新晴,踏着泥泞,我们走上小山岗,只见森林茂密,松涛阵阵,野花簇簇,芳草萋萋,环境清幽之至。然而,由于枝叶过于繁稠,置身其中却难以窥见全貌，只能依稀见到正南处排列着 2 座大冢，大冢北面整齐排列着 40 余座小冢，东西两边有宽阔平坦的祭坛和五级台阶，气势不凡。

我来到大土堆前，看见技术人员正指挥几个农民在土堆上挖坑埋线，安装监控系统。林中栖息的鸟儿见到来人，既不鸣叫，也不飞走，一点也不怕生。一只貌似头鸟的家伙还直接飞到新装的监控设备上，十分淡定地看着众人。

考古专家认为，此大冢即为楚庄王陵。

楚庄王，楚国国君，"春秋五霸"之一。史载，楚庄王刚即位时，楚国国力不强，而他也整日打猎喝酒，不理政务。大夫伍举看不过眼，入宫对楚庄王说："有人让我猜一个谜语，我怎么也猜不出，特此来向您请教。"楚庄王一面喝酒，一边问："什么谜语，这么难猜？"伍举说："谜面是'楚京有大鸟，栖上在朝堂，历时三年整，不鸣亦不翔。令人好难解，到底为哪桩？'这只鸟究竟是什么鸟？"楚庄王听了，心中明白伍举的意思，笑着说："我猜着了。它可不是普通的鸟。这只鸟啊，三年不飞，一飞冲天；三年不鸣，一鸣惊人。你等着瞧吧！"伍举明白了楚庄王的意思，便高兴地退了出来。

后来，楚庄王果然振作起来。公元前 597 年，晋楚之战，楚获大胜，威震九州，庄王建筑高台，邀请诸侯来此聚会，诸侯共推庄王为盟主。此后"远者来朝，近者入宾"，庄王威望日重，楚国国势日强。

庄王所谓的"三年不飞"，其实是谋定而后动，在默默地积蓄力量，做好准备。一旦准备工作完成，便可"一飞冲天"，威震四方。

中国传统文化向来讲究积厚成器，正所谓"不积跬步，无以至千里；不积细流，无以成江海"也。在悄无声息中积蓄力量，是韬光养晦的过程。

2016—2017 赛季，广东东莞银行队获得了中国篮球职业联赛（CBA）第二名，"菜鸟"后卫赵睿获得了人们的认可，甚至有球迷将他封为广东队的"新男神"。

赵睿在接受专访讲述自己处子赛季的成长与收获时说道，自己小时候练篮球是为了减肥。成为国家青年队主力，在职业联赛第一年即打出了强硬的表现，算是无心插柳。作为职业球员，他认为"下一个入球最精彩"，因此要时刻做好"下一个我上"的准备。因为伤病,有很长一段时间没有参加训练,也没有比赛,他曾经变得十分沮丧,难以入眠。教练提醒他道:"只有认清自己的现实和位置,踏踏实实训练,你才能厚积薄发。"领会了教练的话,对自己有了新认识,他开始调整自己,以全新的状态投入训练,加强与队友之间的沟通,在每一场比赛中全力以赴、终于,赵睿在自己的第一个赛季就做到了"一鸣惊人"。

机遇从来都是垂青那些有准备的人。只有不急功近利,潜下心来,耐得住寂寞,善于学习,善于积累,善找机会,才能凭着过硬的本领脱颖而出。

柳传志说:"所谓浮躁,就是恨不得把长跑变成短跑,恨不得立刻就能取得什么成就,那不是没有可能,但一定是极少数,成功大都是日积月累的结果。"中国的大飞机项目、蒙牛乳业集团的成功以及苹果公司的发展无不印证着同一个道理。

2017年5月5日,中国首款按照最新国际适航标准研制的干线民用飞机C919在上海浦东机场首飞成功,万众瞩目,一飞冲天。

中国的大飞机梦做了很久,曾经一度中断。2017年,相距C919项目的启动,已经过去10年,距离"运-10"项目已经过去47年。通过C919的设计研制,我国掌握了民用飞机产业5大类、20个专业、6000多项民用飞机技术,带动新技术、新材料、新工艺群体性突破,用几亿件衬衫换回一架飞机的历史正在改写。

蒙牛乳业集团是牛根生一手创办起来的民营企业。牛根生于1999年离开伊利,创立蒙牛,只用了短短8年时间,便使蒙牛成为全球液态奶冠军、中国乳业总冠军。有人认为,蒙牛从无工厂、无市场、无奶源的"三无"企业到"全球样板工厂""国际示范牧场",迅速膨胀,一头"牛"却跑出了火箭的速度,实在是商界的奇迹。

不过,如果我们将时间回放,便可发现,1978年参加工作时,牛根生是一名养牛工人。他于1983年进入乳业工厂,从基层干起,直至担任伊利集团生产经营副总裁。这是一个一步一个脚印走向成功的励志故事。蒙牛的成功,可以从1999年算起,但牛根生的积累,应该从1978年算起。没有牛根生的积累,能有蒙牛的飞速发展吗?所以说,"蒙牛奇迹"

不是天上掉下的馅饼，而是积少成多、积弱成强的艰辛过程。

除了蒙牛，我们还可以看看苹果公司的案例。乔布斯于2007年1月9日发布了iPhone智能手机，一经推出便引起了全球市场的疯狂热捧。可是，你是否曾关注到，自2001年推出iPod掀起了音乐播放器革命浪潮以后，苹果公司在整整7年之内并没有什么新产品问世。不鸣则已，一鸣惊人。苹果智能手机横空出世，向世人交出了一款传奇的产品，亦回答了大家的疑问。

没有长修，何来顿悟？没有厚积，何来薄发？没有深藏不露，何来一飞冲天？赵睿能认清自己，有针对性地训练，因此在第一个职业赛季就"一飞冲天"；牛根生从养牛开始，熟知奶业生产经营各个环节，水到渠成，自然"一飞冲天"；苹果潜心研发，矢志创新，因此它七年不飞，"一飞冲天"；中国的国产大飞机C919项目因为坚持不放弃，众多关键技术获得突破，十年过后，直冲云霄。

从某种意义上说，大多数企业家的起跑线都差不多，但关键是，你准备多久了？你准备好了吗？

武汉古琴台：
千古令人说破琴

【故地抒怀】

游武汉古琴台有感

流水高山一曲倾，论交生死意难平。
时人莫怨知音少，弦下何曾寄性情。

注：古琴台，又名伯牙台，位于武汉市汉阳区龟山西麓，月湖东畔，是为纪念俞伯牙弹琴遇知音钟子期而修建的纪念性建筑。

【现场感悟】

知音难觅何用觅？

"势利交怀势利心，斯文谁复念知音？伯牙不作钟期逝，千古令人说破琴。"

这一首古诗，说的就是俞伯牙弹琴、钟子期知音的故事。而传说中偶遇和断琴的遗址就在武汉市汉阳区的古琴台。

从美丽的月湖畔拾级而上，依山而行，登上位于龟山西麓之上的古琴台，但见庭院清幽，画廊曲折，翠竹青青。从琴台北望，则汉阳形胜，月湖秀丽,尽收眼底,风景独好。

信步浏览,琴台各处题字,多是名家力作。大门之上"古琴台"三字为清人杨守敬手书,照壁上"印心石屋"四字是道光皇帝御笔,廊院中心汉白玉方形石台即为伯牙抚琴的遗址。台上中心四方形碑体上"琴台"两字相传为北宋著名书法家米芾手迹,颇值一观。

说实在话,古琴台不太大,但设计精巧,布局合理,加上故事动人,千载流传,引人神思飘荡,洗涤性情,可谓意境宏大,景致独特。

"高山流水"的故事,相信每个人都已经耳熟能详了。《列子·汤问》里说:"伯牙鼓琴,志在高山,钟子期曰:'善哉,峨峨兮若泰山。'志在流水,曰:'善哉,洋洋兮若江河。'"这就是千古传说的知音之遇。

也是从那时开始,知音难觅的慨叹不绝于耳。

然而,人们可能未注意到,钟子期不是俞伯牙"寻觅"得来,而是"主动送上门"来的。俞伯牙的琴弹得好,终归有知音欣赏。钟子期不来,"李子期""赵子期"亦会来。但假如俞伯牙的琴弹得并不那么动听,还能得到钟子期的理解和赞美并引为知音吗?

因此,要找到知音,首先自己要"弹得一手好琴",把一首曲子弹得呕哑啁哳,却还穷嚷着"知音难觅",没准让人笑歪了嘴。

"莫愁前路无知己,天下谁人不识君。"这是唐代大诗人高适送给好友董大的名句。被高适安慰的董大最终有没有成为人生的大赢家,今人难以知晓,但安慰董大的高适是一个50岁才考中进士的"苦孩子"倒是人尽皆知的。他早期的职业生涯曾很不得意,但他逆转困境,最终得到唐玄宗赏识,反倒成为在仕途发展得最为顺畅的唐朝诗人之一。如果不是高适在政治、经济、军事上比一般人高明,甚至具有专业水准,名将哥舒翰就不会看上他,唐玄宗更不会重用他。高适的经历很好诠释了"自强才有知音"这一道理。

鲁迅先生笔下有一种"恨恨而死"的人,他们满腹牢骚、一腔怨言,整天说些"怀才不遇"的话。先生质问他们:"四斤的担子,你能挑么?三里的道,你能走么?"不知这些人可曾扪心自问:"如果真的给我机会,我能做什么?我这个样子,真能有知音欣赏么?"

网络上曾经流传"任正非著文,柳传志知音"的故事。任正非写了一篇文章——《我的父亲母亲》，真情流露，十分感人。柳传志读了后，自认是任正非的"知音"，他说："我认真读这篇文章，是因为深深引起了我的共鸣。我和他是同年出生的人，我们的出生背景有所不同，但是上一辈在政治上受到的磨难和考验几乎是相同的……和任正非一样，我们能以身作则地把企业利益放在个人利益的前面。追根溯源，是我们的父辈给我们打下了如何做人的基础。"

柳传志引任正非为知音，是因为他们相同的出身，相似的经历和感受，还有他们相同的社会责任感。有了这些条件，你也可能会成为任正非的知音。

浙江金义集团是由农民出身的陈金义于1990年创办的。当年陈金义一举收购了上海6家国有商店，成为改革大潮中第一位收购国有企业的民营企业家，一时间轰动全国。然而随着企业的发展，人才跟不上的问题让董事长陈金义头疼不已，与自己一道创业的兄弟姐妹没有多少文化，但在企业内部又都担任着要职，这严重地阻碍了企业现代化转型升级的步伐。

为此，陈金义举起了打破传统家族体制的利斧，实行职业经理人制度。1994年进入金义集团的陈义平，开始任车间主任，后逐渐任副厂长、厂长，再调往金义四川涪陵子公司出任总经理。正是这位年轻的职业经理人将金义集团推向了国际，收购了新加坡上市公司"电子体育世界"，使金义集团成为国内首家在新加坡借壳上市的企业。

得到陈金义的赏识，陈义平也走向了成功。从某种意义上说，陈金义就是陈义平的知音。正是他的信任与欣赏，才让陈义平的才干有了如鱼得水的发挥，进而推动了整个金义集团的快速发展。

但是，假如陈义平是一个平庸的人，陈金平还会认可他是知音知己么？

所以，当你在一味埋怨缺少知音的时候，不妨也反省一下自己的琴弹得足够好吗？自己的才能、业务、修养、品味如何？上级、同事、伙伴能够懂得自己、理解自己和支持自己吗？

你若盛开，蝴蝶自来。欲求知音者，练好"弹琴"功。志大才疏而妄言知音难求者，迟早会成为别人的笑柄。如果你是俞伯牙似的弹奏圣手，像钟子期这样的知音自然会千里相投，不用苦苦追寻。

盲人阿炳：
此曲只应跪着听

【故地抒怀】

过江苏无锡阿炳故居

又访雷尊殿，烟霜画壁侵。
二泉犹映月，一曲最盈襟。
莫笑贫中瞽，来听世外音。
弦间真善美，依旧动人心。

注：阿炳（1893—1950），原名华彦钧，正一派道士，民间音乐家，因患眼疾而双目失明。他的故居为江苏省无锡旧城区中心的原雷尊殿道馆，他不仅出生于此，逝世于此，其传世名曲《二泉映月》也创作于此。

【现场感悟】

艺术升华商业

来到无锡崇安寺老图书馆广场，老远就看见一座雕塑：一个老人，戴顶破毡帽，衣衫褴褛，却专注地拉着二胡，仿佛忘了他周围的世界、他的贫困与哀愁。在9月的阳光下，他的身影是那么孤单，却又是那么执着。我观赏良久，内心生出一种深深的感动，为他的贫寒和富有，为他的弱小和伟大。

这位老人，就是阿炳。雕塑后面，就是阿炳纪念馆。

未入纪念馆门口，已经听到《二泉映月》那忧伤的旋律从里面漾出，走进门里，音乐声越来越清晰。低诉的二胡如山泉般一点一滴浸润着我的肌肤，漫过我的五脏六腑。我闭上眼睛，沉浸在这东方的"命运独奏曲"里，听到了悲苦、愤懑、呜咽、挣扎、叩问和呐喊，还听到了奋发、希望和光明。

一曲未完，止不住热泪盈眶。

怪不得日本著名指挥家小泽征尔在中央音乐学院第一次听到《二泉映月》时也泪流满面，他虔诚地说："这首曲子只能跪着去听。"

旁边低矮斑驳的老屋，就是阿炳的故居。一顶破旧蚊帐，一片单薄的竹床，一只青瓷瓶子，一些碗盆，一盏油灯，一个提箱，一把二胡，一把琵琶，一堆破烂衣物——唯此而已，这些就是阿炳当年的全部家当。

阿炳自幼跟随当道士的父亲华清和练习音乐。16岁时已成为无锡道教界出色的乐师。35岁时双目失明，人称为"瞎子阿炳"。由于社会动乱，贫穷潦倒的阿炳开始了流浪艺人生涯，到死都没脱离饥寒交迫的生活。就这么一个普普通通的民间艺人，却留下了《二泉映月》等扣人心弦、流芳百世的乐章。

双目失明、颠沛流离、衣食无着、贫病交加，这些都没有阻挡阿炳那发现美和感受美的心灵，以及挑战命运的勇气。《二泉映月》荡气回肠、充溢天地的气韵，是他向命运的叩问，是他对美的诠释。

发现并诠释音乐的美，让阿炳有限的人生得到无限的延续。

拒绝浮华，过滤粗糙，从日常生活中发现美、感受美、表达美、升华美，是每一个热爱生活的人所追求的。而人在审美的过程中，会表现出强大的精神意蕴与旺盛的生命力。

这种强大的精神意蕴与旺盛的生命力，同样也是企业家经营事业的一种境界。有人曾说："没有审美力是一种绝症，知识也救不了。"就审美而言，大多数企业家并不当回事，因为粗糙的商业让人的心灵变得扭曲，他们的审美功能逐渐衰竭了。

早年，张瑞敏曾到欧洲考察市场，在一个普通的居民家里，见到某一著名品牌电水壶，他请用户将之与海尔的产品做比较时，女主人却指着这款名牌电水壶说："这是一件工艺品。"

这件事给张瑞敏的震动很大，他明白了欧洲人对工业用品的消费主张——"生活的艺术化"，也明白了我们的产品理念和功能意识的差距在哪儿。

已故美国苹果公司总裁乔布斯就是"生活艺术化"的大师，他用心灵感受美、用心思设计美、用工业制造美、用产品展示美。

在许多人眼里，"苹果产品＝艺术品"，"乔布斯＝艺术家"。乔布斯就是用他的美感主义哲学影响苹果公司的员工，使"苹果"几乎成了"完美"产品的代名词，使苹果公司赢得了巨大和持续的成功。

在产品设计上，乔布斯有着无可挑剔的品位和审美。苹果公司的设计师伊万里斯特曾这样说："iPad 就是一个完美的例子。这些看似简单的模板是从世界一流设计公司精心设计的几百个作品中筛选出来的。乔布斯每周都会让我看一大堆不同的设计方案，几乎将所有方案驳回，除了那一个或两个。即使那些免于被驳回的一两个方案，也还需要我们做大量工作，才能让它们变得更加完美。"乔布斯之所以有追求完美的创意思想，与他个人"美的修养"是分不开的。

可以说，凭借科技和艺术的合力，让乔布斯登上世界之巅。苹果公司之所以能赶超 IBM，吞噬华硕、宏碁和联想的市场，很大程度上是因为苹果公司优秀的审美基因。许多企业被苹果这样的公司打得晕头转向，根源在于它们没有相应的艺术修养。

博洛尼家居用品有限公司董事长蔡明说，他刚进橱柜业的时候，论品牌，比不过大公司；论成本，拼不过浙粤无数制造成本低到吓人的小作坊；再加上又不是"富二代"，没钱可砸。成功靠什么？只能靠设计和审美。酷的元素是什么？静的色彩元素是什么？青春的设计曲线是什么？什么样的女人喜欢珠珠蕾丝？什么样的女人喜欢黑白线条？什么样的男人喜欢女人喜欢的东西？……这些，他比大品牌和小作坊都有更深刻的了解。

没艺术算活着，有艺术叫生活；没艺术叫产品，有艺术叫作品。用心的企业家总是能从美的艺术中汲取营养，有的企业家本身就是艺术家，商业人生也可以是艺术人生。艺术滋养人生，将艺术注入产品和服务，促进产业的艺术化和文化的产业化，产品、企业、产业都将更上层楼。

没有资金、人才，可以去寻找；没有市场，可以去开拓；但假如没有审美情趣，没有艺术审判能力，企业家和企业都注定变得平庸。

对于著名的"钱学森之问"——"我们这么多年培养的学生，还没有哪一个的成就，能够跟民国时期培养的大师相比。为什么我们的学校总是培养不出杰出的人才？"中国科学院副院长、中国科学院大学校长丁仲礼院士认为：科学和艺术联姻才能诞生大师，因为科学和艺术，是事业和人生腾飞的两个翅膀。

在商界，也同样值得我们追问：如何产生乔布斯那样的大师？丁仲礼院士的话，是否能让我们有所醒悟？

走出阿炳纪念馆，因为他的音乐，因为他的生活，我感觉灵魂仿佛被洗过一般，格外的纯净与澄明。走进阳光里，走到阿炳的雕像前，我向他深深鞠了一躬，感谢他，让我有如此特别的体验。

公子扶苏：被改写的命运

【故地抒怀】

谒陕西榆林绥德县疏属山秦太子扶苏墓

厚德仁风四海亲，奈何矫诏绝君臣。
当时假使能承祀，天下何由苦暴秦。

注：扶苏（公元前241—公元前210），秦始皇长子，是秦朝统治者中具有政治远见的人物，反对实行"焚书坑儒""重法绳之臣"等政策，被秦始皇贬到上郡监蒙恬军。秦始皇死后，赵高等人害怕扶苏即位执政，便伪造诏书，逼其自杀。

【现场感悟】

交接班是难题，也是机会

谒扶苏墓要经过绥德县的无定河。在无定河畔，我想起"可怜无定河边骨，犹是春闺梦里人"的著名诗句，虽然陈陶说的是唐朝的事儿，但用在差点成为中国历史上第二位皇帝的扶苏身上，别有一番滋味在心头。

在下午太阳没那么毒辣的时候，我独自走上疏属山。正一边走一边叹息，耳边突然传来一阵喧闹声，抬眼一看，原来山顶有一个小广场，一群大妈大叔聚集于此，有说有笑。我问其中的一位大妈：

"扶苏墓，您知道在哪儿吗？"

大妈摇摇头，一脸茫然。我用手比画着："他老爸是中国第一位皇帝——秦始皇。"大妈笑了，用手往东边指了指。

顺着大妈所指的方面，片刻工夫，就来到了被层层民居包围的扶苏墓。但到了地方才发现，除了一块"秦扶苏墓"石碑和一个大土堆外，实在没什么特别可看的。

正值夏日的傍晚时分，天气异常闷热。看见土堆上有一亭子，便擦把汗，一步步走上亭子去。

站在亭子上，却仍然没有一丝风，连晚霞都一动不动地贴在天边，像是画上去的一样，若不是晚霞下广场上那些大叔大妈们的身影，我还以为历史的天空在此凝固了。

"秦始皇"——嬴政起这名字，用现在的话讲，当然是想打造万年企业的。"朕为始皇帝。后世以计数，二世三世至于万世，传无穷。"他也十分明白，决定秦帝国这艘巨轮能否长久前行，交接班显然是头等大事。

当时，秦始皇有20多个儿子，大部分都在重要部门任职，但他最为看重的，只有长子扶苏和少子胡亥，这两人在"公司"里是最有能力、最有地位、最有可能的继承者。扶苏身为长子，"刚毅而武勇，信人而奋士"，"百姓闻之贤"。嬴政考虑再三，又征求"董事会"（诸大臣）的意见，便想立扶苏为皇太子，准备让他接替"董事长"的位子。据说，嬴政为了能让自己死后扶苏如愿接自己的班，不惜将扶苏和胡亥之外的所有儿子都杀掉了。

但扶苏的表现却让嬴政很失望。在"公司"里，他处处与老爸对着干，老爸几乎所有的决策，他都加以反对。老爸要严苛治"企"，他却要仁德服人，甚至站出来"以数直谏上"。这种行为虽为他赢得了仁德、贤明的名誉，却令老爸大为光火。

作为掌门人，嬴政虽然大动肝火，但他仍然清醒地知道应该让谁接班。只是这个儿子有"妇人之仁"，应让他到基层去锻炼锻炼，体会一下"企业"的成长仅仅靠"仁德"是远远不够的。于是，他让扶苏到帝国的边疆体验生活，在绥德一带担任一个"部门经理"的小职位。

这时候，不幸的事情发生了。嬴政在"公司"考察途中生病了，而且很严重。临终前，他忙令"秘书"赵高写遗诏给扶苏，让扶苏赶快回咸阳主持丧事并继承"公司"大业。但在嬴政死后，"秘书"赵高伙同他人，威逼"总经理"李斯篡改遗诏，另立胡亥为接班人，同时伪造一封诏书，赐扶苏自尽。

于是，扶苏的命运被改写了，同时被改写的，还有中国的历史——有史学家称，如果扶苏不死，成为皇帝，以他的仁德，必不致暴秦成为一个短命王朝，那将是一个怎么样的世界呢？

历史就这样在一声叹息中拐了个大弯。秦二世即位后，横暴恣肆，穷奢极欲，不过短短三年，帝国就在农民起义的烈火中轰然倒塌。至此，嬴政做"万年企业"的理想，永远变成了梦想。

中国有一句俗话："攻城容易守城难"，打下再好的江山，筑成再好的基业，如果接班人选择一旦出现差错，最终不免前功尽弃。

由于与扶苏价值观不同，嬴政迟迟没有将扶苏确定为接班人并在"董事会"上明文宣布，以致给小人以机会，断送了天下。如今，每一位白手起家、穷尽毕生心血开创一番事业的民营企业家，相信都怀有与始皇帝一样的心思：让事业永续，让家业长存，做千年甚至万年企业。但是，即使选定了理想的接班人，也应当进行适当的磨炼和预演，提前排除一些可能的干扰，还要有相应的机制保障和应急方案。

企业的传承和财富的传承，并不是一回事。究竟什么才是接班人必须具备的能力呢？任正非曾对接班人提出了两项基本要求："一个企业能长治久安的关键，是它的核心价值观被接班人确认，而且接班人又具有自我批判的能力。"可见，交接班交接的不仅是财富、权力，而且交接最重要的核心是企业的价值观及精神。但是，衣钵易传，价值难传。品牌随着创始人的离开而失去灵魂，逐渐回归平庸甚至销声匿迹，这样的例子数不胜数。

现代商业下的民企传承问题，往小了说，关乎企业自身，往大了说，关乎未来中国经济的发展。子承父业虽然一直是华商家族企业的主流传承模式，但这种模式如今正一步一步地受到挑战。

有两家企业的接班故事值得我们借鉴。

早在2009年，美的掌门人何享健宣布辞任董事局主席职务，由职业经理人方洪波接棒，这在中国企业界可谓是石破天惊之举。将属于老板的"权力"拱手让渡给一个完全由职业经理人组成的董事局团队，这种"禅让"式的接班，开创了中国企业的先河，它给美的带来的是销售收入的快速增长、企业的稳步发展。

与此相反，由王安创办的王安电脑公司，一度让IBM畏惧。王安也一度成为美国第五大富豪。不过，在选择接班人问题上，王安并没有像美国人那样，而是典型的传统中国人"子承父业"思维，让儿子王烈接班。此举让当初跟随王安创业的元老纷纷离去，而能力平平的王烈则无法重整精干的管理团队，执掌企业后失误频频，由他带领的王安电脑公司一败涂地。仅仅接班一两年，王安电脑迅速进入巨亏状态。

两家大型企业，由于交接班的方式不同，结果天壤之别，这值得我们深思。前例是开放模式，有能力就接班，没能力就当个股东，公司请职业经理人打理。这是当今业界普遍赞赏的模式。后者是封闭模式，只盯牢了直系继承，以血缘亲疏厘定权力阶梯，把庞大的产业交给一个并不成熟的"富二代"，为日后企业的败亡埋下了伏笔。这是当今社会普遍存在的现实。

据有关资料，我国50岁以上的民营企业家占比约为67%，这意味着，未来十年间，我国将有数以百万计的民营企业面临交棒接班的问题。无论从群体的总量还是从时间的紧迫性来看，这在世界范围内都是史无前例的。随着创业父辈们的退居幕后，在某种程度上说，二代接班人的成长发展将直接决定着中国民营经济的整体走向，甚至对中国经济有着不可忽视的影响。在这个问题上，民营企业家们不可不慎。

沿原路返回，未到小广场，震耳的音乐声就打断了我的思考。原来，广场舞已经开始了，《小苹果》音乐声震耳欲聋，那些大妈们扭着身子，正跳得起劲。闷热的天气，丝毫挡不住她们的热情。

现代的音乐冲淡了历史，也冲淡了我有点沉重的思绪。就着依稀的月光，我走下疏属山。

拔山举鼎楚霸王：
强大的失败者

【故地抒怀】

过乌江叹项羽

重来卷土可能期，子弟八千皆健儿。
不肯江东浮棹去，将军愧对是虞姬。

注：项羽（公元前232—公元前202），楚国下相（今江苏省宿迁市）人，楚国名将项燕之孙。古人对其有"羽之神勇，千古无二"的评价。项羽与刘邦相争，兵败垓下，十面中伏，四面楚歌，爱妾虞姬自尽。他突围至乌江边，感无颜见江东父老，不肯渡江而死。

【现场感悟】

强将手下无人才

正是五黄六月的天气，安徽省马鞍山市和县乌江镇焦金烁石，酷热难当。下午3点多，烈日还在肆意地炙烤着大地。我缓缓走进凤凰山上的霸王祠，山风从茂林修竹深处漾出来，让人感觉到一种意外的凉意。

享殿前，立着香炉和烛台。香炉上篆刻着"拔山盖世"四个大字。这是西楚霸王项羽在世界历史上专有独享的名词。殿内,有霸王的黄杨木巨型雕像一尊,只见霸王身体前倾,双眼圆睁,一手仗剑,一脚向前踏出,似乎仍在彰显往日的不凡气概。

但是,祠内埋着的霸王血衣及躯体残渣的衣冠冢,以及建在当年发生史实原址的抛首石、乌江亭、驻马河等遗迹却分明告诉人们,这个曾经叱咤风云的霸王最终只是一个身首被割成五块的悲剧性人物。

成王败寇,这是传统的观点。逐鹿未果、自杀抛尸的项羽却一直以来被称作英雄,这在中国历史上差不多是一个孤例。平心而论,项羽是一个勇力过人、世所罕见的雄才,但并不是一个懂得管理、善于统治的英才。项羽的失败,败在他实在太强大了。

项羽实在是太强大了。他能拔山举鼎,在战场上,只要有他在,基本上都能战无不胜,攻无不取。他身经70余战,从无败绩。巨鹿一战,项羽破釜沉舟,指挥楚军同秦军展开了9次激战,大破秦军的主力,使秦军再也振作不起来。此后,项羽声威大振,他在辕门接见各路诸侯,各诸侯连正眼都不敢看项羽。彭城一战,刘邦纠集56万人马,乘机东进,攻进了彭城。项羽只带3万人马,就把数十万部队打得落花流水,还差点儿抓了刘邦。

在项羽眼里,天下根本没有什么对手,他也不需要什么人才和团队,更用不着谁来对他指指点点。对他的这点心思,史家评论道:"汉屈群策,群策屈群力;楚群策而自屈其力。"刘邦靠群策群力,项羽靠什么呢?靠的是唯我独尊,孤家寡人。

与刘邦一样,项羽也想"取而代之"。但是,秦始皇和刘邦都是政治家,项羽显然不是,他是一个极端的个人英雄主义者。他特别迷信自己的暴力,轻视别人,轻视伙伴,甚至轻视自己的属下,处处逞个人之强,直接导致了"强将手下无人才"的局面。

作为领导者,他未必不知道人才的重要,也肯定感受到了人才短缺的压力。遗憾的是,他不能识人、敬人、育人、信人、任人、赏人、安人,"于人之功无所记,于人之罪无所忘;战胜而不得其赏,拔城而不得其封;非项氏莫得用事;为人刻印,刓而不能授;攻城得赂,积而不能赏:天下畔之,贤才怨之,而莫为之用"。不要说广纳人才或培育人才了,他的团队中原有的人才要么浪费，要么大量流失，众叛亲离是必然结果。

英布就是一个突出的例子。他曾是项羽的开路先锋，在项羽帐下曾屡立大功，但对项羽分封不均十分不满。项羽心胸狭窄，英布受到猜疑，加上被刘邦利诱，于是便背叛了项羽。张良、韩信、陈平等文臣武将都曾是项羽的手下，后来都叛项归刘，就连项羽尊称为"亚父"的范增，骂了一句"竖子不足与谋"，强烈表示不能与项羽共事后，也离开了项羽。而项伯早已为了个人友谊而坏了项羽大事，在宴会上"常以身翼蔽沛公"。可见，西楚政权只是"一个人在战斗"，没有建立有效的团队，领导班子分崩离析，一败涂地，不可收拾，被历史抛弃自然势所必然。

李清照说："至今思项羽，不肯过江东。"我也曾想，未尽人事，听何天命呢？只要不短英雄之气，过了江东，卷土重来，谁说没有可能？如今，对着凤凰山上不可一世的霸王雕像，再一细想，只要项羽个人的勇力依然超强，他就不会用智力思考问题，也不会靠团队去解决问题。刚愎自用，单打独斗，有勇无谋，残暴滥杀，任你是新一代的变形金刚，即使过了江东，亦难东山再起。

实际上，这种霸王式的"强大的失败者"现象在企业中并不少见。

大部分企业的设立，是因为有一个创业英雄。不得不承认，在草创时期，是需要创业英雄的。创业英雄往往敢于冒风险，敢于当机立断，承担责任，抓住稍纵即逝的机会，扬名立万。

但当发展到一定阶段的时候，企业的规模大了，就须以智慧代替"暴力"，以团队代替个人，以制度代替权威。王石最后一次作为万科董事会主席发言时说："我的成功就是万科不再需要王石的时候。"我赞成他的卓识，一个企业真正地成熟、成功时，应该就是不再需要英雄的时候。

出了霸王祠，看见几个游客正在钟亭嘻嘻哈哈地笑着撞钟。钟声31响，代表了霸王短暂而悲壮的一生。钟声悠悠，催人警醒。我笑不出来。企业家谁不希望自己拥有霸王一般的市场战斗力？但恐怕谁也不希望自己如霸王一般的悲惨结局吧。

巴寡妇清：
蛾眉巨贾第一人

【故地抒怀】

过重庆怀清台遗址咏巴寡妇清

阴阳世道总均衡，谁识三巴寡妇清。
万里长城砖石在，好从青史觅英名。

注：寡妇清，名清，巴为巴郡之意，姓不可考，遂以巴为姓，又叫巴清，今重庆市长寿区千佛村人。战国时代大工商业主，中国乃至世界最早的女企业家。曾出巨资修长城，为始皇陵提供大量水银。晚年被接进宫，封为"贞妇"。

【现场感悟】

柔性管理独有优势

很少有人知道，重庆的龙山寨埋葬着一位2000多年前被秦始皇封为"贞妇"的巨商大贾——巴寡妇清。她，可称得上中国第一位女企业家。

龙山寨怀清台遗址位于长寿区，如今这里的大部分寨墙已垮塌，道路失修，基穴下陷，荆棘丛生。巴寡妇清和她的传说一起，仿佛成了暗淡的陈迹，在历史的长河中与我们渐行渐远。只有那几块长满了青苔的碑碣，以及长寿区老图书馆中数十块巴寡妇清墓的条石，才留下历史微弱的痕迹。

司马迁所著的《史记·货殖列传》，是中国最早的经济史著作，也可以说是全球的首个"富豪排行榜"，巴寡妇清赫然位列其中，而且是唯一的女企业家。

《华阳国志》《烈女传》及《长寿县志》等对她都有记载。《史记·货殖列传》写道："巴寡妇清，其先得丹穴，而擅其利数世，家亦不訾。清，寡妇也，能守其业，用财自卫，不见侵犯。秦皇帝以为贞妇而客之，为筑女怀清台。清穷乡寡妇，礼抗万乘，名显天下，岂非以富邪？"

巴寡妇清继承夫业，采矿炼丹，成为富甲巴渝的女实业家，传说家财之多合白银数亿两。秦始皇统一中国后，为抵御北方匈奴侵扰，修筑长城。巴寡妇清深明大义，捐献巨资修筑长城，并为秦始皇陵提供了大量的水银。此举深得秦始皇赏识，下旨召她入宫，册封为"贞妇"，给予王侯公卿的礼遇。

明代诗人金俊明为其赋诗云："丹穴传赀世莫争，用财自卫守能贞。龙祖势力倾天下，犹筑高台礼妇清。"

传统社会下，由于女性受到很多封建礼制的限制，女企业家可谓凤毛麟角。民国传奇女子、中国近代女企业家、上海锦江饭店集团创始人董竹君也是其中一个。

以世俗的眼光来看，董竹君是一个洋车夫的女儿，出身卑贱，早年被迫沦为青楼卖唱女，结识了四川督军夏之时，从而跳出火坑，结成伉俪。后来，她不堪忍受封建家庭和夫权统治，再度冲出樊笼，开创自己的人生。她历尽艰难困阻，创办了上海锦江饭店。饭店开业之时，上海滩青帮、红帮的头面人物如杜月笙、黄金荣、张啸林等都来捧场，南京及上海军政要员也经常出没于此。卓别林访问中国时，也曾在此品尝了香酥鸭子。

董竹君以自己的聪明才智，制定了一整套饭店的管理方法和制度，这套规范后来沿用了几十年之久，还培养出来一批中国酒店管理的精英人物。

时代不同了，如今，女性创业和女企业家日渐多起来。特别是近年来，随着"大众创业、万众创新"浪潮的兴起，参与全国"双创"活动的女性人数快速增长，女性已经成为推动经济发展的重要力量。

这几年，我多次在商务活动时遇上玖龙纸业（控股）有限公司的创始人、"废纸女王"、中国首位女首富——张茵。她圆脸、短发，上下没有多少修饰，但精神爽利，人气超高，所到之处，人们纷纷要求与她合影。

一次，一位坐在我旁边的企业家笑着说："张茵的亲和力很强，在管理上能以柔克刚，在这方面，我们这些老爷们是无法做到的。"

的确，像张茵这样的女企业家，女性特有的气质属性让她们比男性管理者更善于倾听和观察，更有柔性和亲和力，更有耐心和坚韧，更擅长沟通和激励。

在公司管理中，张茵处处体现出柔性与亲和力。

首先，在与员工相处方面，她平易近人，公司员工很少称呼她的职衔，大多亲切地称她为"张大姐"，她将老板和同事这个度拿捏得恰到好处。其次，在员工的安全和福利方面，张茵非常关注。玖龙纸业不仅为员工提供舒适的宿舍环境以及运动、娱乐场所，提供方便员工上下班的各种交通设施，而且经常组织集体旅游，多方面照顾员工。最为难得的是，企业会定期组织与员工的交流会，她会亲自到场，了解情况，解决问题，为员工减压打气，增强公司的凝聚力，提高员工的幸福感。

随着中国多数企业逐渐走出初创期，上升到一定平台后，对个人魅力型、感召力型领导的需求会越来越少，反过来，对柔性管理、辅导式管理、教练式管理的需求会越来越多。大体上来说，男性更关注目标、策略，而女性更关注群体、关系。从这个角度讲，女性管理者可以发挥出更大的优势。

管理大师彼得·德鲁克曾预见："时代的转变，正好符合女性的特质。"

麦肯锡咨询公司曾发布的一项调查结果显示，在由女性出任管理层职位比例较高的欧洲公司当中，其业绩表现高于平均水平，这些公司在商业利润、业务成果和股票价格增长方面的表现均超过竞争对手。麦肯锡在对世界各国公司进行调研后还发现，那些高层职位有 1/3 或以上由女性出任的公司，平均表现超过那些没有女性进入高层的公司。

从巴寡妇清到董竹君、张茵，还有香江集团总裁翟美卿、华为集团董事长孙亚芳、海尔总裁杨绵绵、新希望六和联合董事长陈春花等，都证明了女性不仅一样能成为商界奇才，而且在管理才能上不输男性。

女性的商业参与，将会给市场带来新的经营管理内涵，越来越多的女性将为繁荣的商业生活涂抹上亮丽的色彩。

纯孝李密：
陈情一表动古今

【故地抒怀】

访四川彭山保用乡李密故里

陈情剜肺腑，百善孝为先。
一表闻天下，谁人不涕涟？

注：李密（224—287），字令伯，犍为郡武阳县九峰龙门（今四川省彭山县）人。西晋文学家，能言善辩。年轻时，任蜀汉尚书郎、大将军主簿、太子洗马（皇太子老师）等。因《陈情表》名满天下。

【现场感悟】

移孝作忠，企管轻松

四川省彭山县城西北的保胜乡龙安村，是一个与成雅高速擦肩而过的小村落。这里四面环山，九峰罗列，素有"风水宝地"之称，龙洞奇观、唐代摩崖造像、龙门寺庙、"龙潭春雨"等人文和自然景观不少，颇值一游。

这里还是晋朝汉中太守李密的老家。

晋泰始三年（267），晋武帝诏征李密为太子洗马，诏书连下，郡县不断催促。因为祖母已96岁，年老多病，李密于是上表陈述自己无法应命的原因。这就是著名的《陈情表》，被后人誉为"千古散文绝唱"，广为传诵。

李密出生仅6个月即丧父，4岁时母亲被逼改嫁，是祖母刘氏将幼年体弱多病的李密抚养长大的。李密的《陈情表》感人至深，以"纯孝"而闻名于史，皆因情真意切。毛泽东曾引用宋代学者赵与时在《宾退录》中所言："读《出师表》不流泪者不忠，读《陈情表》不流泪者不孝。"

"孝，德之本也。"中华民族是一个以孝道传世的民族，有句古训叫"百善孝为先"，孝道是决定家庭和社会稳定发展的最基本因素。

中国几乎每个朝代都强调"以孝治天下"，"修身"尔后方可"齐家、治国、平天下"。今天，众多企业也在寻找"以孝治企""循孝敬入忠诚"的方法和路径。

北京九鼎轩国际投资置业公司董事长、北京台资企业协会副理事长李元发，是大陆改革开放后来京的第一代台商。他在回答记者"您的中国式管理是如何体现的"提问时说："用孝道进行管理。"

李元发说："我在九鼎轩设立了一项'孝养基金'，由公司和员工各承担一部分，员工承担部分为其薪酬的10%，每月发放工资时转入孝养基金，公司每月将款项直接汇给员工的父母。当他们的父母收到钱时，就意味着小孩在北京的收入是稳定的。当然这也是两代人保持联系的另一种机会。"

当记者问及为什么有此创意时，李元发说："企业的责任不仅是赚钱，还要给族群和社会带来正能量。企业稳定了，员工稳定了，家庭也会稳定。而家庭稳定了，社会也就稳定了。作为企业领导人，我的责任就是为员工创造一个在行业内可以长期稳定发展的环境。"

李元发"孝养基金"的举措赢得了企业员工、员工家长及其他企业的赞许，而刘光汉的孝治言行同样令人尊敬。

刘光汉是云南澜沧江啤酒企业集团董事长兼总经理，他平时商务活动频繁，大部分时间是在天上飞来飞去。可连续5年来，每逢大年初二，天刚蒙蒙亮，刘光汉就会来到云县茶房乡茶房村，徒步20多公里来看望和慰问100名60岁以上的老人。2005年,他更是把集团公司奖给他的奖金全部拿出来,把温暖和亲情带给茶房村13个村民小组的老人们。在集团公司总结大会上,刘光汉对年轻员工说:"你们中有的人能给情人买几百元的化妆品,可否想着给父母亲买百十元的营养品?今后,在公司里,谁不孝敬父母,就不算合格的员工。"刘光汉的讲话获得了热烈的掌声,也给员工和企业管理提出了新的要求。

孔子说过:"其为人也孝悌,而好犯上者,鲜矣。"意思是说,孝悌的人,很少会犯上作乱。试想,如果一个人连自己的父母都不孝顺,如何能尊重同事及他人?如何能忠于企业及事业?企业敢重用这样的人吗?因此,确有必要将孝悌作为考察和任用干部的重要条件。

现在,很多企业组织员工学习和践行"孝道",这将会使员工个人、企业、社会和国家都同样受益,具有不可小视的战略意义。

以仁治国、为政以德的王道思想不但是儒家的最高政治理想,也是许多企业家心中向往的管理圣境。而"孝"是其中应有之义,也是践行的基础。企业中的每个人,在做事层面尽到职责,在做人层面对上司尊敬,对下属爱护,对同事发扬团队精神,这样就可实现企业中"家孝入企"的转换。

员工心中有孝念,就有了对领导主管的敬重,就有了对同事的友爱,就有了对企业的忠诚;领导心中有孝念,就有了对员工的慈爱,就有了对下属的爱护;企业里面有孝念,团队就像一个大家庭,员工就有了凝聚力,就有了归属感;当这种孝道在企业中、在员工心里生根发芽的时候,企业便有了践行王道的基石,社会也有了和谐的基础。

于企业而言,真正的发展应该不止于追逐利润,而是有利润之上的追求。"自家来佐企,移孝入为忠",以孝和忠的精神培养人、教化人,企之常情。正如孟子所云:"老吾老,以及人之老;幼吾幼,以及人之幼。天下可运于掌。"同样,"及老""及幼",企业也可"运于掌"。移孝入忠,管理更加轻松。

当然,孝道要与时俱进,打破如"父母在,不远游"等不合时宜的枷锁。父母逐渐年老体衰,思维可能老化,而科技发展一日千里,社会进步日新月异,对于父母最好的孝敬,可能就是"文化反哺",即牵着父母的手，带领父母跟上这个瞬息万变的时代。

　　在离开保胜乡时，蒙蒙的细雨无声地飘落，村头石刻中的"孝"字仿佛也含泪欲滴，似乎仍在为这人世间最纯真最美好的情感而感动。身处李密故里，我想给各位企业家一个建议：组织员工学习"孝道"时，能否加上《陈情表》这一课？

改革家吴起：
出将入相一雄才

【故地抒怀】

过河南新乡吴起城

盟母戕妻实骇闻，从来青史乱纷纷。
生民事业悲吴起，纵有雄才一炬焚。

注：吴起（公元前440—公元前381），卫国左氏（属今山东省菏泽市，一说为曹县，一说为定陶区）人。战国初期军事家、政治家、改革家，兵家代表人物，与孙子并称"孙吴"。

【现场感悟】

吴起不忧农民工

10多年前，到河南省新乡市考察时，在延津县榆林乡沙门村黄河故道边的一个沙丘上，我看到了一个长方形的遗址，坑坑洼洼的地上，瓦砾遍布，罐状、瓶状、盘状和碗状残片四散，一些精美的碎瓷片在阳光下闪闪发光。

据介绍，此处曾是战国时期著名军事家吴起扼守黄河渡口的屯兵场所，人称"吴起古城"。现存宋元时期遗址，曾有陶器、瓷器、玉器、青铜器等出土，现在已经没有什么考古价值。

这座古城遗址有没有考古价值，我不知道。但我知道，古城的创建者吴起，仍然被埋在历史的灰尘中，他的价值至今没有被充分发掘和认识。

吴起是卫国人，他一生历仕鲁、魏、楚三国，通晓兵家、法家、儒家三家思想，在内政、军事上都有极高的成就。"吴起用之魏则魏强，用之楚而楚伯。"在楚国时，他曾主持"吴起变法"。后因变法得罪贵族，遭到杀害。作为兵学家，他与孙武并称；作为政治家，他与商鞅并举。

吴起担任将领期间，从不自视比普通士卒高人一等，他跟最下等的士兵穿一样的衣服，吃一样的伙食，睡觉不铺垫褥，行军不乘车马，亲自背负捆扎好的粮食，与士兵们同甘共苦。有个士兵生了恶性毒疮，吴起直接替他吸吮脓液。这个士兵的母亲听说后放声大哭。有人说："你儿子是个无名小卒，将军亲自替他吸吮脓液，你怎么还哭呢？"那位母亲回答说："当年吴将军替我丈夫吸吮毒疮，他在战场上勇往直前，死在敌人手里。如今吴将军又替我儿子吸吮毒疮，我不知道他将来会死在什么地方，因此我才哭啊。"

吴起是高明的。他与他的士兵和衷共济，他的士兵为他冲锋陷阵，舍生忘死。在当今中国劳动力市场发生重大变化时，他的作为尤其值得企业家们深思。

一个老板，两个员工，一间小屋，几个人同心协力，白手起家，终于成就一番事业，这样的创富故事几乎每天都在上演，中外许多商业巨头也由此而来。创业成功靠的是老板与员工同心同德，患难与共。上下的心往一块想，劲往一处使，还有什么困难克服不了？你给下属以情，下属就会报你以"义"，又有什么原因能使他们不成功呢？

但是，事业做大以后呢？如何继续调动和保持员工们的积极性与主动性？给予员工较高的薪酬，不过是留住并让员工努力工作的一个基本手段而已。企业家只有真正发自内心地去尊重员工、关爱员工、培育员工，与员工真心相换、平等相处，才能让员工死心塌地的追随老板，才能让员工像为自己一样为企业工作，即使企业遇到了困境也不离不弃，风雨同舟。

拥有13万员工的星巴克前首席执行官舒尔茨，常在国内各大高校的招聘现场大打亲情牌,他说:"我坚信,每个人都不一样,但每个人都需要归属感。在星巴克,无论是 CEO 还是基层员工,每个人都被尊重。我提醒那些想要成功的企业家,不要向你的雇员展示你懂什么,而是告诉他们,你正时刻关注他们。"

在国内火锅行业具有极高影响力的"海底捞"创始人张勇与舒尔茨有着相似的见解。在"海底捞",工作满 3 个月就可报销春运回家车票;工作满半年可享受公司提供的夫妻房或夫妻住房补贴;工作满 3 年的员工的子女可享受 2000〜5000 元/年不等的教育补贴。

"你对员工好,员工才会对企业好,对顾客好。"张勇的理念非常之朴素。在这种理念的感召下,"海底捞"员工对企业的认同度非常高,员工流动率一直保持在 10% 左右,远低于国内餐饮业 28.6% 的平均水平。

1954 年,强生公司提出"客户第一,员工第二,社会第三,股东第四"的理念和口号,形成了后人津津乐道的"强生宪法"。今天,或许每一位阿里巴巴集团的员工都能背得出马云老板最精彩的一句话了,那就是"客户第一,员工第二,股东第三"。一家企业,今天将员工放到什么地位,决定了明天员工将企业推到什么地位。

在改革开放初期,工厂招人,通常是十中选一,百般挑剔,而且待遇普遍偏低。30 多年后的今天,中国的劳动力市场已经发生重大的逆转,"招工难"和"民工荒"持续出现,一些企业甚至因为招不足而关门停产。

但是,如果有一个如吴起一样分甘同苦、关爱员工的老板,谁会愿意轻易离开?哪里会有"招工难"?哪里会有"民工荒"?

百工圣祖鲁班：
能工巧匠的代表

【故地抒怀】

参观山东滕州鲁班纪念馆有感

巧技神机赛活禽，宗师故事到如今。
休言斧锯皆成往，千古流传是匠心。

注：鲁班（公元前507—公元前444），春秋时期鲁国人，姬姓，公输氏，名班，人称公输盘、公输般、班输，尊称公输子，又称鲁盘或者鲁般，惯称"鲁班"，中国土木工匠的始祖。

【现场感悟】

让匠心回归

到了山东滕州，除了瞻仰"科圣"墨子、"汉家儒宗"叔孙通、造车鼻祖奚仲、招贤纳士的孟尝等名人遗址，也少不了要参观鲁班纪念馆。

天上火伞高张，穿过龙泉广场到纪念馆，仿佛整个人都置身于火下炙烤，喘不过气来。但一走进鲁班纪念馆，我感觉热气顿消。

这幢古朴的仿古式建筑飞檐画栋、美轮美奂，据说是目前全国建筑体量最大、功能最全的专门用来纪念鲁班的场馆。进得门来，一眼便见到"百工圣祖"鲁班巍然端坐，两个看似建筑工人模样的后生正弯腰行礼，雕塑前一束鲜花散发着淡淡的芬芳。

高大的建筑让我暑意顿消，而淡淡的花香让我收意凝神，仔细欣赏鲁班令人目不暇接的发明。鲁班的成就不光在土木建筑业，在军事、机械、民用、工艺等方面也大有建树。展出的钩拒、磨盘、碌碡、石槽、鼓风机、凿子、榫卯、水车等实物数不胜数，据说都是鲁班发明的，而锯子、曲尺、刨子、墨斗、云梯、石磨、滑轮、锁钥、木鸢、雕刻更是他的代表杰作。

鲁班当之无愧是"中国古代科技发明之父"。一直以来，人们甚至愿意把古代劳动人民的集体创造和发明都集中到他身上，鲁班实际上已经成为古代劳动人民智慧的象征。

在鲁班身上，最能体现的是近期热议的"工匠精神"。工匠貌似是一个个机械重复的手工作业者，其实工匠精神体现了理想之志、忠敬之心、专注之力、精湛之技，以及创新开放的精神。

从企业经营管理角度来看，工匠精神强调技术和品质，注重历史和传承，更代表了创新和发展。

创建了两家世界500强公司的日本"经营之圣"稻盛和夫，就是一个独具匠人精神的企业家。他曾说："企业家要像匠人那样，手拿放大镜仔细观察产品，用耳朵静听产品的'哭泣声'。"

我曾参观过日本佛教最早的寺院四天王寺，至今仍为其飞鸟时代的建筑所折服。在日本，包括四天王寺在内的许多传统建筑都铭刻着金刚组的印记。1400多年来，金刚组一直推崇的是专注、精进的"匠人精神"。金刚组建造的建筑，木柱和横梁的接驳关节不用一颗钉子，这是金刚组世代传承的古法。直到今天，金刚组仍在坚持沿用传统建造技术，大梁、立柱、雕花、楔子，全部用手工打磨。在这些精美的柱子和横梁连接的内侧部位，经常可以看到诸如"坚固田中"的字样，但只有检修拆开时才能发现。金刚组始终将建筑工艺的提高与改良作为自身生存和发展的核心，精益求精，孜孜不倦地改善建筑品质，终于成就了世界上最长寿的千年企业。

有人做过统计，全球具有超过200年历史的企业中，日本有3146家，为全球之最；另外，德国有837家，荷兰有222家，法国有196家。这些长寿企业为什么能够持续存活？答案只有一个，他们传承着工匠精神。

从瑞士制表匠的身上，我们也可以寻找到"工匠精神"。瑞士制表商对每一个零件、每一道工序、每一块手表都精心打磨、专心雕琢。他们不追求快，不追求多，只追求一丝不苟，精益求精。正是凭着这种凝神专一、追求完美的工匠精神，瑞士手表得以誉满天下，畅销世界，成为经典。

工匠不一定都能成为艺术家、企业家，但大多数成功的艺术家、企业家身上都具有这种工匠精神。

有人说，传统的"慢工出细活"的工匠精神正在被互联网颠覆——追求创新、缩短研发周期、更早将产品推向用户、快速迭代——这些都是互联网从业者脑海里难以撼动的教条，时代已经不需要工匠精神了。真是这样吗？

的确，在当下社会，企业需用互联网思维对市场、产品、用户、供应链以及商业模式进行重新审视，但在整个流程中，以"工匠精神"为基础的生产和精益化管理还是很值得提倡的。事实上，在后工业时代、信息时代和智能时代的大背景下，高科技与传统技艺并不矛盾。

日本国宝——奈良法隆寺所藏释迦三尊像——的复制品在高冈市的成功展出，就让人看到了传统技艺与现代3D打印技术完美结合的成果：树脂原型是用高精度数据输入3D打印的，铸造和雕刻由传统的铸造业师傅负责，最后着色和做旧则是由大学的专家负责。如果全部使用传统方法打造树脂造型，需要进行19个步骤，而使用3D打印则极大地节省了作业时间，最大限度地保证了作品质量。三尊像复制成功的案例表明，引入高科技对传统产业进行创新升级，发展文化遗产修复产业大有可为。

让高科技与传统技艺结合，让"赛先生"和"老工匠"合作，让工匠精神与创新结合，是中国制造的一个方向，可以开出格外鲜艳的奇葩。如果说互联网思维表现为开放、创造、创新，工匠精神表现为严谨、精致、专注，那么，二者的融合，所发生的将不再是一种简单相加的物理效果，而会是一种化学的乘数效果。

当前，中国经济从高速增长转到快速增长的轨道之后，发展的重点也已经从过去解决"有没有"转到"好不好"的阶段。好不好，必须由产品和服务的质量去说话。在此条件下，让匠心回归，重塑工匠精神，是中国制造业转型升级的必由之路。

中华民族的血液中，从不缺乏"工匠精神"的基因，只要潜下心来，"十年磨一剑"，"中国制造"的质量和品牌必将重新得到全球的认可。

自从李克强总理重提"工匠精神"后，"工匠精神"一度成为一个热门的话题。本文虽有"炒冷饭"之嫌，但在鲁班纪念馆，我想到最多的仍是它。

这一篇小文，在方家面前，也算"班门弄斧"吧。

荒唐万历：怠政误国

【故地抒怀】

过北京十三陵定陵有感

天寿山花落寞妍，每谈明史恨绵绵。
思陵犹在定陵后，追问何须到九泉？

注：定陵为明万历皇帝之陵墓。万历在位48年，竟有28年不理朝政，与臣工隔绝，只在后宫享乐，皇帝之荒怠者莫过如此。明朝之亡，始于万历。万历荒唐，最是怠政。

【现场感悟】

有效沟通

北京十三陵因为埋葬着明朝13位皇帝而得以著名。这13位皇帝中，历来争议最大的是万历皇帝朱翊钧。

春光明媚，天寿山中野花吐艳，杨柳依依。我专程到此探秘坐落在十三陵中的定陵。

定陵整个陵区由神道和陵园两部分组成，走近陵墓，地势由低向高呈渐渐展开之势，层层向上，尤其后山云岩竞秀，气势不俗。

定陵是十三陵中唯一一座被发掘的陵墓。"文革"期间，万历皇帝及皇后的尸骨被焚毁。在那个特定的历史时期，人们的文物保护意识不强，遂造成了考古史上一大憾事。

回顾历史，让人唏嘘不已的是，大明王朝灭亡的悲剧正是从这座定陵的主人公万历怠政开始上演的。

可以说，朱翊钧是中国历史上怠工时间最长的皇帝。万历十年（1582），内阁首辅张居正去世，正式亲政的万历帝逐渐摆脱了头上悬着的"三把戒尺"（张居正、司礼监掌印太监冯保、其母亲李太后），逐渐失去了约束。在最初的几年里，他还有点规矩。万历十四年（1586）后，万历就开始了"不郊、不庙、不朝、不见、不批、不见"的严重怠政行为，有的大臣跪在宫门外请求皇上亲理朝政，朱翊钧竟对此视而不见。

史书一般认为万历怠政长达28年。他借口"头晕眼黑，力泛不兴"，躲于深宫，终日与女人为戏。有专家甚至认为这个家伙躲在龙床上吸了三十几年鸦片。这使得明王朝中央政府几乎陷于瘫痪，从此无力回天，以致《明史·神宗本纪》中指出，"明之亡，实亡于神宗"。清仁宗嘉庆皇帝曾感叹："明之亡不亡于崇祯之失德，而亡于神宗之怠惰，天启之愚呆。"

综合多方的角度来分析，万历怠工最主要的原因，是他和他的一帮"高级经理人"发生了严重冲突。在立储问题上，正统的朝臣们按照长子嫡孙的传统，大多拥戴皇长子朱常洛为太子，然而万历不喜欢宫女所生的朱常洛，却有意立其宠妃郑贵妃所生的儿子朱常洵为太子。于是，他与群臣争论长达15年之久。

明朝可以说是中国历史上颇讲言论自由的封建王朝，言官制度可以让大臣们放开了提意见，上至国家大事，下至后宫琐事，只要你有想法，尽管说来，不用害怕得罪皇帝。明代再残暴的君主也不愿背上"昏君""杀谏官"的骂名，实在气极了，最多也只是"廷杖"，在言官的屁股上狠狠地打一顿而已。

在打了无数大臣的屁股之后，这位皇帝面对各种意见和争议，无法解决问题，干脆不"上班"了，他选择了沉默，选择了躲避。

明朝之亡，始于万历。万历荒唐，最是怠政。透过现象看本质，其怠政的主因是君臣对立，放任斗气，实际上是双方都不愿沟通、不懂沟通。本来，老板与经理人之间产生矛盾并不可怕，可怕的是不去面对，不去沟通，不去协调，而像"万历怠政"中的朱翊钧一样，做一个"无眼睇"的鸵鸟。自己不主动去化解问题，矛盾积少成多，超过引爆点时，再想解决都不行了，必须改朝换代，由他人解决了。

早在2000年年底，曾经并肩作战的陆强华与黄宏生反目为仇，陆强华离开创维集团时不仅带走了一半的销售团队，还使创维吃上了官司，陷入绝境；2004年，因为与上级的矛盾，方正集团的助理总裁周险峰携30位方正科技PC部门的技术骨干加盟海信；在当年的伊利公司，牛根生与郑怀俊的恩恩怨怨在业界几乎人人皆知，两人公然反目，牛根生被挤走，但随之伊利大批人员追随牛根生，创立了今天伊利最大的对手——蒙牛……

老板与经理人的矛盾解决不当，所引发的集体跳槽案例已经发生得太多了。这给当事企业带来致命伤害，不仅严重打击了企业的生产经营和日常管理，更严重地破坏了企业的形象和商誉，所造成的损害在短时间里是难以弥补的。

企业里不可能没有矛盾，战略的调整、人员的任免、利益的冲突等常常令老板与经理人之间会发生分歧并产生隔阂。不少企业老板不敢面对企业的问题，害怕经理人的质疑，不敢与其当面对话。其实，更多的老板不是不想面对矛盾，而是不知如何面对现实。

做老板的不要认为企业是自己的，就居高临下，颐指气使，忽略了经理人的感受，而应建立定期的沟通机制，抽出专门时间来了解经理层的问题和需求。美国通用公司的杰克·韦尔奇为什么能够让通用这样的庞然大物保持了小企业的活力和激情？凭的就是他所创造的"无边界沟通模式"。这是一种广泛的沟通，即企业的董事长与总经理要经常与各个阶层的经理人面对面地沟通，面对面地讲解公司重大的决策和文化内涵。不要小看这样的举动，这对于公司文化氛围的塑造作用十分明显。

从经理人的角度来讲，大多数人的误区在于认定老板是错误和固执的，很少有人会积极地去影响、引导老板。一些职业经理人因为居功而自诩比较直率，不再注意方式方法，不懂得转个弯，硬是要强逼老板公开认同自己的观点，而成功时的张扬往往会成为自己日后的绊脚石。在中国的处世哲学里，要想与老板保持持续的和谐关系，就要懂点"君臣之道"。

不想沟通是态度问题，不懂沟通是技术问题。老板与经理人之间的沟通问题，既有态度问题，更有技术问题，但都属于内部问题。

所谓有效的沟通，就是通过演讲、会见、对话、讨论、信件等方式将思想准确、恰当地表达出来，以与对方达成共识。要进行有效沟通，一是必须知道说什么，就是要明确沟通的目的，最好事前能够充分聆听和了解；二是必须知道什么时候说，就是要掌握好沟通的时机；三是必须知道对谁说，就是要明确沟通的对象，选错了对象，你说得再好也无用；四是必须知道怎么说，就是要掌握沟通的方法。只有人性化的沟通，才是有效率的沟通。沟通要出自真心实意，要用对方听得懂的语言包括文字、语调及肢体语言去沟通，特别赞赏的是带有笑声的沟通。沟通的人如果心情舒畅，自然容易达成共识，实现双赢。当然，有一些沟通还需要增加频率、反复强调才有效果。

在一个企业里，老板与经理人没有永远的信任和默契，关键是要有适当的沟通和解决之道。

万历无视他的"经理人"队伍与他的冲突，把自己封闭起来，消极怠政，创下了荒唐的纪录，也间接葬送了大明江山。

猛将张飞：
横槊当年志未酬

【故地抒怀】

游阆中张飞庙有感

不辞千里拜桓侯，横槊当年志未酬。
若审宽严相救济，将军何至葬无头。

注：张飞（？—221），字翼德，幽州涿郡（今河北省保定市涿州市）人，三国时期蜀汉名将，骁勇非常。自阆中起兵讨东吴时，因酷待士卒、鞭挞下属而遇害，其首级被献与孙权。张飞死后，追谥为"桓侯"，其庙位于四川阆中。

【现场感悟】

驾驭你的情绪

张飞，是我们都非常熟悉的三国人物。刘、关、张桃园结义，刘备是大哥，关羽是二哥，张飞是三弟。蜀汉"五虎上将"中，张飞位列关羽之后，居于第二名。在虎牢关，他曾与刘备、关羽一起迎战吕布；在长坂坡桥头，他一声大吼，吓退曹操百万军兵；在葭萌关，他夜战马超；在巴西，他大战严颜。总之，他一支丈八蛇矛，勇冠三军。

张飞是个不折不扣的猛人。因此，四川阆中张飞庙前，人来人往，十分热闹。

"张飞庙"是人们惯常的叫法，正式的名字则是"汉桓侯祠"。走进大门，眼前是气势不凡的"敌万楼"，寓张飞有力敌万夫的意思。

庙后有张飞墓，坐北向南，呈椭圆形，冢上林木葱茏，古树参天，墓左后侧为2000多平方米的园林，园内花草繁盛，竹木成荫。遗憾的是，古城阆中山水有情，桓侯墓中张飞无头。

张飞性情暴躁，听不得别人的意见和建议，甚至不容下属说话。关羽兵败麦城被擒杀之后，张飞大哭，跑到成都面见刘备，鼓动大哥发兵为关羽报仇，在回驻地阆中前，刘备曾叮嘱张飞："酒后暴怒，鞭挞健儿，此取祸之道也。"张飞非但不听，回营后，还变本加厉，下令军中："三日内置办白衣白甲，三军挂孝伐吴。"在部将范疆、张达禀报"须宽限时日方可"后，竟不分青红皂白，将二人绑在树上，各鞭背五十。打完后还威胁道："若违了时限，即杀汝二人示众。"张飞如此就把部属逼上了绝路，最终被范、张两人所杀，携其首级而投东吴。

读《三国演义》，每每到此，我都忍不住摇头叹息，张飞之死，委实憋屈。他不是战死沙场，而是被自己的情绪杀死在军营之中！

张飞性格暴躁，动辄发怒，又嗜酒如命，酒醉后就鞭打士兵，为所欲为，遭到下属怨恨，无端树敌。早前曾鞭打督邮，让刘、关、张哥儿几个蚀了老本，窜逃他乡。此次，鞭打士卒，却白送了性命一条。自身尚且难保，如何带兵打仗？

没人否认张飞能耐很大，但控制不住自己情绪，实乃取祸取乱之道，能力再大也无济于事。

近日读报，读到一条新闻。说的是贵州省一位21岁的年轻人陆某，认为自己一直很努力工作，而老板赵某总是不满意，经常无故指责他，情绪失控之下，陆某动手杀了赵某。一种情绪，两条性命。唉！

喜、怒、忧、思、悲、恐、惊，这七种情绪都是人体对环境、条件及相关言行的反应。不良情绪就像陷阱，会让自己越陷越深。如果我们观察周遭那些情绪正在波动的人，会发现他们往往都处于失去理智、失去思辨能力的状态。特别是像张飞那样的暴怒，这是最要不得的一种危险状态。每个人都有被怒火点燃的一刻，这个时候尤其要懂得控制，否则就会难以收拾。很多错误和悲剧往往都是在怒火中烧时产生的。要知道，愤怒伤的不仅是你的肝，还可能有你的事业、生活甚至性命。

据说，林肯做总统的时候，陆军部长向他抱怨受到一位少将的侮辱。林肯建议对方写一封尖酸刻薄的骂信作为回敬。信写好了，部长要把信寄出去时，林肯问："你在干嘛？""当然是寄给他啊。"部长不解地问。

"你傻啊，快把信烧了。"林肯忙说："我生气的时候也是这么做的，写信就是为了解气。如果你还不爽，那就再写，写到舒服为止！"

心里产生负面情绪，需要疏导发泄，像林肯用的是写信的方法。只有控制好自己的情绪，我们才有可能去控制好我们的事业。

动机决定了你要做什么，能力决定了你能做什么，态度决定了你会做成什么样，情绪决定了你活得怎么样。负面情绪不可能被完全消灭，但可以对它进行有效疏导、适度控制、有效管理。一个有修养的人是绝不会乱发脾气的，他们会认清自我情绪，及时调适、合理宣泄、积极防御、理智控制、及时求助，用自己的成熟、冷静来控制情绪和局面，表现出足够的情商。特别是一个优秀的管理者，他甚至会把冷冰冰的话加热了再说。

王安石曾有一首与情绪有关的诗："风吹屋檐瓦，瓦坠破我头；我不恨此瓦，此瓦不自由。"理智的人更容易得到大家的信任和尊重，也往往更容易走上成功的道路。

正遐想间，争吵声惊醒了我。抬眼一望，两位中年妇女因为一件小事吵得正凶，恶语相向，剑拔弩张，吸引了不少游人。幸亏工作人员及时赶到，才将她们劝开，两人临走时，兀自骂骂咧咧。莫非这二位是受了张飞情绪的影响？

她们这一闹，我也失去了继续游览的兴致，又回到了敌万楼前。

张飞的确能战胜"万夫"，可惜却战胜不了自己的情绪。这敌万楼，与其说是对张飞的纪念，不如说是对我辈的警诫。不幸的是，如同那两位女士一样，控制不了情绪的"对台戏"，时时在我们身边上演。

全真王重阳：
三教从来一祖风

【故地抒怀】

游重阳宫咏王重阳

祖庭气象绝红尘，殿阁延绵拱紫宸。
三教圆通融至性，一方肃穆号全真。
重阳开派遗芳远，万水归流大道亲。
今我来承七子意，拈香且拜白云魂。

注：重阳宫位于陕西省西安市户县祖庵镇，是道教全真派的三大祖庭之首，亦是该派祖师王重阳早年修道和葬骨之地。王重阳（1112—1170），金代著名道士。他的修行思想以道教为主，开创全真派。

【现场感悟】

智者自渡

很多人是通过金庸的小说才知道王重阳的，而历史上的王重阳，虽然中过文武举人，但武功自然还未到小说中的境界。对于中国道教的发展，他的确有着巨大的贡献，也同样充满着传奇色彩。所以，在西安开会，当我提议去凭吊王重阳时，几个朋友都欢呼雀跃。

大重阳万寿宫离西安不远，一个小时左右的车程就到了。它是中国道教全真派的三大祖庭之首，是全真道祖师王重阳早年修道和遗蜕之地，被誉为"全真圣地"。宫内保存着40余通道教全真派历史的碑石，其中有号称"三绝碑"的王重阳祖师及七真画像碑、《无梦令》诗碑、《大元敕藏御服之碑》，还有《全真开教秘语之碑》、元五代皇帝圣旨碑和唐吴道之《钟馗戏鬼图》画碑等，十分珍贵，令人流连忘返。

拜谒完重阳祖师墓，我们便寻访著名的"活死人墓"。

天气很热，走了四五里的路程，当有人热得叫苦的时候，我们突然便来到了"活死人墓"的碑石前了。

据介绍，以前曾经有人打开过墓道，发现里面确有地下室，看下去深不见底。为了保护及安全起见，没有让人进去，就用土封住了。

王重阳生于宋徽宗时期，是宋金之际的著名道士。他的一生正值北宋沦亡，金兵入侵，百姓流离失所，民族水深火热。青年王重阳目睹这一切，痛恨民族之不振，志在拯救百姓于危难。但由于南宋政权孱弱，舍弃广大北方人民不顾，苟且偏安，王重阳的抱负未能得到施展。

抗金失败后，王重阳深感"天遣文武之进两无成焉"，愤然辞官，掘地穴居，称之为"活死人墓"，以方牌悬挂，书云："王害疯灵位"，自称"疯子"。据记载，王重阳早期曾经在"活死人墓"中修炼两年，还写了一首《活死人墓赠宁伯功》的七绝诗说："活死人兮活死人，风火地水要只因。墓中日服真丹药，换了凡躯一点尘。活死人兮活死人，活中得死是良因，墓中闲寂真虚静，隔断凡间世上尘"，描绘了其特殊的修炼方法。

三年后，王重阳功成丹圆，大觉大悟，走出"活死人墓"。他主张儒、释、道三教平等，三教合一，提出"儒门释户道相通，三教从来一祖风"的融合学说，以"三教圆通，识心见性，独全其真"为宗旨，建立了"全真道"，并先后收马钰、孙不二、谭处端、刘处玄、丘处机、郝大通、王处一为弟子，后世称"全真七子"。后来，他在陕西终南山修建道观，传道收徒，以另一种方式实现了自己的理想。

可以说，"活死人墓"是王重阳修道和蜕变之地，很有些后来王阳明

"龙场悟道"的味道。

人生起跌，商海沉浮。我想，面对挫折或失败，强者自救，圣者渡人，历史和现实中都是如此。一旦克服了内心的阻碍之后，人便可以找到自我修复和东山再起的能量。

一切创业者、企业家都得面对挫折和失败，但对待挫折的不同心态，就会结出不同的果实。

史玉柱年轻时的故事大家都耳熟能详，在经历过大起大落，告别了鲜花和掌声之后，史玉柱开始了认真的反思："人在成功的时候总结的经验往往是扭曲的，在失败的时候总结的教训往往才是最真实的。失败的时候要认真总结，避免头脑发热。"

在微博中，史玉柱也经常发些自己对失败的反思。例如，"人这动物啊，每成功一次，智商就下降一截；每失败一次，智商就上升一截"——这话挺在理儿。

有人问深圳万科集团董事长王石："你最尊敬的企业家是谁？"王石沉吟了一下，说出了一个人的名字，不是全球巨富巴菲特、比尔·盖茨或李嘉诚，也不是房地产界的某位成功人士，而是一个老人，一个跌倒过并且跌得很惨的老人。

他，就是褚时健。

褚时健和他的团队经过18年的努力，把当年濒临倒闭的玉溪卷烟厂打造成后来亚洲最大的卷烟厂、中国的名牌企业，褚时健也成了中国的"烟草大王"。18年间，红塔山集团共为国家创税收991亿，成了地方财政的支柱。

而就在褚时健红透全中国，走到人生巅峰时，1999年，他却因为经济问题被判处无期徒刑（后来改判有期徒刑17年），那年的褚时健已经71岁。

接下来的打击差点要了这个老人的命，早在三年前已先行入狱的女儿——他唯一的女儿，在狱中自杀身亡。

这场人生的游戏是何等的残酷，一般人可以想象得到，这位风烛残年的老人在晚年遇到这样的不幸，并且只能在狱中悲凉地度过余生了。

三年后，褚时健因严重的糖尿病被执行保外就医。经过几个月的简单调理,褚时健上了哀牢山,他承包了 2400 亩的荒地种橙子。那一年他 74 岁。

如今,"褚橙"已经扬名中外,经过评估,褚时健的身家过亿。

巴顿将军说过:衡量一个人的成功标志,不是看他登到顶峰的高度,而是看他跌到低谷的反弹力。英雄之所以不同于凡人,最重要的是能够坦然面对人生的重大挫折。

"在想什么呢?"朋友拍了拍我的肩,把我拉回到现实中来。"这里有什么好看的?我们打道回府吧。"

归去的那一霎,我再次回头深深地望了一眼"活死人墓",仿佛要将它永留在脑海里。是的,这里不算美景,甚至有点荒芜,但它应该被世人记住,胜于记住重阳宫后来的辉煌。

会稽王羲之：千古书法第一人

【故地抒怀】

游绍兴兰亭怀王羲之

吟风啸月自无妨，雅集兰亭待举觞。
名士襟怀书圣帖，右军一笔水云长。

注：兰亭位于绍兴西南兰渚山。东晋永和九年（353）三月初三，王羲之（303—361）与谢安、王献之等40多位名士在此举办修禊集会，曲水流觞。王羲之写下了著名的《兰亭集序》，被誉为"天下第一书帖"。

【现场感悟】

富在商中寻，贵在商外求

"天朗气清，惠风和畅"，一样的天气；"崇山峻岭，茂林修竹"，一样的景致。1700多年前，王羲之触景生情，在此写下了被称为"天下第一行书"的《兰亭集序》；而在1700多年后的今日，站在会稽山阴的兰亭上，身为书法爱好者，我只能默默地追慕、缅怀书法大师那常人难以企及的艺术高度。

王羲之被称为"书圣",对于他的书法成就,我不必再啰唆。值得注意的是伴随他艺术成就的一大嗜好——爱鹅,而且成癖。关于他爱鹅的故事很多,而且都很动人。

据说,王羲之从鹅的各种体态姿势中,领悟到了书法执笔、运笔的道理:执笔时食指要像鹅头那样昂扬微曲,运笔时则要像鹅掌拨水,方能使精神贯注于笔端。因此,他一生多次迁徙,每到一地,均要开凿鹅池,养一群鹅,细加揣摩,勤以练习,终于推陈出新,自成一家。

而我认为,从另一角度看,王羲之之所以爱鹅,是因为鹅的性格很清高,它爱干净,羽毛洁白,叫声清亮,动作优雅,在家禽界卓尔不群。同样,王羲之也是一个很清高的人,他在鹅的身上看到了自己的影子,并以此自勉:像鹅一样干净地活着,优雅地活着。这种风格反应在他的书法中,一笔一画,尽显大家风流,使他不仅发现书法美,而且能够表现书法美。

情系一物,而此物又反过来长期熏陶和感染人,从而使人的气质发生变化,精神上得到升华,从而有种常人难以企及的高贵气质和超然的品行。中国历史上,勾践爱兰,陶渊明爱菊,周敦颐爱莲,王羲之爱鹅……都有异曲同工之处。

爱好、品味不仅决定了一个人的气质,还对他的成就有所影响。

同样,企业家的品位与修养也决定着企业的品位与修养。曾有人断言:中国在一百年以内没有贵族。这话虽然武断了些,但令人沉思。不错,部分中国人现在是有钱了,但有钱不一定"贵"。"贵"不是住别墅、买宾利、打高尔夫、挥金如土,这只是暴发户,离"贵族"很远。

贵族精神的高贵之处,是一种内在的修养:心怀坦荡,同情弱者,尊重他人,干净地活着,优雅地活着,有尊严地活着。

在西方贵族身上体现的"绅士风度",就是贵族精神在生活中的表现。

据传,路易十六的夫人在上断头台时,不小心踩到了刽子手的脚,她马上下意识地说了句:"对不起,先生。"而她的丈夫路易十六,面对杀气腾腾的刽子手,留下的则是如此坦然高贵的遗言:"我清白死去。我原谅我的敌人,但愿我的血能平息上帝的怒火。"

电影《泰坦尼克号》中,在大船开始沉没的时候,船长请船上的小乐队到甲板上来演奏，以安抚大家的情绪。在演奏完毕之后，首席乐手向大家鞠了一躬，乐手们开始离去。船上此时非常混乱，大船马上就要沉没了，首席乐手看见大家都走远了，他自己又回到了原来的位置，架起小提琴，拉起了一支新的曲子。已经走远的乐手，听到音乐声，不约而同地又回到了首席乐手身边，大家重新开始演奏。船要沉没了，大家相互握手，互道珍重，首席乐手说："今天晚上，能和大家一起合作，是我终身的荣幸。"

　　记得观看到此处时，我不禁为这样的"绅士风度"而暗暗喝彩。

　　毋庸讳言，从整体而言，中国企业家群体尚未完全成熟。这种不成熟，与"富"无关，与企业的规模或财富的积累无关，而与"贵"有关：企业家的思想和灵魂是否能与自己的财富成比例地增长？

　　企业家要真正成为这个社会和时代的主流力量，除了积累财富，还有更重要的事，那就是关注自身修养，关注思想进步，具备提升文化和价值的能力。换句话说，企业家有条件并且也应该受中外优秀文化的熏陶，努力修养自身，培养出富而雅、富而贵的气质，以增强自身的软实力。

　　修，是用减法，求其精美，破除"心贼"，去掉身上的瑕疵；养，是用加法，求其晶莹，提高德才，补足身上欠缺的品质。

　　在这里，我想提一下北京中坤投资集团董事长黄怒波，他是一位"浸泡在诗里"的商人。

　　作为地产大佬，黄怒波不仅谈诗，而且写诗，是中国作家协会会员、中国诗歌学会副会长。他说："我经商这么多年，每天追着钱奔跑。当真的得到以后，你会非常非常痛苦和失望，你不知道这有什么意义。我开始怀疑自己，想在精神上回家。年轻人会觉得你太矫情，你发了财，当了《福布斯》富豪，当然可以这么说。可是，当你走过繁华，你一定也会想，人生的意义就是为了挣钱做富豪吗？"他决定通过诗歌来实现自己与自己心灵的对话。

　　作为一名企业家，他并不认为自己这是"不务正业"，相反，因为写诗，他赢得了别人的尊重。在法国爱丽舍宫，当着众多中国企业家的面，黄怒波把他的法文版诗集送给了法国总统奥朗德。奥朗德接过黄怒波的诗集，喜笑颜开，翻开来读上了一段，问道："我能拿着它照张相吗？"这就是中国当代儒雅的企业家——刚从珠穆朗玛峰第三次登顶归来，还把自己的诗集送给了法国总统。

茂名市万汇集团的李晓董事长是"腹有诗书气自华"的另一个代表。他公司的办公区就是一个偌大的图书馆，其办公室更是一间充满着雅趣和灵性的书房，书香满室，音乐流淌，上班成了一种享受。他对我一本正经地说："我下一步的计划是将24小时书店开进集团下属高档酒店的大堂中，让客人及员工随时都可开卷有益。"这让人既羡慕又佩服。

除了经营，企业家们还可以培养对音乐、绘画、摄影、文学、书法等看似完全不搭界且无任何直接利益的兴趣，以阅读博识，以静定养性，以艺文怡情，以艺术开拓思维，寻找优秀文化中所蕴藏着的智慧和意趣，引领精神成长，最终成为一个独一无二的自己，实现从富到贵的人生升华，以期达到"是真名士自风流"的境界。

孟子曰："吾善养吾浩然之气。"人在文化中浸淫久了，潜移默化，自然就会生出独特的气质、博大的胸怀、丰富的感悟、高尚的情操以及坚毅的意志，就会滋生出难得的"贵"气。这种"贵"气，又能反过来升华精神、辅助事业。

想到此处，若有所得。

举目望去，但见"崇山峻岭，茂林修竹，又有清流激湍，映带左右"，王羲之所言不虚。令我眼前一亮的是，一大一小两只鹅，正在竹林间意态悠闲、从容不迫地踱着步子。我好奇地盯着它们，直到它们走进一条小溪中，优哉游哉浮游着，越来越远，消失在竹林中……

三五九旅：
自己动手，丰衣足食

【故地抒怀】

游延安南泥湾

未惧此湾多烂泥，当年铸剑亦为犁。
丰衣足食缘屯垦，创业精神合再题。

注：南泥湾，位于陕西省延安市。这里曾是野草丛生、荆棘遍野、人迹稀少、野兽出没的荒凉之地。1941年3月，八路军359旅在南泥湾开展了著名的"大生产运动"。南泥湾精神是延安精神的重要组成部分，其自力更生、艰苦奋斗的精神内核，激励着一代又一代中华儿女战胜困难，夺取胜利。

【现场感悟】

"双创"需要南泥湾精神

踏着郭兰英"花篮的花儿香，听我来唱一唱唱一呀唱，来到了南泥湾，南泥湾好地方，好地呀方……"的歌声，我来到了南泥湾。

这是一首令人难忘的经典歌曲。这是一处令人无限憧憬的神奇地方。

蓝蓝的天空下面是青青的山，两山之间是绿油油的田园。田野平整，田地成片，阡陌相连，其间点缀着新房、新窑和采油的"磕头机"。虽然没有看见鲜花开满山，也没见"遍地是牛羊"，但与其他陕北地区沟壑纵横的地貌确实大不一样。

在广场中，一座军垦官兵的群雕，定格了八路军将士们将"烂泥湾"变成南泥湾的恢宏历史。纪念碑上，毛泽东题写的"自己动手，丰衣足食"八个金色大字闪耀着光芒。旁边的大生产展览馆面积不大，但陈设着的图片和实物，一下子又将我们带回了那个艰苦奋斗的抗战岁月。

1939年后，抗日战争进入相持阶段，日军对我敌后根据地发动大规模扫荡，同时国民党顽固派对陕甘宁边区实行严密的军事包围和经济封锁，叫嚣着要"饿死八路军，困死八路军"。当时，边区地广人稀，土地贫瘠，仅有140万群众，数万八路军干部战士和进步学生几乎没有衣穿，也没有鞋袜穿，冬天没有被子盖，没有菜吃，也没有油吃，甚至吃粮也很困难。

在这危急的历史关头，中共中央提出"发展经济，保障供给"的方针，发出"自己动手，丰衣足食"的号召，动员广大军民开展大生产运动。朱德总司令亲赴南泥湾踏勘调查，提出"屯田军垦"。自1941年春起，在王震旅长、王恩茂政委的率领下，359旅分四批，高唱着"一把镢头一支枪，出产建树守卫党中央"的战歌，浩浩荡荡地开进南泥湾，摆开了"大生产"的战场。没有住的，自己动手修挖窑洞；没有吃的，自己上山打猎下河打鱼，挖野菜找树皮；没有器材，自己制作锄铲等工具；没有耕牛，就以人代牛拉犁……

广大官兵用自己的双手和汗水，将荒凉之地改造成了"平川稻谷香，肥鸭遍池塘。到处是庄稼，遍地是牛羊"的"陕北好江南"。据统计，在1941年，359旅共拓荒地11200亩，收成细粮1200石，收成蔬菜164.8万斤，打窑洞1000多孔，盖屋子600余间。

南泥湾大生产运动，不仅让陕甘宁边区获得物质上的丰硕成果，而且通过大练兵提高了部队素质，真正实现了兵强马壮。中国共产党也由此自小到大、以弱胜强，最终取得了新民主主义革命的胜利。

1943年9月，毛泽东视察了南泥湾，指出："困难并不是不可征服的怪物，大家动手征服它，它就低头了。大家自力更生，吃的、穿的、用的都有了。目前我们没有外援，假定将来有了外援，也还是要以自力更生为主。"在其后不到一年的时间里，毛泽东写出了多篇指导解放区经济建设的重要论著，总结和大力宣传"自力更生，艰苦奋斗"的创业精神。从此，南泥湾精神由延安开始传播，影响到了全军、全党和全国，成为中国共产党和中华民族的宝贵财富和精神支柱。这种精神，是求生存、谋发展的一种志气，一种自信心，是我们民族的灵魂。

离开南泥湾广场，我走到土坡上的窑洞外极目眺望，叠翠的山峦夹着千亩的良田，如诗如画。我来到田间，深深呼吸着这不一样的空气，索性脱掉皮鞋，挽起裤管，亲近这块带有红色印记的泥土。我的心绪就像眼前的稻浪一样翻滚。这世界上从来就没有救世主，也不靠神仙皇帝。一个国家，一个民族，一个企业，一个人，只要有了南泥湾精神，就没有什么困难不能克服。

"自力更生，艰苦奋斗"的精神，是当年解放区经济建设的重要法宝，也是当前"大众创业、万众创新"的重要法宝。

创业是艰苦的。杭州娃哈哈集团的宗庆后曾经骑着三轮车到处送货，联想集团的柳传志到40岁了还在摆地摊，腾讯公司的马化腾困难时期差一点就以50万元将QQ卖掉了，华为创业之时的启动资金只有区区的2万元……

创业是勇敢者的追求，成功是小概率事件。今天的"大众创业、万众创新"不仅需要热情，而且需要"自力更生，艰苦奋斗"的精神。当年，听着《南泥湾》长大的孩子现在也渐渐进入中老年人行列了，而作为当今创业创新的主力军，大部分是独生子女甚至是"独二代"，他们大部分生活在改革开放以后，物质生活已经得到较大的改善，难以体会到艰苦岁月的磨难。我的身边有几位"80后""90后"，他们开始创业时热情高涨，但出现困难时很快便偃旗息鼓、低头认输了。让这部分创业创新者了解或重温南泥湾精神，十分有必要。

当然，南泥湾精神，除了艰苦奋斗，还有自力更生。面对信息和智能时代，自力更生的精神应该包含自主研发、自主品牌和内源性生长等内涵。

改革开放之后,我国产生两类企业。

一类是外源性企业,即主要依靠外部条件才能生存的企业,比如依靠外来市场、外来订单、外来技术、外来品牌、外来资金的企业,在"世界工厂"东莞市就曾存在大量这样的企业。在改革开放初期,该市相当多的企业依靠外源的力量生存发展,只要拿到订单就可以开工厂,生存的空间来自于订单的大小与长短。虽然其中上规模的企业也不少,但企业不能自主决定自己的命运与发展。后来,随着外部经济环境的不断恶化,一大批外部依存度高的企业被迫关闭。

另一类是内源性企业,即主要是依靠内部条件而不是依靠外部环境发展起来的企业,以自有投资、自主研发、自有品牌为主,国内外市场兼顾。同样在广东,顺德企业就有这样的特点。20 世纪 90 年代一句"可怕的顺德人"道出了顺德企业的成功密码,那就是自力更生、敢闯敢拼的精神。美的、格兰仕、科龙、万和、万家乐、康宝、蚬华、东菱、大自然等顺德品牌成为中国了家电、民营经济和自有品牌的领跑者,至今不衰。

当然,并非所有的外源性企业都没有前途,也不是所有的内源性企业都注定成功。可以肯定的是,如果能将外源性和内源性有机融合,则可以发展得更好。如华为、中兴、大疆、腾讯、顺丰等深圳企业在这方面进行了有益的探索,并且取得了令人瞩目的成就。而今天的深圳,也逐渐成为全球科技创新和产业中心,这些企业也成为中国质量的领先者、世界市场的开拓者。

创业需要艰苦奋斗,创新需要自力更生。"双创"时代,我们需要重回南泥湾。

"如今的南泥湾,与往年不一般,再不是旧模样,是陕北的好江南……"动听的歌声又在耳边响起。

但这次不是郭兰英唱的,是几个女游客。这 3 个女游客的年纪都在 50 岁上下,但精神饱满,意气风发。她们正在调教一个大约只有 10 岁的小女孩学唱《南泥湾》,她们唱得旁若无人。歌声加笑声,感染了在场的每一个人。歌声和笑声,传得很远很远……

第三编

取势

取顺逆之势

阳关古道：
生意、诗和远方

【故地抒怀】

过甘肃敦煌阳关道兼感"一带一路"倡议

驼铃悠远响平沙，商道曾经通万家。
一路而今兴一带，阳关唱别向天涯。

注：阳关是古代通西域的必经关口，西汉置关，因在玉门关之南而名。宋代以后，因和西方的陆路交通逐渐衰落，关遂废圮。其故址在今甘肃省敦煌市西南古董滩附近。阳关大道原指古代经过阳关通向西域的大道，后来泛指通行便利的大路，比喻宽阔和光明的前途。中国"一带一路"倡议的提出和展开，给这条商业古道及全球经济又增添了新的活力。

【现场感悟】

国家战略和企业战略

"劝君更尽一杯酒，西出阳关无故人。"

从阳关故址的石碑后一眼望去，但见一条伸向远方的大道，在沙尘中好像没有尽头。在这里，自然而然便想起王维的这首诗，深深体会到他对朋友的真挚感情，不禁为此动容。

我策马登上阳关汉长城遗下的唯一烽燧，放眼望去，荒漠万里，渺无人烟，黄沙茫茫，白云悠悠，浅水芦花无数。大道两旁，砾石遍野，散落着无数汉瓦唐陶的碎片。一条花蛇快速爬到我脚边，稍停，又快速爬向前方。

走在阳关古道上，戈壁苍凉，沙海壮美。这样的天才叫天，这样的地才叫地，这样的路才叫路！

阳关，是昔日丝绸之路上一个重要的关隘，长期以来却被赋予了丰富的内涵。"你走你的阳关道，我过我的独木桥"，是家喻户晓的名句。阳关不仅是军人的阳关、诗人的阳关、哲人的阳关，也是商人的阳关；阳关大道不仅是文化大道，是商贸大道，是中外文明交融的大道，更是走向成功的大道。

在阳关道上，除了生意，还有诗和远方。

想当年，茫茫戈壁，漫漫风沙，残阳如血，商人们牵着驼队，艰难地跋涉在蜿蜒的古道上。驼铃声声，寒风阵阵，只有天边清冷的残月在陪伴着他们的篝火。商人们克服千难万险，往来于中国和西域各国之间，把商业繁荣所带来的便利和满足送进千家万户。

驼铃远逝，古道悠悠。

在沉寂了300年后，这条古老的丝绸之路正在融入"一带一路"建设的进程中，以崭新的面貌和更为丰富的内涵，重新焕发出勃勃生机。

2013年9月7日，中国国家主席习近平在哈萨克斯坦纳扎尔巴耶夫大学发表重要演讲，首次提出了加强政策沟通、道路联通、贸易畅通、货币流通、民心相通，共同建设"丝绸之路经济带"的倡议。同年10月3日，他在印度尼西亚国会发表重要演讲时又明确提出，中国致力于加强同东盟国家的互联互通建设，愿同东盟国家发展好海洋合作伙伴关系，共同建设"21世纪海上丝绸之路"。

这就是中国所提出的"一带一路"倡议。

"一带一路"倡议已超出古代丝绸之路的地理范畴，是一个惠及多国的新经济关系框架。可以预料，以"共商、共建、共享"为原则，以"政府+市场"双轮驱动，遵循平等，追求共赢，共同构建人类命运共同体的"一带一路"倡议为全球可持续发展所的提供中国方案，将引领人类第四次全球化——新型全球化，并将重塑世界经济地理格局，而古老的阳关道也将随着这个宏伟构想的实施焕发出新的生机。

近年来，随着全球化的深入和"一带一路"建设的推进，"数字丝绸之路"也在不断延伸。我国有更多的企业积极走出去，抓住机遇，深耕"一带一路"沿线潜力巨大的市场。

例如，美的集团实行全球经营战略以来，海外市场对营业收入的贡献率接近50%。这两年，美的先后收购了全球知名的机器人企业——德国的库卡集团和以色列的Servotronix公司，进军机器人及工业自动化领域，进行战略转型。美的集团还计划未来两年在印度投资新建一个包含热水器、洗衣机、冰箱等产品制造的生产基地，以满足当地的市场需求。

碧桂园集团"森林城市"项目在马来西亚也获得了成功。马来西亚柔佛州苏丹依布拉欣殿下授予碧桂园集团董事局主席杨国强先生柔佛州"一级拿督"勋衔。而我好几个同学的企业随着国家的战略走出去，也获得了政府的支持，取得了初步的成功。

由此可见，国家战略其实也是企业战略。在全球化及信息化时代，跟随国家战略，遵守市场规律，坚持开放经营，走的就是"阳关大道"。

从阳关古道返回来，古老的驼铃声仿佛还在耳边回响，但伤感的心情早已云消雾散。几位商界的朋友在墩墩山上的碑文长廊准备了葡萄和酒菜为我饯行，我们兴致勃勃，从丝绸之路到"一带一路"，从国家战略到企业战略，尽兴而论，哪有一丝伤感的影子？

一个朋友举起酒杯说："我是个粗人，却也要改下王维的诗：劝君更尽一杯酒，西出阳关多商机，你们同意不？"

我们一致叫好。我想，如果王维地下有知，他一定不会计较我们将他的诗改得如此粗陋。他一定会理解，"一带一路"倡议带给沿线国家、企业和个人无数的机遇，大家都有更紧迫的工作要做，而没有更多的时间去多愁善感。

智勇杨延昭：泼水成冰寨

【故地抒怀】

过遂城六郎亭咏杨延昭

泼水成冰寨，从容退虎师。
若非名将子，焉解借天时。

注：杨延昭（958—1014），并州太原（今山西省太原市）人，北宋抗辽名将杨业长子（小说中为杨业六子），自幼随杨业征战，威震边廷，宋真宗称赞他"治兵护塞有父风"。

【现场感悟】

借得天时不用还

北风如刀，在一望无际的华北平原肆意横行，刮在面上，让人感到一阵阵叠加的冷和痛。作为一个南方人，在这种天气来寻访六郎亭，实在是十分"刺激"。

到了遂城镇北，远远就看到一片残破的土城墙。转过土墙，是一座古色古香的亭子，匾额上书"六郎亭"三个大字。一位当地老人告诉我，在刚刚经过的小桥边上，曾经有杨六郎修建的瞭望台，当年完好的时候有3个谷仓那么高。听着老人的介绍，想象着当年杨六郎在这里挥戈御敌的铁血雄风，不禁悠然神往。

北宋咸平二年（999）冬，20万辽兵犯境，边关吃紧。遂城城小，兵力不足，守军只有3000人。辽兵来势汹汹，突然兵临城下，将城围住，并且一连几天数次攻城，一次比一次猛烈。可是遂城的守军和老百姓好像与平常一样，没有任何不安。守城的大将杨延昭感到奇怪，他问老百姓："辽兵这么攻城，你们不害怕吗？"老百姓回答："有杨将军在此镇守，辽兵是攻不破的！"杨六郎一听边关百姓对自己是如此的信任，更感到责任重大。于是他把全城的青壮年召集起来，发给他们刀枪剑戟，动员他们配合军队一起上阵护城。时值十月，天气突然变冷，杨延昭见此情景，急中生智，忙令军民汲水灌城。晚上，往城墙上浇一遍水，马上就结成一层冰，浇了一夜水，结了一夜冰。到第二天早晨，嗬，那高大的城墙白闪闪、亮晶晶，成了一道冰墙，又坚又滑，不可攀登。辽军疑惧之下，悻悻而退。杨六郎一战成名，被擢升为莫州刺史。

兵书上说，欲制胜者，取势为先。而天时、地利、人和三者为大势，得一即可一战。遂城小镇城防不坚，此为地利之不足。然而军民同心抗辽，甚得人和之利，堪可一战。杨六郎不愧是名将之后，能够巧借天时，利用寒冬气候，泼水结成冰城，智退敌军。

这其中借势之妙，令人拍案叫绝。

战国时期赵国人慎到是法家思想理论的开拓者之一。他主张"贵势"和"尚法"，在中国历史上第一个提出"取势"的思想。慎到的重势之说为后来的韩非所吸收继承。韩非子是法、势、术之集大成者，他强调，法、势、术三者互相制约、互相补充。势是保证法和术得以顺利实施的条件。君临天下，依凭的是势。而势就如高山顶上的一棵树，它之所以高高在上，是因为它足踏高山，凭借高山作为基石。这表明，势靠位尊权重而得，势也可塑造而得。商鞅依靠秦孝公作后盾推行新法，战无不胜，有威有势，始能令行禁止，达于至治。"夫有材，而无势，虽贤不能治不肖。"一个人仅有贤能是不够的，还得有"势"，不然就无法让不肖之徒服从。

被后世称为"兵书圣典"的《孙子兵法》也全面吸收了慎到"取势"的思想。孙子云:"故善战人之势,如转石于千仞之山者,势也"。即是说,善于指挥作战的人所造成的有利形势,就像转动的圆石,从数千米的高山上滚下来那样,不可阻挡,这就是所谓的势。孙子还说道:"故善战者,求之于势,不责于人,故能择人而任势。"这句话的意思是说,善于指挥打仗的将帅,他的主导思想应放在依靠、运用、把握和创造有利于自己的、必胜的形势上,而不是去苛求手下的将吏、过分地强调人。善于指挥打仗的将帅能从全局态势的发展变化出发,度势任才,使自己取得决定全局胜利的主动权。

深入领会传统"取势"和"任人"的精髓,对今天企业的管理者具有十分重要的意义。综观近年来发展迅猛的产品、品牌或项目,可以发现不少善于借势的营销智慧。

两部《舌尖上的中国》红遍大江南北,借势营销的企业数目众多,而"舌尖掘金"的北京西贝餐饮管理有限公司(简称为"西贝")当属一大赢家。西贝曾借《舌尖上的中国I》签约黄老汉大卖黄馍馍,销售3000万元,并让西贝品牌一夜蹿红。如今的"西贝宣布再度启动《舌尖上的中国》营销,斥资600万元买断《舌尖上的中国2》"张爷爷手工空心挂面",并宣布了在一年内投入至少1亿元的营销计划。谈及选择"张爷爷挂面"的原因时,西贝表示除了其是地道的西北民间美食、传统纯手工制作,与西贝天然、地道等理念高度一致外,重要的因素还在于"张爷爷"挂面有故事、有人物、有冲突,这对于借势营销来说是制胜关键。

借得天时不用还。杨延昭巧借时势,退去敌兵20万,不仅成为千古佳话,也为我们上了一堂生动的"取势"课。西贝通过借势再造势,事半功倍地提升品牌形象,促进销售,开拓经营,成了人们热议的话题。

但需要清醒的是,借势并不等于成功,借力也不等于获益。借势营销同样也是一把双刃剑,用好了,企业获益。用不好,投入受损,甚至品牌失信。因此,借势看似容易,人人都可以"借"。但如何才能借得对、借得准、借到效益,就得看各家企业的本事了。

生子当如孙仲谋：
三足鼎立凭地利

【故地抒怀】

游北固山咏孙权

天堑犹堪恃，征帆起霸图。
如如崇北固，稳稳据东吴。
治国凭长策，用兵敌万夫。
长江腾一炬，孟德枉踟蹰。

注：孙权（182—252），字仲谋，吴郡富春（今浙江省杭州市富阳区）人。三国时代东吴的建立者。

【现场感悟】

信息时代话地利

登上江苏镇江北固山凌云亭，看大江横枕，锦绣江山，如诗如画，脑海中自然而然映入南宋著名爱国词人辛弃疾的名句："千古江山，英雄无觅，孙仲谋处。舞榭歌台，风流总被雨打风吹去。"

孙权这位仁兄，不仅辛弃疾老将军夸他，连自命英雄的曹操也高度认可。曹操有一次与孙权在江上对垒，见吴军军容整肃，孙权仪表堂堂，威风凛凛，乃喟然叹曰："生子当如孙仲谋，刘景升儿子若豚犬耳！"——生儿子还是生孙权这样的儿子来劲，刘表的儿子简直猪狗不如！

这话有点夸张，但孙权的英雄气概，可见是公认的。他充分利用地利优势，营造江东霸业，与曹、刘分庭抗礼，是个不可多得的领导者。

诸葛亮还没有正式出山时，就在隆中对刘备说："将军欲成霸业，北让曹操占天时，南让孙权占地利，将军可占人和。"当时，江东的孙权政权，已历三代，地处险要，国富民强，势力强大，曹操难以吞并，刘备难与争锋。后来，正如鲁肃、诸葛亮所预测，天下形成三足鼎立之势。

从地势上看，依赖天险与蜀、魏两国划江而治，确实是东吴重要的立国之本。赤壁大战，周郎顺风点火，大败曹军，就是包含"天时、地利、人和"三大要素的千古战例。《孙子兵法》说："天时、地利、人和，三者不得，虽胜有殃。"而天时、地利、人和，三者得一，即可一战。

管子老先生曾说："不务天时，则财不生；不务地利，则仓库不盈。"立国如此，立企也是如此。

企业谋事创业，必须关注天时、地利、人和三大要素。如果你想做政治家，最好去北京，那是中国的政治文化中心；如果你想做金融家，最好去上海，那是中国的经济和金融中心；如果你想做贸易，最好去广州，那是全球举足轻重的商贸中心；如果你想做研发，最好去深圳，那是全球最有活力的高新技术产业中心。由此，国内四大一线城市应运而生。

不管什么形式的企业，最终都需要满足顾客的需求，需要组合各种资源，如何更便捷地取得及更合理地运用这些资源，相当大的一部分都属于地利的范畴。

百度公司的成功在于其很好地占领了技术人才高点，因为中国技术人才最密集的地方当然就是北京。北京拥有中国最好的大学，集聚了全中国最强大的智力资源，对于百度这种以技术立身的公司，北京为其提供了所需要的高端人才资源，于是才有了最强大的中文搜索引擎横空出世。

毋庸置疑，在全球化、信息化、移动化、智能化的今天，不管你乐意不乐意，地球实际上都日渐变成了一个将一切的人、事、物都不可思议地联系在一起的网络了。"天时、地利、人和"的概念正受到时代的冲击，企业组织结构面临创新和变革的压力，未来将出现机器员工、人机合作的现象，传统的思维正等着时代的更新及验证。

有人说，在移动互联时代，"地利"的优势正变得微乎其微。其实，"地利"因素依然发挥着它不可或缺的作用，只不过它可能蕴含了新的内容，出现了新的形式。

Facebook公司的创始人扎克伯格曾在一份近6000字的帖子中提议建立"全球社区"，以应对人们难以驾驭的政治和反全球化情绪，改善人们的生活。在未来的"全球社区"中，我们与"邻居"可能相隔万里，但互动良好。但在实际生活中，我们与真正的邻居徒有"地利"之名，却无半点交集。然而，借助互联互通技术，我们又可真正激活社区，让邻居还原为实实在在的身边人，也让我们的社交半径无限延伸。退一步讲，即使"线上"交易如何发达，但"线下"实体商店配送也得讲求"地利"。

我们处在一个矛盾而又多变的时代，"天时、地利、人和"的概念正被快速发展的科技时代重新诠释。

从世界范围内看，中国有庞大的人口和市场，很多领域一不小心便会成为世界第一。在移动互联网时代，中国的"地利"优势是拥有最大的市场和用户群，不论是个人电脑、手机、汽车还是互联网领域，如果要了解拥有5.91亿互联网用户、4.64亿移动互联网用户的中国市场，本地的优秀人才群体难以替代。这些人才，不仅来自每年数以百万计的高校毕业生，更来自各行各业中熟稔中国市场、用户和文化的行家里手。一直到2020年，中国仍将具有9.92亿人的劳动力资源，这不仅是一个"人和"要素，也是一个"地利"要素。

此外，在新时期下，"地利"还包括它所衍生的多种资源与因素，而且，新的要素还在不断涌现。真正睿智的企业家，会及时而精准地掌握"天、地、人"这三大要素，既不放过任何一个顺势而为的机遇，又能依托周围的环境，与时俱变，知人善用。

"生子当如孙仲谋"，曹操的话，由辛弃疾笔下说出，实在是因为南宋朝廷太萎靡庸碌了，竟没有一个像孙权那样，懂得借天时、凭地利、聚人心，奋发有为的卓越领导人，难怪辛老为此而感慨涕零啊！

皓首姜尚：大钓本无钩

【故地抒怀】

过陈仓磻溪钓台咏姜太公

莫谓衰翁朽，垂纶系直钩。
能穿天下饵，一钓即封侯。

注：姜子牙（约公元前1156—约公元前1017），名尚，一名望，字子牙，或单称牙，别号"飞熊"，人称姜太公。商朝末年人，周文王倾商、武王克殷的首席谋臣、最高军事统帅，西周的开国元勋，齐国的缔造者、齐文化的创始人。

【现场感悟】

策划不以常道

磻溪的秋天，既是收获季，又是播种季。这边成片的玉米秆刚倒下，那边成片的幼苗已泛青绿。

沿着弯弯曲曲的公路，从渭河谷地进入群峰耸峙的磻溪之畔，便到了被称为"中国第一钓台"的姜太公钓鱼台，"姜子牙钓鱼，周文王访贤"

的历史故事就发生在这里。

钓台南依秦岭，北望渭水。峡谷延绵，奇石遍布，碧潭相连，溪水似有似无流淌，小鱼忽上忽下优游。一块巨大的"钓磺灵矶"石立在溪流当中，而"姜太公"正以3000多年不变的姿势在崖边小溪垂钓。不过，在现代的今天，他"钓"来的不是周文王，而是一个个远道而来的游客。

"姜太公钓鱼"太有名了，所以游人倒是不少。

据载，姜太公钓鱼的时候，已是73岁高龄了。他出生时，家境已经败落。他年轻时干过宰牛卖肉的屠夫，也开过酒店卖过酒。但他人穷志不短，始终刻苦学习。满腹经纶，才华横溢，却仍一事无成。孔子在这个岁数时，早已经名满天下、入土为安了。老人家着急了——换你你也急，岁月不等人呀！于是他苦思冥想，如何能让当时最有影响力的周文王注意并重用自己呢？最后，他还真想出了一招：来到渭水之畔的磻溪，手执无钩竿，钓起鱼来。看见的人皱着眉头问："你这样能钓到鱼吗？"他自信满满地说了传诵至今的四个字——

"愿者上钩！"

奇怪的事情是很容易被"八卦"的，直钩钓鱼的"八卦"自然很快传到了周文王那儿，文王一听：得，去看看这老儿吧，没准是个人才。于是贤君名臣风云际会，成就了一出比《三国演义》中刘备三顾茅庐更加富于传奇色彩的千古佳话。无怪乎一代文豪苏东坡在任凤翔签书判官时，游览完钓鱼台后不禁感慨："闻道蟠溪石，犹存渭水头。苍崖虽有迹，大钓本无钩。"

苏东坡肯定的，就是姜尚无钩而钓、"引君上钩"、晚年逆袭的励志故事。从吸引眼球、策划成事这个角度来说，姜尚无疑是始作俑者。自此以往，有才识的人为了推销自己，奇思妙想无所不用其极，有"大智若愚"式，有"毛遂自荐"式，更有"隐居躬耕"式，无非就是利用一反常态的人和事，抓取人的眼球，激发好奇心，进而抓住机遇，开拓事业。

在如今的商业时代，姜尚的做法叫策划，也被称作"眼球经济"。策划就是全面谋划，运用技巧，整合资源，放大效益。策划得当，可化腐朽为神奇，可令咸鱼翻身，小可发财，大可兴邦。

吸引眼球是策划成功的关键。注意力之所以重要，是由于注意力可以吸引和优化社会资源的配置，进而使商家获得巨大利益。

比如改革开放以后，麦当劳成为中国各大城市最热销的快餐品牌，每逢节假日更是人如蜂拥，座无虚席。吸引用餐者的，并不单单是卫生、便捷、标准化的"洋快餐"，还有那式样各异、创意新奇的玩具赠品。这些玩具的诱惑力对小朋友来说是无可抵挡的，尝到了甜头的孩子们都喜欢把家长引到这里来。孩子的需求带来了全家的消费，洋餐吃乐了，玩具到手了，孩子高兴，家长多掏一点腰包也心甘情愿。麦当劳赠品的成本比较低，尽管所赠总体数量较大，但综合效益十分可观。

麦当劳成功的"吸睛"策划与当年姜老先生的直钩钓鱼有异曲同工之妙，各有精彩。

不得不说，在产品种类繁多而同质化严重的今天，眼球经济比以往任何一个时候都要活跃。

如果你不想标新立异，还有一种最直接的吸引眼球的办法，那就是用美女来吸引人的注意。美貌在这个世界上属于重要的稀缺资源，就像一位经济学家说的那样，并不是每个人都天生丽质，因此，"颜值"就愈发显得珍贵。正是由于美色的稀缺性，人们就愈发将有限的目光投注到其中。厂商只要利用好这一点，就可以顺利地将人们的目光通过美女吸引到自己的商品和服务之上。

据美国一家著名汽车公司的调查表明，在车展中，如果有名车而无美女，观众停下观看的平均时间是2分钟；如果既有名车又有美女，观众停下观看的时间则是9分钟。也就是说，美女让观众对产品的关注时间增加了7分钟。而正是这短短的7分钟，为企业赢得了不少的商业机会和销售收入。难怪我熟悉的一位企业老板对宣传策划部的员工说，如果公司的广告没有好的创意，就一律将美女"请"出来，反正效果都不会差到哪里去的。

眼球经营确实有效，但如果使用不当，有违风化道德，结果也可能会适得其反。有媒体报道，昆明一家新开张的"牛奶吧"为了招揽客人，把新鲜的牛奶装进人体模特中，每位客人要喝牛奶时，都要亲自到人体模特身上"挤"奶。此招一出，招来众怒，"牛奶吧"最后不得不关门停业。

如果姜太公老人家地下有知，恐怕对这些不肖的徒子徒孙也要拍案而起，斥其胡作非为了。

巾帼傅善祥：史上唯一女状元

【故地抒怀】

过南京煦园咏傅善祥

古来多少状元郎，文采风流压众芳。

独有红颜登鼎甲，诸公不及画眉长。

注：傅善祥（？—1856），清末金陵（今江苏省南京市）人。据载是中国历史上第一位也是唯一的女状元。1853年（清咸丰三年），太平天国开创科举女科才，傅善祥经科考高中鼎甲第一名。

【现场感悟】

第一与唯一

第一次到南京煦园，我不禁折服于它精致的美。

翠竹绿柳，小桥流水，玉宇琼楼，奇石假山，那是不消说的了，还有古木参天，更有莺歌燕舞，锦鲤逐腾，适然悠闲，动静相和，仿佛让人置身于九重仙境。

煦园原本是朱元璋招抚陈友谅旧部，为其子建造的汉王府。其后，明成祖封其次子朱高煦为汉王，辟原汉王府东半部为新汉王府，并以朱高煦名中的煦字取名谓"煦园"。清朝时成为两江总督衙门花园。太平天国将其扩建为天王府御花园。清军破南京时为战火所毁，后由曾国藩重建。1921年1月1日，孙中山于煦园暖阁宣誓就任临时大总统，其办公室和起居室就在煦园之中。

煦园被誉为"四朝胜迹"，尽人皆知。但人们不知道的是，这里还诞生过中国历史上唯一的科举女状元。

原来，太平天国定都天京之后，洪秀全颁布诏书，开科取士，同时打破常规，增加"女科"，这在中国历史上是破天荒的。在这次科举考试中，女科考生傅善祥显示出超人的才华，笔下文思泉涌，洋洋洒洒一万余字，字字珠玑，处处精华。考卷经过层层选拔，最后被东王杨秀清点为鼎甲第一名。于是，傅善祥成为中国历史上第一个也是唯一的女状元。

科举制度从隋唐开始，历经宋元明清，绵延了1300多年，累计选拔出"十万名以上的进士，百万名以上的举人"。据学者统计，我国历史上获得状元称号的有1000多人。

所谓状元及第，即在殿试中考取"第一名"，这无疑是佼佼者中的佼佼者。历史上的这一千多位"第一名"，在当时固然风光无限，志得意满，可是在今天，又有谁能记住他们中哪几位的名字？除了清末的状元实业家张謇等寥寥几位还给人印象以外，其余的"第一名"大部分早已湮灭在历史的尘灰之中了。而在历史夹缝中走出来的傅善祥，不是傍父傍兄、依夫依子，而是以自己的才华蟾宫折桂，凭着"历史上唯一的女状元"这个名头，在史册中占有独特的价值和地位。

同样，说起"梁博"这个名字，现在已经没有几个人记得了。

2012年，梁博参加当时名动一时的浙江卫视《中国好声音》第一季的选秀表演，被导师那英看中。在那英的精心指导下，经过层层筛选，过关斩将，他最终夺得了第一季的总冠军。当时真可谓少年得志，风生水起。可是仅仅过去了三四年，乐坛上早已没有了他的身影，曾经的"第一"，仿佛只是天边的流星一闪而过。现在有谁还会主动想起"梁博"——当时这个万众瞩目的名字？

而反观当年被导师庾澄庆所相中的吴莫愁，虽然屈居年度亚军，但凭借着她特别的形象、特色的唱功和出色的运作，成为该届选手中最为闪亮的明星，至今仍活跃在乐坛的最前沿。2014年，她以一首《就现在》荣获东方风云榜"十大金曲奖"和"传媒推荐大奖"，其后更在第18届全球华语榜中榜暨亚洲影响力大典中，荣获年度最劲爆女歌手和年度最佳金曲两项大奖。

同样是选才，那英看重的是"第一"，而庾澄庆偏重的却是"唯一"。"第一"和"唯一"，虽然只有一字之差，却有着本质的区别。正是这种区别，才造就了梁博和吴莫愁两人相似的境遇、不同的结局。

所谓"第一"，就意味着排名，就意味着要和很多人按照同一个游戏规则去竞争，或者说客户会按照一个统一标准来评估优劣先后。在所有参与者中，只能选出一个第一，其他的都会被"第一"掩盖。"第一"是不稳定的，也是可替代的。竞争的环境不断在变化，竞争的标准随时会变改，这"第一"又可能会成为一种包袱，在获得桂冠的同时不得不像乌龟一样每日背着甲壳前行。有一位奥运冠军曾经在酒后跟我吐露真言："第一往往都是一个看上去美妙，但并不一定美好的传说。"

而唯一就不同了。唯一就是只有一个，没有相同的，具有绝对的独特性和话语权，形成难以替代的竞争优势。比如苹果手机，为什么能够长期居于手机行业的霸主地位？就是因为它的设计理念和服务观念都是唯一的，在一个时期内别人不可能复制，更难以超越。

傅善祥是唯一的，所以她青史留名；吴莫愁是唯一的，所以她获得了持续的成功；苹果手机也是唯一的，所以它能引领全球手机行业的发展。其实仔细想来，每一个人、每一家企业本身就是一个唯一的存在。每个行业只能产生一个"第一"，而这个世界可以容纳无数个"唯一"。关键是必须将你的"唯一"亮出来并不断放大，呈现其价值，并以此参与竞争，获得尊重。

准确来说，帮助你脱颖而出的并不是唯一性，而是你的唯一价值。从"唯一"转变成"唯一价值"，你必须扬长避短，释放能量，发光发热。否则，你的"唯一"还是会被淹没在茫茫人海的。而作为管理者，在育人选才中，你能否独具慧眼，既看到"第一"，更看到"唯一"？

战略家计然：
神机不见露峥嵘

【故地抒怀】

过宁波计家山咏计然

高瞻远瞩世人倾，沧海云烟掩姓名。
七计功成方用五，神机不见露峥嵘。

注：计然，生卒年不详，春秋时期宋国葵丘濮上（今河南省商丘市民权县）人，著名的谋士、战略家、思想家和经济学家，著有《文子》《通玄真经》等。

【现场感悟】

业布远势忌近谋

计然，也许您未闻其名，但没关系，他对您或许没那么重要。但对于宁波江北区慈城镇的计家村来说，这个名字却与他们的生活息息相关。

计家村旁有一座山，叫计家山，山下有一口井，称计然井。山上有一座墓，是计然墓。您猜对了，这所有的一切，都是为了纪念和祭奠他们的老祖宗计然的。

春秋后期的吴越相争，是中国历史上最著名、最精彩的博弈和对决之一。越王勾践在范蠡等人的辅佐下卧薪尝胆，励精图治，最终雪耻灭吴的故事一直在流传——"十年生聚、十年教训"，越国这个时间跨度长达20年的战略行动，据说就是计然授予范蠡的奇谋。

如果说，萧何、张良、韩信是"汉兴三杰"，那么，越王勾践灭吴称霸也有"三杰"，即文种、范蠡和计然。在吴越相争中，文种直接管理越国政务，范蠡以军事辅佐勾践，计然的主要贡献在经济经营方面。

据说计然原姓辛，计然是他的"绰号"，指"善于计算运筹"的意思。他教授给范蠡"贵流通""尚平均""戒滞停"等七策，范蠡领会了其中的精神，只用了五策，便能使越国强盛，成为春秋五霸之一。

长达20年的战略与行动，不得不让人佩服。计然深谋远虑和高瞻远瞩的本事，亦可见一斑。

《孙子兵法》中说："夫未战而庙算胜者，得算多也；未战而庙算不胜者，得算少也。"算，即谋略，即规划、计划和策划。有了宏大长远的规划，才能有不懈奋斗的方向和动力。

吴越攻防如此，现代企业的经营开拓亦如此。

当今商业时代最大的特征是"变"，企业家要敢于求变，以变应变。战略意识较强的企业家可以洞察未来，引领变化。能否成为一位引领发展的企业家，不仅仅取决于他的实力，更取决于他的卓识、胸怀和眼光。

1933年，在日本松下电器公司的创业纪念日这一天，松下的创始人松下幸之助发表了这样一番演讲：

"今天我要指定五月五日为我们的创业纪念日，以后每逢这一天，一定要举行隆重的典礼来祝贺。我要把今年取名叫'命知创业第一年'。从今天起，往后算250年，作为达成使命时间。把250年分成10个阶段，再把第一个25年分成三期，第一期的10年，当作建设时代；第二期的10年，当作活动时代；第三期的5年，当作是贡献时代。用同样的方法重复实践。依此类推，直到第10个阶段。换句话说，250年以后，要把这个世界变成一个物质丰富的乐土。"

这是多么震撼人心、古今少有的长远商业计划！松下这段演讲的意义，并不在于250年的目标能否真的如期实现，或者能否实现，而在于他的演讲对于当时松下经营理念的强化，以及给那一代人所带来的精神支持和前进动力。在松下经营哲学的支持下，松下电器获得了飞速的发展，最终成为电子电器跨国公司的巨头。

哈佛大学的一份调查报告表明，那些有长远目标、有人生规划的人能走得更远，能取得更大的成功。相信有松下般长远战略规划的企业，也可以取得更大的成功。

战场上，军事家必然是战略家。商场上，杰出的企业家也应该是战略家。在充满不确定性的市场环境下，只有将企业的价值和发展方向首先确定，以确定的战略加上灵活的战术，才能谋将来。

计然为越国谋20年，而现代的企业家可以谋50年、500年甚至1000年，引领商业发展。

对于计家庄来说，计然是如此的重要，许多东西都以他命名。他的过往事迹，每一位村民都耳熟能详。

在计家井旁，我留恋了良久。

据说，这口井无论旱涝，常年水量充盈，不会干涸。我想，计然的智慧也像这井水一样，源源不断，给后世带来无尽的滋养。

秋风五丈塬：
天道谁能改？

【故地抒怀】

五丈塬秋夜咏诸葛亮

宗臣身殒处，杜宇似鸣冤。

欲破三分局，难堪五丈塬。

平生呕血事，几句托孤言。

逆势强为者，无由恨白幡。

注：五丈塬位于今陕西省宝鸡市岐山县，为三国时诸葛亮屯兵用武、积劳成疾及病逝之地。诸葛亮受刘备托孤之请，一生呕尽心血，五次伐魏，驻兵祁山，无奈功败垂成。

【现场感悟】

顺势而为方合道德

深秋的五丈塬笼罩着一层薄雾，使它看上去有种神秘的萧索。

在定军山拜谒过诸葛丞相后，我踏着枯黄的落叶，走到八百里秦川的西段，并在此徘徊入夜，就是为了感受塬上那已经吹了1700多年的不一样的秋风，追怀那一段鞠躬尽瘁的感人故事。

五丈塬上的诸葛亮庙内安奉着丞相的泥塑彩色坐像，羽扇纶巾，仪态端庄，宛若仍在运筹帷幄，谋划再次北伐。两边是姜维、杨仪、关兴、张苞、王平、廖化的塑像。庙内有诸葛亮衣冠冢，冢旁有一落星亭，亭内有一石，青褐色，表面凹凸不平，相传是诸葛亮逝世时天上陨落的将星。五丈塬东麓至今有落星湾、星落坡等地名，据传此石即从彼处移来。一代忠臣名相身劳力竭，星殒于此，令人叹息不已。

五丈塬东10公里处之葫芦口，相传就是诸葛亮设伏火烧司马懿的战场。而渭河北岸的三刀岭，正好与五丈塬南北对峙，隔河相望，传说就是司马懿驻扎帅营之处。在塬上北望，视野开阔，地势平坦，渭水蜿蜒流过，耳边秋风呼啸。眼前薄雾似有若无，隐约之间，仿佛再现蜀魏相争时金戈铁马、喊杀震天的情景。

有史学家认为，诸葛亮联吴抗魏的战略是正确的，但其独力北伐，频繁用兵，却是自相矛盾，逆天强行。三国时期正是华夏大地由统一走向分裂，又由分裂走向统一的过渡阶段。当时的魏国，疆土辽阔，兵多将广，自从曹操实行屯田和奖励生产政策以来，经过多年的经济恢复，已积蓄有相当强的实力。而蜀国幅员狭小，人口也少，自"夷陵之战"惨败以来，战力锐减。虽然刘备死后，经过诸葛亮的竭力经营，蜀国的政治比较稳定，经济也有所发展，但是同魏国相比，力量依然悬殊。

所以，当时的北伐实际上是以弱伐强，以寡欺众，以远袭近，以劳对逸。诸葛亮的"五伐中原"（《三国演义》谓"六出祁山"——但历史上诸葛亮伐魏五次，实际上只有两次到达祁山），虽然取得了某些局部胜利——战术上取得不少成绩，但战术上的成功却累积不出一个战略上的成功，反而给蜀汉和曹魏的人民带来了更加沉重的负担，使本来就不算强大的蜀汉更加疲弱。后来，姜维又连年用兵，进一步耗费了蜀汉的国力，蜀汉从战略进攻不得不全面转入战略防守。到公元263年，刘阿斗签订城下之盟，蜀汉被曹魏灭掉。

有不少人认为诸葛亮"据蜀汉而安天下"的战略是成功的，不足之处主要是事事都亲力亲为的管理方式，最后熬到油尽灯枯、鞠躬尽瘁；而且,他培养人才也不力,死后除了蒋琬和姜维,就没有更多的人才来完成他的战略设想。

但笔者以为,诸葛亮是成也战略,败也战略。隆中对策的前半部分,其战略的预见和实施都是成功的,果然天下三分,蜀汉鼎足而立;但到后期他却罔顾天下形势和苍生,屡次出兵北伐中原,明知不可为而为之。不管诸葛亮持有什么道理,怀有什么感情,这都属于智者不智的例子。

天下大势,顺之则昌,逆之则亡,天道谁能改?战略实施不可一成不变,更不应逆天而行,连睿智忠勤如诸葛亮亦难违此规律。

战略决定成败。无数的经验及教训告诉我们,战略上应该因时因地因人而异,知己知彼知趋势,顺势而为,乘势而起。例如,有一家集团公司,本着稳步发展的理念,制订了十年战略并顺利进入实施。但在战略实施的第四年,董事长英年早逝,家族后人接任。在行业环境恶化的条件下,接班人不顾集团其他元老及高层的劝阻,一意孤行,不仅完全调整了战略方向,而且调高了经营目标,在执行中又连续出现失误,最终使整个集团的经营陷入困境,成了逆势胡为、自取其败的一个案例。

从某种意义上讲,企业最大的经营安全莫过于顺应自然规律、顺应社会潮流、顺应人性管理。即使企业只是一叶扁舟,只要顺流而行也不易被掀翻。反之,逆势而行的话,哪怕是航空母舰,也有遭遇随时翻覆的危险。例如,在汽车行业,比亚迪能够投资"绿色汽车"获得成功,源于国家对环境改善的决心和市场发展的趋势。汉王科技能够在上市后股价飙升,其中市场对电子书的需求是重要推动力量之一。这些都是市场中随处可见的案例。

还有人认为,诸葛北伐,不为成败,只为托孤的重任,反映了丞相的高风亮节。我要说的是,"顺势战略"只反映经营智慧,不反映道德品质。如果联系老子的思想,知道顺势而为的道理即为"明道",实践顺势而为的理念才为"道德"。也就是说:顺势而为,方合道德。

不知不觉间,塬上的风又起了。风过处,薄雾渐渐散去,寒意却逐渐袭来,天空托出一轮巨大的圆月,给五丈塬披上了一层清冷的光辉。

孤独地站在高高的土塬之上,站在深秋的明月下,我感觉特别清凉,不,不是清凉,是悲凉——为诸葛亮战略失败后鞠躬尽瘁的悲凉。

菜园子张青：
十字坡前"三不杀"

【故地抒怀】

过山东莘县樱桃园咏张青

名传水浒亦英雄，遗种樱桃一片红。
犹念当时三不杀，替天行道有奇风。

注：张青是施耐庵所作《水浒传》中的人物，外号"菜园子""净街罗"，与孙二娘结为夫妻，在十字坡开设酒店，用蒙汗药为害过往行人，专做"人肉包子"的生意。今天的十字坡，位于山东省聊城市莘县樱桃乡与河南省濮阳市范县交界处。

【现场感悟】

为特定消费者服务

现在的十字坡，只有一个小小的亭子，里面兀立着一块刻有"十字坡"的石碑，既不恐怖也不豪侠，艳阳高照之下，倒有几分孤单和失落。"大树十字坡，客人谁敢那里过？肥的切做馒头馅，瘦的却把去填河"，那些胆大妄为的勾当，或者根本只存在于绘声绘色的故事之中。即使确实存在"人肉包子",那个无法无天的时代,也终究随金堤河水一去不返了。

在水浒故事中,"菜园子"张青和"母夜叉"孙二娘在十字坡开店卖人肉包子,表面上是卖酒为生,实是"只等客商过往,有那些入眼的,便把些蒙汗药与他吃了便死,将大块好肉切做黄牛肉卖,零碎小肉做馅子包馒头"。

这一对夫妻,用今人的眼光来看,可以说是为所欲为的亡命之徒。但"盗亦有道",张青夫妇虽然凶恶无情,却立了个"三不杀"的规矩:"有三等人不可坏他。第一是云游僧道,他又不曾受用过分了,又是出家之人;第二是江湖上行院妓女之人,他们是冲州撞府、逢场作戏、陪了多少小心得来的钱物,若还结果了他,那厮们你我相传,去戏台上说得我等江湖上好汉不英雄;第三是各处犯罪流配的人,中间多有好汉在里头,切不可坏他。"

其实这所谓的"三不杀",除了张青夫妇对穷人的怜悯之外,说白了,就是三种没钱的人不杀。云游僧道,乞食度日;行院妓女,有钱也让老鸨剥削了;流配罪人,更不用说了。张青夫妇在这三种人身上捞不到什么油水,还不如干脆宣称"不杀",倒为自己在江湖上博得了一个"侠义"的美名。至于其他的客商,对不起,照杀不误,不能耽误"收入"。小时候读《水浒传》,读到这里都是大呼过瘾,现在再读,便觉得这些"好汉"做事太过分了。

但是,从企业经营角度来看,不得不说,这其实就是早期的"目标客户定位"。

目标客户定位,是企业市场营销中一项重要的法则。企业根据自身的条件和能力向特定的客户提供有特别内涵的产品、服务、价值,这就是"目标客户定位"。试举两例简要说明。

其一是日本化妆品公司资生堂。

20 世纪 80 年代以前,资生堂实行的是一种不对顾客进行细分的大众营销策略,即希望自己的每种化妆品对所有的顾客都适用。20 世纪 80 年代中期,资生堂因此遭到重大挫折,市场占有率下降。1987 年,公司经过认真反省以后,决定由原来的无差异的大众营销转向有针对性的个别营销。他们提出了"体贴不同岁月的脸"的口号，向不同年龄阶段的顾客提供不同品牌的化妆品，对不同顾客采取不同的营销策略。如为十几岁女孩提供的是 Reciente 系列，为 20 岁左右少女提供的是 Ettusais 系列，为四五十岁的中年妇女提供的则为"长生不老 Elixir"系列，为 50 岁以上的妇女提供的则是防止肌肤老化的资生堂"返老还童 Rivital"系列。这种细分目标客户的战略很快就收到了实效。近年来，资生堂连续名列日本各化妆品公司榜首。它之所以长盛不衰，与其独具特色的"目标客户定位"营销策略密不可分。

其二是细分专家美国万豪酒店（Marriott）集团。

万豪是与香格里拉、希尔顿齐名的酒店业巨子，其业务早已遍及世界各地。香格里拉、希尔顿通常将内部质量和服务标准延伸到众多细分市场上，对外坚持使用单一品牌。万豪则偏向于使用多品牌策略来满足不同细分市场的需求：Fairfield（公平）是侧重服务于销售职员的，Courtyard（庭院）是侧重服务于销售经理的，Marriott（万豪）是侧重服务于已经安家立业的业务经理的，Marriott Marquis（万豪伯爵）是侧重服务于公司高级经理的，Ritz-Carlton（丽兹卡尔顿）是侧重服务于高层次顾客的，Renaissance（新生）作为间接商务和休闲品牌是侧重服务于职业年轻人的。位于高端和低端之间的酒店品牌是 Townplace Suites（城镇套房）和 Residence Inn（居民客栈），而 Springfield Suites（弹性套房）比 Fairfield Inn（公平客栈）的档次要稍高一点。各个品牌均有各自的风格及识别系统，执行不同的价格水平，但均由万豪酒店集团统一管理。

我们知道，办企业就是为民众服务。由于需求差异、市场竞争、资源条件和时空所限，事实上没有谁可以真正为所有人服务。每一家企业、每一个品牌都只能根据自身的目标和条件，圈定其中的一部分市场和顾客。即使在完全市场条件下，也不可能有一个产品能够满足所有消费者的需求。因此，企业必须改变过去那种"为所有消费者服务"的思想，转换成"为特定消费者服务"的理念，为目标消费者提供特定的产品和服务，需要针对性强的精耕细作。

随着时代的发展、分工的纵深和消费的升级，部分企业必须适应从大众化消费时代到小众化消费时代的转变。消费需求的差异化，必然导致产品、服务及品牌差异化。所以,如何选择细分市场、如何判断和开拓目标客户群体是企业经营面临的第一问题。可以说,市场营销的第一课就是学会"选择"和"放弃",确定做什么、不做什么。

值得注意的是,在实际经营中,很多企业开始是明白自己顾客的需求的,但当竞争对手采取多种手段轮番进攻时,或供应商以各种优惠条件干扰正常经营时,慢慢便会乱了方寸,渐渐将关注点转到竞争对手或供应商方面,反而将顾客忽略了,最终被顾客抛弃。可悲的是,最终闭上眼睛停止呼吸两腿一蹬,许多企业至死也不清楚,企业自身是被顾客抛弃的,而不是被竞争对手打败的,也不是被供应商破坏的。

"菜园子"张青曾经为他的"市场"立下"三不杀"的规矩,我们该要为自己的市场立下什么样的规矩呢?

赵宋王朝：
空咏宋词篇

【故地抒怀】

谒河南巩义宋七陵有感赵宋王朝

久仰崇陵势，游人感万千。
黄袍开帝业，紫气堕江川。
积弊多由惧，临兵痛乏权。
崇文何黜武，空咏宋词篇。

注：宋七陵位于河南省巩义市嵩山北麓与洛河间的丘陵和平地上，统称"七帝八陵"。北宋一代多重文轻武，积弊甚深。武功积弱，作茧自缚，为后来埋下了灭国的种子。

【现场感悟】

失衡招致失败

"精美的石头会唱歌"，即使它经过一千多年的风雨洗礼，已经变得满目疮痍，面目全非。

当我徜徉在河南巩义北宋"七帝八陵"中最高大的永熙陵前时，当我穿过麦浪抚摸着散落在田野中的永昌陵石俑时，仿佛听到了无奈的怨歌——一曲大宋由强盛到孱弱再到灭亡的合唱。

领唱的是7个皇帝，和唱的是后妃和宗室亲王，以及高怀德、蔡齐、寇准、包拯、杨六郎、赵普等陪葬于此的功臣名将。有哭诉，有呐喊，也有向苍天的追问。

宋朝的经济发展，达到古代中国的最高峰，文化、艺术、科学诸领域也蓬勃发展，可在军事和政治上，却是那么懦弱无能。赵家王朝拥有巨额的财富，储备着惊人的常规军力，可面对西夏、辽和后起的金，在历次的战争中却不断地丧权辱国、纳贡称"儿"。

这与赵宋王朝"崇文黜武"的指导思想有莫大的关系。

宋朝的开国皇帝赵匡胤本是后周禁军统帅，靠部下"黄袍加身"，以武力夺得大位。考虑到五代时期，武将拥兵夺权的前例很多，所以，赵匡胤特别害怕和防范掌握兵权的部下予以效法，遂导演了著名的"杯酒释兵权"好戏。

在军事建制上，宋朝实行募兵制，本意并不是强兵，而是募集流民、灾民当兵，借以消除社会不稳定因素。在日常军事管理上，军政军令分开，招兵、练兵、带兵分开，一切计划由中央制定，将帅无作战自主权。这样固然减少了内部生变的风险，但也带来了军队"兵不识将、将不识兵"的局面，对抗击辽、金等北方强敌产生了极为严重的后果，大大增加了外部风险。

正是由于北宋的重文轻武，一手硬一手软，长期失衡，形成跛脚现象甚至畸形发展，所以才积弱挨打，造成了北宋二帝身死异邦，"靖康之难"以后偏安江南、一蹶不振的局面。

大宋王朝典型的失衡招致灭亡的案例，放在今天，仍值得引以为鉴。

企业发展也要讲究硬实力和软实力的平衡，如市场开拓和内部管理相平衡、质量与速度相适应、知名度和美誉度并重等，如有偏废，后果将同样会很严重。

1927年创立于上海的"恒源祥"，是全球最大的羊绒生产企业。恒源祥于1993年推出了一个电视广告，广告词是"恒源祥，羊，羊，羊"，相信很多 30 岁以上的人对这个广告都记忆犹新。应该说，这个广告在当时的媒体广告宣传模式中还是算颇有创意的。它利用高频率的重复效果，让受众对这家企业很快就有所认知，并把它深深地刻印在脑海里。

但令人费解的是，此后恒源祥还是日复一日地重复着"羊羊羊"的叫声，没有进一步深挖消费者的需求，没有及时推出优势产品，没有将知名度提升为美誉度，也没有将知名度转化为经济效益。这可算是一个只重广告不重营销、推广和营销失衡的案例。

《道德经》上说："孤阴不长，孤阳不生。"对企业来说，维系客户、员工、股东及社会四大利益攸关方的战略动态平衡尤为重要，唯有将企业发展的诸因素调节到一种各方认可的平衡状态，才能获得健康、持续发展的不竭动能。

要使客户、员工、股东及社会四大利益攸关方保持长期的动态平衡，必须理顺他们之间的关系，保证他们的权益，使他们相互促进，形成合力，共同推动企业向前发展。

我们知道，股东主要追求的是回报率，回报率越高越理想；客户主要追求的是性价比，性价比越高越满意；员工主要追求的是幸福感，幸福感越强越满足；社会主要追求的是公益性和公平性，既要保护环境，又要兼顾正义、公平、效率及和谐。

然而，一些企业受眼前利益驱动，往往只追求短期的股东利益而忽视了社会责任，为谋取一己私利，以牺牲环境为代价，造成人与环境的关系持续紧张甚至恶化。这些行为都直接或间接损害了人们的健康与安全、社会的进步与发展。此类企业的结局可想而知。当企业利益试图挑战社会公益时，企业的基本利益便会失衡，结果必然是企业被社会所抛弃，唱一曲可悲的挽歌。

在"七帝八陵"前，北宋王朝灭亡的挽歌仍在低回，还将永远地唱下去，只要您认真听。"兵力充足兮，何屡打败仗？国库充盈兮，何招致灭亡？……"

不忍卒听。我走出宋陵，走出这哀怨的合唱，走过清新的麦田，走进和煦的阳光里。

县令汪伦：
诗仙一咏即风流

【故地抒怀】

过安徽桃花潭感叹汪伦

郁郁深潭漠漠秋，遥怀李白偶乘舟。
当时谁晓汪伦辈，诗仙一咏即风流。

注：李白（701—762），字太白，号青莲居士，又号"谪仙人"，是唐代伟大的浪漫主义诗人。汪伦，字文焕，一字凤林，歙州黟县（宣州太平县，今安徽省黄山市）人。唐开元间任泾县县令，李白好友。

【现场感悟】

文化营销载酒行

李白诗中的桃花潭，肯定荡漾在许多人的心波之中。

桃花潭位于安徽省泾县。这里竹山似海，山泉汇溪，气候温和，生态良好，是汉家旧县和宣纸故里。然而，在桃花潭转悠了半天，除了四围青山，一潭碧水，寥寥几株新种的桃花之外，实在没有什么特别的美景——我被李白忽悠了！

这样说，可能有点冤枉诗仙，听说当年他的桃花潭之行，亦是受了汪县令忽悠的。

据记载，汪伦本是唐朝开元年间一县令，他十分仰慕大诗人李白的才情。天宝年间，李白旅居南陵叔父李冰阳家。汪伦得知后，便写信邀请李白到家中做客。信上说："先生好游乎？此处有十里桃花。先生好饮乎？此处有万家酒店。"信中所言正合李白所好，遂欣然应邀而至，却未见所述盛景。汪伦盛情款待，笑着告诉李白："桃花者，十里外潭水名也，并无十里桃花。万家者，开酒店的主人姓万，并非有万家酒店。"李白听后大笑不止，反而被汪伦的真情所感动。适逢春日桃李花开，山野姹紫嫣红，加之潭水深碧，清澈晶莹，山峦倒映，倒也是一番难得的风景。汪伦留李白连住数日，每日以美酒相待，别时送名马八匹、官锦十缎。

临别时，汪伦在古岸阁上设宴为诗仙饯行，并拍手踏足，高唱民间的《踏歌》相送，又挑来两坛糯米高粱美酒赠送李白。李白为汪伦的深情厚谊所感动，题写了"李白乘舟将欲行，忽闻岸上踏歌声。桃花潭水深千尺，不及汪伦送我情"的千古名句。

俗话说："好风凭借力，送我上青云。"凭着李白这股"劲风"，汪伦直上云霄，也成了历史名人，从此家喻户晓。交了李白这样重量级的朋友，对于个人发展来讲，一切皆有可能。

汪伦名满天下，是沾了李白的光，借了李白的力。套用小米公司的创始人雷军的话来说，就是"坐在风口之上，猪也会飞起来"。现在各地方政府和企业不遗余力地挖掘本地相关的旅游资源，而汪大哥1000多年前就已经捷足先登，懂得借力造势了。应当承认，这至今仍然值得企业家们学习，尤其值得安徽省和泾县当地的企业家深思。

桃花潭多么有名啊，但桃花潭酒谁知道呢？如果不是来到桃花潭镇，上酒楼喝上一杯，我们几个也不知道原来还有桃花潭酒。

据了解，"桃花潭"品牌系列白酒源于李白的《赠汪伦》，采用甘甜的太子泉水、纯粮发酵、低温窖藏而成，具有香味纯正、入口绵甜、酒体丰满、甘甜爽净之特点，"色清如水晶，香醇似幽兰"，至今已经飘香1000多年了，曾被誉为酿酒业的"江南一枝花"。

2001年5月21日，江泽民总书记来安徽省泾县视察，品尝桃花潭酒后,连说了三声好!随后,他在安徽芜湖、合肥视察期间用餐时均饮用桃花潭酒。

客观地讲,桃花潭酒拥有令人嫉妒的文化底蕴和品牌资源:免费请一个世人尽知的著名酒仙做无限期的广告宣传,这样的机会哪个企业有?但企业要会用呀,而且要用好呀,否则就是暴殄天物了。而"桃花潭现象"正是当前中国各地的一个缩影,一方面政府和企业正在苦苦寻找和创造旅游文化资源,另一方面却又在捧着金饭碗讨饭,未能深入认识、挖掘和做大已有资源的价值。

互联网时代特别热衷于追逐能吸引消费者眼球的热点,太白先生既是"诗仙"又是"酒仙",其知名度千年不衰,而且潭、诗、酒、友情等各种相关传播要素高度集聚,诚为不可多得的天降馅饼。

诗人到处即名胜。文化是稀缺资源,品牌是优质资产。文化有极强的濡养和传播作用。只要借用文化之力,展开文化营销,相信桃花潭酒与桃花潭一起,可以名扬四海,走向全国乃至国际市场,共同成为中国文化的一张亮丽的名片。

在我的记忆中,饮酒主动求醉的时刻,我只有两次,一次是在吉林省农安县痛饮黄龙府酒,缅怀岳飞;一次就是在安徽省泾县桃花潭,畅饮桃花潭酒,怀念李白和汪伦。在桃花潭酒楼,我饮得不多,但委实醉了,醉在酒中,更醉在诗中。

正是:郁馥奇香一饮醒,踏歌闻处有情倾。桃花潭酒招人醉,醉在诗仙万古名。

经济能臣司马懿：奠定晋朝基业

【故地抒怀】

过首阳山高原陵咏司马懿

一代宗臣卧首阳，村头故老说兴亡。
雄才本是太阿剑，人主须能驭剑芒。

注：司马懿（179—251），字仲达，河内郡温县孝敬里（今河南省焦作市温县）人。三国时期魏国杰出的政治家、军事家、战略家，西晋王朝的奠基人，辅佐了魏国四代的托孤辅政重臣。

【现场感悟】

取势然后任人

俗话说："生在苏杭，死葬北邙。"

古往今来，许多人都把归藏邙山当作自己人生的最后理想。现今，邙山古墓有数十万之多。这个中国面积最大、世界罕见的古代陵墓群，计有东周、东汉、曹魏、西晋、北魏、后唐共6代24帝王安息于此。吕不韦、张仪、樊哙、班超、刘秀、曹丕、司马炎、杜甫、颜真卿、李煜、狄仁杰等风流人物除了在史书中见到,就只能在这土岭之中神会了。

大约10年前的一个中午,洛阳的朋友开车带我到邙山上转悠。"北邙山头少闲土,尽是洛阳人旧墓","富贵至今何处是,断碑零碎野人耕",此处各式墓冢星罗棋布,森然壮观。岗岭之上,野花飘零,杂草丛生,似乎在诉说着早已远去的另类辉煌。

车过首阳山,朋友指着一处荒丘说:"这一片是司马懿高原陵所在地。"下得车来,但见路边一处岗峦,有明显的挖掘取土痕迹,地上垃圾乱堆,蚊虫滋生。周围没有任何标志。我不禁疑讶起来。

朋友介绍说,司马懿的高原陵葬在首阳山,即在今日的偃师市南蔡庄一带。据载,司马懿临终前嘱咐家人,死后丧事从简,不起坟头,不立碑记,不设随葬品,不栽树木,不与遗孀合葬。如今年深日久,具体的位置已经难以确定。

夕阳西下,暮色四合,眼前景物慢慢朦胧起来,就像是司马懿在历史中的形象一样模糊不清。

在回城的路上,朋友将司马氏骂了个痛快,最后总结道:"曹操提出'唯才是举',吸引了一大批高才,但也培养了他曹家的掘墓人。我的企业里面一定不能招聘司马懿这种阴险的员工。"

朋友的话,道出了许多人的心声。

司马懿终年73岁,献身曹家长达41年,长期执掌实权,文韬武略,攘外安内,是辅佐了曹家四代的托孤重臣,事功卓著,死后还陪葬在曹魏开国文皇帝曹丕的首阳陵左,以显忠慎。硬币的另一面,是被追封为晋宣帝的司马懿实际上是晋朝的奠基人。司马师废帝,司马昭杀帝,司马炎直接篡位称帝,大家都不约而同将这些账记在司马懿的头上。从"司马昭之心,路人皆知"这句话中就可以知道,以司马懿为代表的整个司马氏在历史上的评价比曹氏更加不堪。

在曹操成为大司空的时候,司马懿就名声在外。有人说司马懿大可以另谋高就,不保曹家。可是俯瞰天下,他该辅佐哪一个明主呢?司马懿是一个有见识、有谋略的人,他早已看透时局。

起初,有人对曹操打小报告,说司马懿会反叛。据说,曹操也看出了他的"鹰视狼顾之相",有提防之心。但曹操自信能够完全压制住司马懿,且对于司马懿充分表现出来的政治家兼军事家的特有才识，他也极为赞赏。如果曹操听了司马懿的建议，"得陇望蜀"，三国的历史甚至要重写了。

综观三国时期，司马懿对曹操基本上是顺服的，甚至有点敬畏。在曹操手下，他很谨慎地工作，突出了才能，做出了贡献。

客观地看，曹操与司马懿可以说是绝配，强君能臣，相互成就；曹丕与司马懿也属佳配，有理想的君主，有才干的属下，如鱼得水，相得益彰。且其时，曹丕受禅自立，如日中天，司马懿哪敢造次？曹睿与司马懿基本上也是适配的，曹睿聪慧多识，颇有建树，对司马懿弃用后又再重用，显见其矛盾的心情以及收放自如的能力。司马懿也一如既往，竭尽全力，再立新功。此外，当时尚有曹真等老臣制衡，局面一直稳定。只是明帝英年早逝，托孤时考虑不周，埋下了改朝换代的种子。曹芳与司马懿则属失配。曹芳8岁登基，司马懿位极人臣，势大盖主，典型的君弱臣强。曹爽乱政，给了司马懿政变一个借口。"高平陵之变"后，司马懿再无约束，无论他是有心还是无意，司马氏崛起，曹魏衰落，鸠占鹊巢，三家归晋已经不可逆转。

由此可见，君臣在能力、性格诸方面是否匹配，不仅关系到具体的工作事务，还关系到国家命运。

谁也不能一句话就认定司马懿是大奸大恶之人。选人任才，谁不想要德才兼备的贤能？但像诸葛孔明这样有才有德之人，可遇不可求，在大多情况下，我们面对的多是有瑕疵的人才。因此，选任不完美的人才是企业实实在在要面对的问题。既然知道所选人才是有长板短板的，那就必须以完成企业阶段任务为中心，有针对性地选任。

如何为长，如何为短，如何选长限短，须根据时势决定，这叫取势然后任人。取势任人，关键是君臣匹配。

传统的人力资源管理思维往往只关注经理人是否有才有德、是否适合本岗位特点，而独独忽略老板是否与经理人相适。如果老板与经理人在价值、目标、个性、专业、特长等方面都配合，便会产生相乘的效果；反之，则产生相除的效应。聘任过程理论上是双向选择，但实际上大部分还是由老板主导的。因此，取势任人，老板应负起主要责任。如上例，司马懿一世枭雄，就好比一口精光四射的太阿宝剑。剑得其主，杀敌立功；太阿倒持，授人以柄，功必不成，反生乱矣。

回到不完美但君臣双方匹配的选人任才理念，于今有着特别现实的意义。传统的唯才是举，德才兼备，疑人不用、用人不疑的主流观点都是从用人者的角度单方面去考虑的，现在是时候还原到具体而复杂的环境，从用人者及被用者互动的角度去思考了。事业的成败，不仅要看被用之人，更要看用人之人。双方合拍，扬善抑恶，扬长避短，大功可期。两者不合拍，问题丛生，成败难测。

改革开放这么多年，因老板与经理人的冲突或分裂，从而重创企业或使企业走上不归路的例子，还发生得少吗？

当然，正面的例子也很多。珠海格力电器股份有限公司的成功，就得益于两位主要领导人角色的匹配。

董明珠在朱江洪的全力培育下，从一个走街串巷的普通业务员，一步步成长为格力电器的董事长，成为这艘巨轮的领航员。在其自述的《行棋无悔》一书中，董明珠说："朱总成就了我，朱总和我成就了今天的格力。"

见过朱江洪的都知道，他为人极端低调谦和，一直致力于以研发为核心竞争力的企业战略；而董明珠却是一个高调强势的"好战派"，在格力历史上几次重大的事件中，她都扮演着"叫板者"的角色。包括与国美叫板，自谋渠道；和当地政府协商，最终帮助格力电器收购格力集团；甚至为了争取格力与大金合资公司的控股权，她亲赴日本，在大金空调社长面前拍桌子。

朱江洪唱的是红脸，走到哪里，都给人留下良好印象，让别人乐于与他交流。而董明珠唱的是白脸，走到哪里都很有气场，一看便知道是不好招惹的主。一些评论认为，朱江洪是格力的灵魂，抚慰格力人的心灵，给予他们足够的发展空间；董明珠则是严师，对于一家几万人的超大型企业，严苛的管理者不可或缺。格力有时需要朱江洪出面化解纠纷，而有时则需要董明珠冲锋陷阵。可以说，朱江洪无处可寻，董明珠无处不在。

也许有人会说，老板与经理人需要时间来磨合。是的，但如果他们的角色根本不相配，磨合得了吗？

中国传统的五行理论和中医理论均讲究相生相克和相乘相侮，中药用药更讲究相须、相使、相畏、相杀、相恶和相反。人员的组合也一样，角色的匹配与否，决定着老板与经理人能否实现真正、持续的合作。匹配和谐，可以产生更大的合力；否则，将产生不确定的治理风险。

回到洛阳，华灯初上。虽然离开了邙山，但我们的心思还在高原陵和司马懿上面。饭后又一番探讨，朋友对我说，如此说来，我们确实很难只责怪司马懿，如果一定要追根溯源，首先怪的就应该是曹睿、曹爽、曹芳他们，是他们考虑不周，是他们太阿倒持，功败生乱。如果曹操再多活几十年，司马懿到死那天充其量也就是个征西将军。

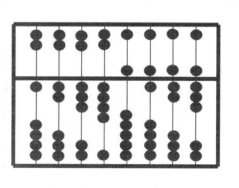

第四编

优术

优乘除之术

发明家墨翟：中国科技的先驱

【故地抒怀】

参观山东滕州市荆水河滨纪念馆咏墨子

交相利益独成纲，讲学收徒信有方。
兼爱非攻安宇宙，尚贤节用靖州乡。
赴汤蹈火明公理，救困扶危解祸殃。
工巧擅长精制作，当时科技赖其昌。

注：墨子（约公元前468—公元前376），姓墨，名翟，春秋末期战国初期宋国人，墨家学派的创始人，战国时期著名的思想家、教育家、科学家、军事家和社会活动家。著有《墨子》一书。墨家在先秦时期影响很大，与儒家并称"显学"。

【现场感悟】

科技驱动发展

二月的滕州，晴朗之日渐多，微风拂面，地面和空气的温差不大，对流较弱,气流平稳,加上草地青青,天空湛蓝,正是放风筝的好时节。

一大早,荆河公园就成为风筝的展放中心。广场上,人们三个一群,五个一堆。抬头看,天空中的风筝应有尽有,形态各异,有长长的"蜈蚣"、展翅高飞的"雄鹰"、巨大的"蝙蝠"、威风凛凛的"哪吒"……

相传,墨翟以木头制成木鸟,研制三年而成,是风筝的起源。后来,其弟子鲁班用竹子改良风筝的材质。东汉期间,蔡伦改进造纸术后,坊间开始以纸做风筝,称为"纸鸢"。今天,"放纸鸢"已经成了滕州市民喜闻乐见的传统文体活动。

"你玩风筝吗?"当滕州人笑着问这句话时,无一不充满着自豪感。他们其实并不在意你怎样回答,而只是骄傲地告诉你,风筝是滕州人发明的,墨子和鲁班都是滕州人!

墨子是中国古代的"科圣",他不仅值得滕州人自豪和骄傲,而且值得所有中国人自豪和骄傲。今天,我们热烈拥抱从西方走来的"赛先生",但请不要将自家的"墨先生"忘记了。

在翱翔的"山鹰"下面,是墨子纪念馆。

走进滕州墨子纪念馆的大门,首先映入眼帘的是一尊高大的墨子像。这位表情严肃的老先生,握着手杖,凝视前方,似乎在观看天空中的风筝,思索着他的下一项发明。

馆里陈列着墨子的生平资料和他所发明的部分科技、军事器械和工具的复制品,有投石机、风厢、云梯、攻城车等,其先进和精巧都令人叹为观止。

在"百家争鸣"的时代,如果你不懂墨子,肯定会"out"了,因为墨子创立的墨家足以与儒家分庭抗礼,有"天下人才,非儒即墨"之说,是"显学"。

更了不起的是,墨子还是个发明家、科学家。他用木头削成的车轴,能承受600斤的重量;他用木头做成的木鸟,能在天上飞三天;他还创立了一整套守城的工具和方法。成语"墨守成规"正是当时的人们对墨子守城有术的赞语。在墨子的著作中,有一部分学说涉及力学、光学、声学等自然科学。小孔成像原理就是他最早发现的。

墨子是中国古代科技发展名副其实的先驱。我国于2017年1月18日成功发射的世界首颗量子科学实验卫星被命名为"墨子号",就是对墨子的崇高致敬。

不可否认,科学技术在中国古代相当长一段时期内一直没有得到应有的重视,一些杰出的发明和创造甚至被统治者视为"奇技淫巧",都被归入了"术"的范畴。实际上,科学技术的本质就是"术",只不过此"术"并非彼"术"。在春秋战国时期的诸子百家中,亡了墨家便摧毁了科技的根基。因此有不少人认为,墨学绝世是近代科学没有在中国诞生的主要原因。

邓小平指出,科学技术是第一生产力。在这个买菜也可扫码支付的年代,现在大概没有人否认这句话了,甚至还要强调指出,科技永远是第一生产力。

从蒸汽机革命到电气革命,再到互联网浪潮,每一次科技进步都带来人类生产力质的飞跃。当今社会,企业间的竞争重心也已经逐渐转移到科技的竞争,科技创新对企业的生存和发展起着决定性作用。

华为技术有限公司是中国最具科技创新意识和海外拓展能力的公司。相关统计表明,2014年,华为投入科技研发的经费为408亿人民币,占当年销售收入的14.2%。华为掌门人任正非对科研投入的基本标准是不低于销售收入的10%。十年间,华为累计投入的科研经费超过人民币1900亿元,超过了台湾台积电、鸿海、联发科、联电及纬创5家企业的总和。

依靠持续高强度的研发投入,华为积聚了大量的通信专利技术,在电信设备、终端网络等领域取得了领先优势,赢取了巨大的商业利益,而华为又毫不犹豫地把销售收入的10%回投到研发之中,最终形成正循环。

在"2015年全球最具价值品牌100强"的排名中,华为高居中国企业的首位,华为连续两年居世界知识产权组织专利申请量第一位。而华为所在的深圳市,其一个城市所获的国际专利数量就超过了法国或英国。

2016年,华为在美国加州和中国深圳同时提起对韩国三星公司的知识产权诉讼,要求三星公司就其知识产权侵权行为对华为进行赔偿,这些知识产权包括涉及通信技术的高价值专利和三星手机使用的软件。

从华为的身上,我们可以预见到中国企业的未来。据《华尔街日报》网站和美国彭博社网站等报道,近年来,中国企业"抄袭"美国科技公司的传统剧本正在反转。近年来，前往中国考察和学习新型产业及项目的美国企业高层与初创业者正逐步增多。中国科技已经逐渐走出模仿模式，而现在，美国和世界其他国家开始"剽窃"中国产品。正如全球知名旅游网站安可达母公司普利斯林公司的创始人杰伊沃克，于2017年12月5日在广州首届《财富》国际科技头脑风暴大会上表示，1500年前曾领先全球的中国创新"现在又回来了"。

中国科技公司在全球的影响力起源于华为。从一个默默无闻的小作坊成长为通信领域的全球巨头，今天的华为已经成为中国"智造"的一张名片，其中的经验和教训，值得所有的中国企业借鉴。

华为的成功首先在于对技术领先的不断追求。任正非提出的"坚持科技创新，追求重大创新"一直是华为上下一致的价值认同，并激发员工为此而努力追求。这一点与墨子"十策"中的"尚同"巧合。

顾名思义，"尚同"就是"上同"，就是统一管理思想，理解并严格执行企业的战略思路，步调一致，齐心协力。墨子的"一同天下之义"，放在华为，"科技创新"就是共同的核心价值观，就是约束、影响全体员工的企业文化体系，并转化为每个员工的行动准则，形成一个企业强大的凝聚力，并打造了一个稳定的科技研发团队。

当然，科技创新是一件非常艰苦的事情，任何领域的突破都要承受常人难以想象的挫折和失败。华为式的科技循环并不容易形成，也许需要几代人的努力。关键的是，企业是否把科技创新当成首务，当成公司发展的核心价值，是否能为科技注入人性，造福社会。

墨子给我们带来的启示，当然还远不止这些，但这篇小文，限于篇幅，也只能到此为止。

走出墨子纪念馆，又经过荆河公园时，已近正午，天上的太阳已经有些烤人了，但广场上依旧有好多人还在忘我地放着风筝。我手搭凉棚望去，看那骄阳下飘动的风筝，仿佛幻化成墨子所发明的木鸟，在九天中往来飞舞，尽情翱翔……

商祖白圭：
中国首位商学院教授

【故地抒怀】

漫行洛阳白圭街怀商祖

商祖人尊是白圭，休从利上说高低。
先贤有法君需效，让价犹能济庶黎。

注：白圭（公元前370—公元前300），名丹，字圭，有"商祖"之誉，是一位著名的经济谋略家和理财家。他提出贸易致富的理论，是经营贸易、发展生产的理论鼻祖。

【现场感悟】

薄利多销真智慧

洛阳是白圭的出生地。洛阳城内现在还有一条白圭街，它东边连着关圣街，西边通往洛阳最大的商贸中心，万商云集。以"白圭"命名通往商贸中心的街道，除了有纪念意义，也有希望借"商祖"名声招财进宝的小心思吧。漫行其中，仍然可以体会到白圭老先生的深远影响。

在一个小巷子旁，有家卖"古董"和纪念品的商店，我入店买了一幅白圭的画像。从画像看，他是一位慈眉善目、笑模笑样的老头儿，穿着极宽大的华服，右手拈起，似乎正在传授经商之道。

这位和蔼可亲的老人家很不简单，他是战国时期魏国著名的商人，是范蠡之后的又一大富豪，相传他还是鬼谷子的学生哩。史料记载，白圭从政则封侯拜相，务农则谷丰粮多，经商则达济天下，讲学则桃李满天下。他一生赚钱无数，自己却过着异常清苦的生活。

白圭有很多著名的经商理论，可以说是兼企业家与理论家于一身，开创了中国历史上第一家"商学院"并亲任院长和教授。他概括的"智、勇、仁、强"四字的经营理论及"人弃我取，人取我与""薄利多销"等经商之术影响非常深远，备受同时代人乃至后来史学家的称赞，是天下商贾效法的楷模，被尊称为"商祖"。中国古代一些商人还把他奉为祖师爷。宋景德四年（1007），真宗封其为"商圣"。

战国时期的商人大都喜欢做珠宝生意。但是，白圭没有选择这一当时最赚钱的行业，而是另辟蹊径，开发了农副产品贸易这一新行业。他看到当时的农业生产迅速发展，就意识到农副产品的经营将会成为有前景的行业。经营农副产品虽然利润率较低，但成交量大，因此同样可以获取大利。于是，白圭选择了农副产品、手工业原料和产品的经营。

由于面对的是广大比较清贫的老百姓，白圭奉行了薄利多销的经营原则，不提高商品的价格，而主要是通过加快商品流通、扩大销售规模的方法来获取更多的利润。这既是策略，也是道德。这在当时，实属难得。

薄利多销，现在已经成为商家们惯用的营销手法。它是指以低价低利扩大销售的策略。"薄利多销"中的"薄利"就是降价降利，降价就能"多销"，通过"多销"来增加总的收益。这样既有利于商品流通，又有利于消费者，自己还赚多了钱，利国、利民、利己，可谓一举三得。可以说，薄利多销是古今中外最为人们所称道的经营智慧，白圭也因此被称为"商业良心"，其思想对现代商业仍有现实的指导意义。

"薄利多销"一向被商界视为灵丹妙药，几千年来为中国商人一贯推崇，如今依然受到众商家的热烈追捧，并且不断地加以创新。

广东格兰仕集团有限公司的俞尧昌说："让老百姓买得起，才能创造辉煌。薄利多销的价格战，才是常赢的秘诀。降价，市场容量就扩大了，生产规模自然也随之扩大，成本进一步降下来以后，我们就再降价，再扩大市场容量，再把生产规模扩大，如此这般，形成一个循环。谁跟得上这个节奏，形成良性循环，谁就能赢。"

俞尧昌一语中的，说出了企业以薄利多销占领市场最大份额的关键之处。日常中的许多薄利多销失败案例，就是因为那些企业只做到了薄利或多销的一个方面，未能实现薄利与多销的平衡和良性循环。

俞尧昌认为，通过生产力水平的提高，实施薄利多销的降价策略，可以奠定竞争优势。他说："格兰仕为什么将全世界最高档的微波炉降到1000元以内？为什么格兰仕在旺季本身供不应求的情况下仍然降价？为新进入者制造障碍！我每台微波炉只赚5元、10元、20元的利润。你做不过我的成本，你就必须亏。在成本压力越来越大的时候，就要有人退出。格兰仕不是去消灭人家，而是在生产领域里面消灭制造，消灭制造以后，再和他们竞合，利用他们的品牌和网络优势去发展。"

1999年，格兰仕主动将微波炉的利润率调低到6%的极端低点，一方面让利于消费者，另一方面通过自身年生产能力达1200万台的规模和总成本的优势，再次筑高了行业的"门槛"，清除竞争对手，让很多年产只有几万台、几十万台的家电企业对微波炉生意断绝了念想，把当时参与竞争的外资品牌LG、三星、松下等扫出市场第一军团，提高了市场集中度，做大了自己的蛋糕，诸侯混战的微波炉市场最终成了格兰仕独霸天下的局面。

格兰仕与白圭一样，掌握了薄利多销的要诀，实现了司马迁所说的"贪买三元，廉买五元"，也就是说贪图重利的商人只能获利三成，而薄利多销的商人却可获利五成的效果。

从白圭街出来，洛阳的朋友请我晚饭吃流水席，席间谈论的自然还是白圭的话题。饮饱喝醉，回到酒店，再次打开白圭的画像，我突然觉得，他笑眯眯的神情背后，似乎隐藏着什么。我真想问一句：薄利多销，是先薄利，还是先多销？

画像中的白圭，笑而不答。

这个问题必须由我们自己回答。

陈胜吴广：
王侯将相，宁有种乎？

【故地抒怀】

过大泽乡涉故台咏陈胜吴广

大泽茫茫野气摧，王侯将相信能为。
当时一啸鸿鹄志，能拯苍生舍我谁？

注：大泽乡，古地名，今安徽省宿州市市区东南约20公里。秦末陈胜（？—公元前208）、吴广（？—公元前208）在此提出"王侯将相，宁有种乎？"发起农民暴动，很快得到全国各地的响应，成为推翻秦朝统治的首役。

【现场感悟】

让理想落地

正是麦收后的时节，车窗外到处都是收获之后的景象，一望无际的原野显得有些荒凉。

抵达大泽乡涉故台的时候，已是下午四点多的光景，眼前的一切令我大吃一惊。眼见周围火光闪闪，浓烟滚滚，遮天蔽日，耳边是"毕毕剥剥"的声响，天地间混乱一片。恍惚之间，我还以为穿越回到了秦末农民起义时风起云涌、天崩地解的现场。

我急忙找了一个上风口，举目四望，原来是附近的农民在燃烧收割后的麦秆。走近了，才可依稀见到"涉故台"三个金黄色的大字。

烟火相逼下，正欲寻路返回，只见一群小学生在一个女教师的带领下，正叽叽喳喳地站在身后。那女教师梳着齐耳的短发，镇静而又精神。待风势稍缓、浓烟渐消的时候，她向孩子们讲起了2000多年前的那段往事。

我整理了一下自己的情绪，听着女教师的介绍，透过层层烟雾，也仿佛回到了那个激荡着风和雨、血与火的过去。

公元前209年的秋天，在生死存亡的危急关头，两个农民最早在麻木和隐忍中醒来，选择为自己而活，他们率领900多名农民，在这里喊着"王侯将相，宁有种乎"的口号，斩木为兵，揭竿为旗，毅然起义。中国历史上第一次大规模的农民起义爆发了，一个伟大的理想也破茧而出。此后，项梁、项羽、刘邦、英布、彭越等纷纷响应，起义的烈火顿成燎原之势。

陈胜从谋划起义，到称王立国，再到兵败被害，前后不过半年时间，但他点燃的反秦烈火烧红了大半个中国。三年后，刘邦的军队杀入咸阳，推翻了暴秦统治。令人遗憾的是，陈胜最后死于自己的车夫庄贾之手，吴广被属下将领田臧所杀，两人都死在自己人手中。

伟大的理想就此冰消瓦解，如过眼云烟。如果说封王拜将是最高的理想，他们短暂地实现了。但要说更远大的"鸿鹄之志"，以及"苟富贵，勿相忘"的誓言，可惜他们未做到。

从陈胜、吴广的身上，我们看到，鸿鹄之志很重要。树立正确的理想可以产生强大的动力，在关键时刻让他们义无反顾地站了出来。但是，只有理想，是远远不够的。陈胜和吴广所欠缺的，是将理想完全落地的能力。如果缺少矢志不渝的精神，事前缺乏充分的准备，事中欠缺强大的执行能力，理想永远只会像大泽乡上空的烟云一样转眼消逝。

投入一场伟大的事业，执行力远不止于个人，更重要的是团队的整合执行能力。

我们的老祖宗军事家孙子非常重视领导的能力，有人问他："你的《兵法》十三篇写得很好，但如果是一群散乱的女子，你也一样能训练好她们吗？"孙子的答案是肯定的。结果，在他的训练下，"夫人左右前后跪起皆中规矩绳墨，无敢出声"，迅速使一支涣散的"模特队"变成了一支铁军。

陈胜、吴广的失败与孙子的成功，可以给现代企业管理很大的启示：除了矢志不渝的精神与理想，还要有计划去实现理想，用强大的执行能力去实现理想。

广州恒大淘宝足球俱乐部（简称为"恒大"）的成功可以说是理想和执行完美结合的范例。

2015年11月21日，万众瞩目的亚洲冠军联赛巅峰对决在广州天河体育中心举行。我在现场见证了中国广州恒大淘宝足球队以1比0击败阿联酋阿赫利队，实现了球队"五年十冠"的光荣与梦想，登上了其他中超俱乐部数十年都未曾企及的高度。

梳理恒大足球成功的足迹，我们可以看到，以许家印为首的恒大决策和管理层正是抓住了"想人不敢想的理想"与"做人不能做的执行"两个主要矛盾，敢想善干，一步步实现了看似并不靠谱的中国足球梦想。

首先，恒大敢于梦想，但又不驰于空想。2010年，广州恒大集团全资收购当时身处中甲的广州足球队，一年内夺得中甲冠军并冲回中超。2011年，许家印就提出"三年中超，五年亚冠夺冠"的"不可能的任务"。在质疑声中，他们把梦想分阶段分层细化，做到有终极理想，方向清晰；有长期规划，目标清晰；有阶段计划，方案清晰；有特别策划，指标清晰。2011年当年，作为升班马的恒大即夺得俱乐部历史上首个联赛冠军，拉开了恒大王朝的序幕。2013年，恒大称雄亚冠。"五年十冠"，而且还建成了世界上规模最大的足球学校，恒大着实创造了诸多奇迹。根据多年前恒大制定的计划，下一个"小目标"是全华班问鼎中超和亚冠。"燕雀安知鸿鹄之志哉？"即使到了今天，这也是很多人不敢想象的。

其次，恒大敢于投入，敢于激励。恒大不惜投入重金召集绿茵场上的教练和强将，国际上如里皮、斯科拉里等世界级名帅破天荒来到中国，国内外一流球星如高拉特、保利尼奥、孔卡、埃尔克森、穆里奇、金英权、郑智、郜林、张琳芃等望风来效，恒大纷纷将之收归麾下。"苟富贵，勿相忘"，不管是转会的费用、球员的收入还是奖励的力度，恒大的投入都是重量级的，并屡创球队、中超、亚足联甚至世界足坛的纪录。

再次，恒大敢于学习，敢于执行。一个部署，十分落实。如果说愿景是画饼，执行就是要确保将饼吃到嘴里，并且要吃好、吃饱。在管理队伍、完善俱乐部建设和治理方面，恒大团队一直潜心于对欧洲高水平职业足球的学习，在重奖的同时，也通过设定"六不准"等相应的惩戒及重罚措施，规范球员的行为操守。恒大不该花的钱坚决不花，即使是"家财万贯"，钱也必须使在刀刃上；奖罚分明，力度极大，掷地有声，执行到位。"伙涉为王"，如果说许家印是个难以置信的理想主义者的话，那么刘永灼便是个坚强有力的执行主义者。许家印们和刘永灼们相结合，便可融合个人、团队和系统，建立一个独特的理想—执行体系，实现"可操作的梦想"，让梦想开花结果。

最后，恒大力求专业化、职业化，敢于超越。老板许家印虽然舍得花钱，擅于做思想政治工作，却从来不会越俎代庖去指挥和干扰球队的运作，从不谈具体的技术战术，而是在宏观上建构一整套与世界先进地区接轨的职业化模式，其中最重要的一个制度就是"董事长领导下的主教练负责制"。在恒大，你永远不会听到"球员质疑主帅用兵"这样的不和谐声音。职业、专业、敬业，是各界对恒大的一致评价。据足球数据网站公布的排名，恒大的世界足球俱乐部排名升至第71位，重返亚洲第一的位置，超越了意甲老牌豪门"AC米兰"的排名。

著名管理培训师余世维曾在他的著作《赢在执行》中举过一个例子：一家东北国有企业因经营不善而最终导致破产，后被某日本财团收购，一经接手后，日本企业并未实施任何新的管理方法，而仅下达了一项明确任务：坚定不移地执行以前订立的制度和标准。这家企业按照要求执行后，不到一年的时间，便扭亏为盈。从这个例子可以看出，任何宏图伟略都离不开真正有力有效的执行。

一位著名的企业家曾说过："在执行力与创造力面前，我宁愿牺牲一些创造力，以获得更强的执行力。"由此可见执行力的重要。

我想，假如2000多年前，陈胜、吴广在风雨之中，不仅以远大的理想凝聚人心,还懂得加强团结,任用贤良,以强大的执行力落实既定的战略,那么,那个秋天之后,他们收获的将是一个崭新的王朝……

"你们的理想是什么呢?"

女教师悦耳的声音,打断了我的思绪。我转过头来,看着他们继续上现场课。孩子们纷纷举手,有想当医生的,有想当科学家的,有想遨游宇宙的……待孩子们说完,女老师用手梳了梳她的齐耳短发,微笑着问:

"那么,同学们,为了实现你们的理想,应该怎么做呢?"

对于孩子们来说,这个也许难了些,他们一时安静了下来。

这时候,我抬眼望去,田野里燃烧的麦秆余烬未息,仍在袅袅地散发着青烟,犹如在给苍天上香,祈祷明年的丰收。

悲剧英雄袁崇焕：忠魂依旧守辽东

【故地抒怀】

谒北京袁崇焕墓兼叹佘氏忠义守墓近四百年

四百年间义可风，依然豪唱大江东。

忠魂犹可撼天地，留与后人代代同。

注：袁崇焕（1584—1630），字元素，广东东莞石碣人，青少年时期在广西藤县学习生活，明朝末年的蓟辽督师、抗清名将、民族英雄。袁崇焕最终被崇祯皇帝朱由检以通敌叛国罪处以凌迟。袁崇焕之死，影响了明末清初发展的走向。清朝乾隆皇帝为袁崇焕平反。

【现场感悟】

忠与信

在北京市东城区东花市斜街，有一个敞开式的小公园，内植青竹翠柏，环境清静幽雅。园中，常有旁边小区的市民到此消闲，也多有外来的游人到此驻足。我经过时，有一群孩子正在玩游戏。他们可爱的笑脸像初升的朝霞，稚嫩的童音划过树叶间斑驳的阳光，仿佛穿越时空，模糊了我的历史视线。

当我沉重地推开旁边那扇虚掩的大门时，那段用鲜血书写的精忠报国与千古奇冤的往事，也一下子涌上心头。

这里就是袁崇焕纪念馆——由袁崇焕坟墓、祠堂和庙宇等一系列建筑组成的纪念馆。墓堂大门上悬挂着康有为手书"自坏长城慨今古，永留毅魄壮山河"的对联。墓堂正中挂着督师画像及其《边中送别》诗中的名句："杖策必因图雪耻，横戈原不为封侯。"

祠堂后为袁崇焕墓，葬着袁崇焕的头颅，墓前立有清道光十一年（1831）湖南巡抚吴荣光题写的"明袁大将军之墓"的石碑及石供桌。

近400年以来，袁崇焕被认为是中国历史上死得最冤的忠臣名将。他的名声没有岳飞、余玠那么大，而结局比岳飞、余玠更悲惨。作为文官的他，通过自荐的方式获得担任辽东边关武官的机会，营建宁远城，建立了关宁锦防线，使辽东从无局到有局，从败局到平局。他提出了"守为正着，战为奇着，和为旁着"的战略思想，"凭坚城，用大炮"，采用以长制短的战术措施，在抗击后金和清军的战争中先后取得宁远大捷、宁锦大捷和北京保卫战的胜利，并且炮伤努尔哈赤，打破了后金军队不可战胜的神话。在明亡清兴的历史大背景下，他由一介书生成长为有勇有谋的边关统帅，在事业高峰又突遭魏忠贤余党以"擅杀岛帅""清廷议和""市米资敌"等罪名弹劾，皇太极趁机实施反间计，最终被崇祯皇帝以"谋逆欺君"等罪处以凌迟，年仅46岁。

据明史记载，崇祯三年（1630）八月，在袁崇焕被押往法场的路上，刽子手便开始一刀刀割他的肉，一代名将没有在抗击后金的战场上马革裹尸，却在京城百姓的痛骂声中流尽了最后一滴血。许多人出钱向刽子手争买袁崇焕的肉食用，无钱之人则直接从刽子手手中抢他的肉生食。到达法场时袁崇焕已经断气，最后一共被剐了3543刀，他的肉被近万人抢食，许多人还以此来炫耀。

袁崇焕的人头是他身上唯一还成形的东西，这倒不是大明王朝特意的恩典，而是皇帝本来是想把这个"叛逆"的首级"传首九边"的，也就是分别送到边境上的九个重镇如大同、宁夏等地去示众。后来的事情，大家都知道了，佘义士冒着灭九族的危险偷走了人头，从此北京广渠门外多了一座孤零零的坟丘和一个守墓的家族，这一守，就是17代人——为一个完全没有血缘关系的人义务守坟近400年，世上恐怕绝无仅有。

皇帝与大臣的关系，向来复杂微妙，只可意会，不可言传。他们之间本质上是一场持久的博弈，而这场博弈往往在忠与信之间反复上演。

且让我们看看崇祯皇帝与袁崇焕这出"忠"与"信"的悲剧是如何演出的。

崇祯当了皇帝，将辞职回乡的袁崇焕任命为兵部尚书兼蓟辽督师。皇帝收复心切，问督师多长时间可以收复辽东，袁崇焕答道：5年。这个时候，袁崇焕对皇帝及国家是忠的，崇祯对袁崇焕是信的。其后，袁崇焕先斩后奏，诛杀毛文龙，刚愎而又多疑的崇祯，无人可用，不得不继续任用袁崇焕。

辽境未平，后金大军竟然长途奔袭，兵困京城，崇祯气恼之余，还多了一种被欺骗的愤怒。加上谣言四起，崇祯已经不再信任袁崇焕，但袁崇焕仍然是忠诚的，他甚至不听劝谏，不计较个人得失，率领精锐的宁锦铁骑从关外星夜赶往京城勤王。他原计划在京城以外的通州地面和后金军队决战，但怕京师有所闪失，遂率大军直抵京城门外救驾。袁崇焕在万分险恶的条件下取得初步胜利后，请求皇帝允许军队入城补给和休整。手握重兵的大将要求深入京城，本已起疑的崇祯哪里信得过？但对袁崇焕而言，他只知道保卫京师，只知道照顾疲惫不堪的士兵，只知道准备接下来的战斗，只知道为国家、为君王竭尽心力。

在这个微妙的时刻，皇太极仅用了一个并不高明的反间计，就使得袁崇焕从封疆大吏、救驾功臣在一夜之间就沦为阶下囚。与其说这是皇太极的高明，倒不如说是崇祯对袁崇焕的所谓信任原本就十分脆弱。

即使崇祯此时已经严重不信任袁崇焕，但袁崇焕仍然为国披肝沥胆，在牢中还认认真真写了一封信，语重心长地劝说原部将祖大寿、何可刚带部队回来，守卫京师，打退清兵，保卫大明江山。

就连临刑时，袁崇焕仍然热血沸腾，不改忠心，他慨然道："死后不愁无勇将，忠魂依旧守辽东"。

大明悲剧行将落幕，崇祯在煤山上吊前，遗诏说："朕凉德藐躬，上干天咎，然皆诸臣误朕。"意思是说："我虽然缺德，惹得老天爷发了火，但这都是大臣们不中用害得我这样的。"厚脸皮的皇帝把大明朝灭亡的责任全推到了大臣们的头上,不知道他所谓"诸臣尽亡国之臣"里,有没有算上袁崇焕的一份?

从整个悲剧来看,无论对国家或是对皇帝,袁崇焕自始至终都是忠心耿耿的。为保卫国家,他将自己的生命安全置之不顾,当其他将领在战前带着金银细软举家南迁时,他竟然将老母妻子接到前线,一同死生;战斗中,作为文官的他与敌人马项相交,披甲中箭,如同猬皮;即使在天启年间取得宁远大捷之后,他再次赢得了明朝对后金和清的罕见胜利——宁锦大捷及京师保卫战的胜利,崇祯依然没有给予他应有的"信任"。不仅对他,对其他下属,性格多疑的崇祯也从不信任,甚至连自己的女儿也亲手砍伤,连自己的妃子也亲手砍死。崇祯在位17年,换了50个大学士、11个刑部尚书、14个兵部尚书,诛杀总督7人,杀死巡抚11人、逼死1人,被他抓进监狱关押、殴打、间接逼死、战死、自杀、判刑的高级官员多达几十人。

不可否认,袁崇焕有些书生意气,性格"孤迂耿僻",敢犯上司,敢违圣颜,冒险敢死,疏于合人,有其历史局限性,是个"痴人",不是一个"巧人"。一个犯"痴"的臣子遇到一个"刚愎暴戾"的君主,加上其他因素的作用,注定要演出一场旷世悲剧。

"忠"与"信"的矛盾不止发生在大明王朝,历朝历代也有,在现代企业中也普遍存在。袁崇焕之死,提醒我们必须认真思考"老板与经理人互信"这个(民营)企业的重要课题。

在一个组织里面,"忠"与"信"都是敏感而沉重的字眼。企业老板最看重忠诚,经理人最希望获得信任。一个忠心耿耿的经理人,不一定被信任;一个被信任的经理人,不一定忠诚。

不可否认,在中国很多家族企业里,老板与经理人大多是从一见钟情到互相猜疑,再到不欢而散,甚至反目成仇,这方面的例子数不胜数。当然,也有不少老板与职业经理人因互信互动,从而使企业突飞猛进的成功案例。其中,格兰仕的模式最让人津津乐道。

1995年,俞尧昌在上海遇到格兰仕老板梁庆德,二人相见恨晚,一拍即合。由于得到梁庆德的充分信任,又给予其股东身份,俞尧昌在格兰仕工作如鱼得水，所负责的工作更是他一个人说了算。后来，大家都知道，俞尧昌让格兰仕微波炉在国内外市场保持了一枝独秀的地位。

回想这段过程，俞尧昌说："正是老梁总的朴素和信任，让我抱着'士为知己者死'的心情，搁下上海的家庭义无反顾地来到了顺德，一干就是11年。格兰仕给了我足够的空间和充分的机会，格兰仕的发展期同样也是我人生走向成熟的时期。"

在现代企业中，老板是货币资本的代表，职业经理人是人力资本的代表，只有两者结合起来，才能发挥资本的双重效益。老板与职业经理人之间最终能否实现良性互动，除了解决好忠诚和信任的基本问题外，还取决于两者在企业愿景、使命、价值观等企业文化上能否达成一致，取决于企业的治理机制和规章制度是否合理和完善，取决于老板和职业经理人之间是否融洽和默契。

崇祯与袁崇焕之间，除了缺乏信任外，还有其他方面的缺失。

梁启超曾说："若夫以一身之言动、进退、生死，关系国家之安危、民族之隆替者，于古未始有之。有之，则袁督师其人也。"梁启超这么高度评价袁崇焕，可惜的是，袁崇焕遇到了好的下属、好的朋友、好的知音，但没有遇到一个信任他的好老板，最后只得到了一个"中国历史第一冤"的结局。

值得称赞的是，纵然后来崇祯已不信任袁崇焕，袁崇焕依然毫不放弃，为国家、为崇祯鞠躬尽瘁，而不是与"老板"一言不合就轻易放弃。这一点，很值得当代经理人学习。

记得几年前来此处时，守墓的佘家传人幼芝老人亲口对我说："守墓是什么？不是形影不离，是把亡人精神宣传给国人，传承给后人。这才是守墓。"

此时，在袁崇焕纪念馆，想到袁崇焕的忠和冤，我不禁潸然泪下，既有伤心，也有感动。

但愿，崇祯与袁崇焕的"忠"与"信"的悲剧故事，不再上演。

混世魔王程咬金：
图形凌烟的福将

【故地抒怀】

过河南滑县瓦岗寨咏程咬金

劈头三板斧，百将望风降。
笑傲凌烟阁，开山定大唐。

注：程咬金（589—665），原名咬金，后更名知节，字义贞，济州东阿（今山东省泰安市东平县）人，唐朝开国大将，"凌烟阁二十四功臣"之一。

【现场感悟】

三板斧与竞争力

但凡国人，不管识不识字，不知道程咬金的，寥寥无几。作为漫画级别的人物，老程的名声甚至盖过了所有与他同时代的人。

有两句话，人们时常挂在嘴边，很能说明问题。一句话是"半路杀出个程咬金"，说的是这位老兄常伏于半路杀出，让人难以提防；另一句话是"程咬金的三板斧"，说他惯使一柄八卦宣花斧，其独门绝技是"劈头、剔牙、掏耳"的"三板斧"。他与人对阵时,常常不管三七二十一,直接就是"三板斧"劈将过去。据说只有敌过他这"三板斧"者,才能进入当时的天下好汉排名榜。

我是看着一大堆关于程咬金的小人书和听着关于他的故事长大的,也曾依样画葫芦般描过他的威猛形象。在民间故事中,老程总是手持大斧,张牙舞爪,十分生猛。同时,他性格直爽,粗中有细,是个可爱的家伙。

河南滑县的瓦岗寨是老程的旧地盘。远远的,就能看到古朴宏伟的寨门。进寨之后,秦琼、徐懋功、魏征、单雄信、罗成等瓦岗英雄们排列两旁,似乎在迎接游人的到来。大道的尽头是高高的点将台,正中矗立着首领翟让的石像。他左手按剑,右手叉腰,威风凛凛。

上到瓦岗寨,许多人第一个想起的并不是翟首领,而是令人喷饭的程咬金。咬金兄有个正名,叫程知节——这个名字比较有水平。单论名字的水平,以我看,瓦岗寨里没有几个超过他的。

在我奶奶讲述的故事里面,老程是个了不得的人物,他稀里糊涂当上了瓦岗寨的寨主,还当了三年"大德天子混世魔王",整天嚷嚷当皇帝没意思,说不干了,要让位他人。传说,他老人家活了120岁,一直活到薛刚反唐、武则天垮台——如果是真实的话,在历代名将中,老程的寿命可能是最长的了。

闲话少叙,我们还是继续说说他的"三板斧"。

老程每每临阵与人交手,总是不躲不闪,别人无论拿枪刺还是用刀砍,他自顾高高举起自己的大斧头车轱辘般向着对方的脑袋狠劈下去,嘴里叫着"劈脑袋",一幅拼命的架势。接着便是"小鬼剔牙",紧跟着是"掏耳朵",偶尔加料时就来个"捎带脚",招招都是出其不意、攻其不备,眼明手快,眼到手到嘴也到,很多高手也被他唬得蒙头转向。正是靠着这"三板斧",老程成就了不世之功。

俗话说:百招通不如一招精。一个武术家,平时练手都是平常的招式,但真正搏命时都有自己的拿手绝技,一旦使将出来,必有过人之处。如《水浒传》中"小李广"花荣的百步穿杨神箭,"没羽箭"张清防不胜防的飞蝗石等,这些绝技不但无法复制和模仿,而且也是他们在战场上所向披靡的独门秘密武器。

用现在企业家的话来说,这就叫作核心竞争力。

最近几年,各种关于核心竞争力的文章可谓汗牛充栋,企业家更是经常将打造企业核心竞争力挂在嘴边,大会小会都要讲。我和老板们私下聊天时,问他们如何理解核心竞争力,结果他们的答案出奇一致:"这还不简单,核心竞争力就是一剑封喉,能将对手击败的能力。"

一般认为,核心竞争力是企业或个人相较于竞争对手所具备的独特的优势资源或核心能力。它具备有效价值、与众不同、不可代替、难以复制等特点。所有经营成功的公司都有其核心竞争力的构建思路和模型。核心竞争力可以是品牌、质量、特许经营的权利等硬实力或软实力,但技术无疑是核心竞争力的灵魂。这里指的技术,既包括受法律保护的专利技术,也包括企业管理和营销以及难以复制的商业模式等。在现代社会,只有依靠技术创新,才能使企业获得质的飞跃。如英特尔的 CPU 和微软的 Windows 技术,都是有着极具竞争力的核心技术,其形成的进入壁垒,使其竞争对手在长时期内都难以模仿和追赶。因此,技术创新是企业核心竞争力提高的原动力,依靠技术创新可以提升企业的核心竞争力。

当然,我们还需要注意的,是一些企业拥有的非典型竞争能力。

北京的"雕爷"牛腩餐厅,是中国第一家"轻奢餐"餐饮品牌,其烹饪牛腩的秘方,是以 500 万元向周星驰电影《食神》中的原型人物——香港"食神"戴龙购得。戴龙经常为李嘉诚、何鸿燊等港澳名流提供家宴料理,同时,他还是 1997 年香港回归当晚的国宴行政总厨。戴龙的代表作"咖喱牛腩饭"和"金汤牛腩面",是无数人梦寐以求之舌尖上的巅峰享受。

牛腩饭和牛腩面虽然简单,但"食神"具有不一般的市场号召力,"雕爷"品牌自然可以形成特别的竞争力。

随着竞争的加剧和科技的发展,今天你所拥有的核心竞争力,说不定明天就成了人人都会的"三板斧"。正如老程一样,虽然有"三斧劈辕门""三斧定瓦岗"等辉煌战绩,但由于他本人资质不太好又不思进取,所以对方只要挺过了这"三板斧",他就黔驴技穷了,反而在人家凌厉的反攻下落荒而逃。可以说,只有"三板斧"在现代企业经营中并不保险。

在民间故事中,程咬金是决定天下英雄排行榜名次的人;在正史中,程咬金是进入大唐凌烟阁的功臣。程咬金的福气不是人人都有的,但程咬金的"三板斧"你必须有。无论是一个人,还是一家企业,具有程咬金"三板斧"式的竞争力是必要的,但光有"三板斧"还不行。"三板斧"只是基本的竞争力,它可以让你开创事业,安身立命,提高生存的机率。但要建大功、立大业,还得练就"三十板斧",或掌握"回马枪""撒手锏"等高段位绝技。每个企业都应不断升级自己,与时俱进,升级成具有差异化竞争优势的核心竞争力,使竞争对手既难以模仿,又无法追赶,这样才能在市场上立于不败之地。

如果你已经练就了"回马枪""撒手锏"等绝技,那么,我不得不佩服你,你可以纵横江湖了——无论是河南的瓦岗寨、湖北的绿林寨,还是山东的梁山寨,都应有你一席之位。

曹操的笑与哭：
华容溃败气仍骄

【故地抒怀】

过湖南华容古道有咏

赤壁楼船一炬烧，华容溃败气仍骄。
金吾不禁携孤帝，铜雀何堪锁二乔。
横槊初成诗可诵，青梅煮罢酒盈瓢。
几回马上仰天笑，为壮三军扫寂寥。

注：曹操（155—220），字孟德，一名吉利，小字阿瞒，东汉末年著名政治家、军事家、文学家、诗人，三国曹魏政权的缔造者。

【现场感悟】

领导魅力在本真

一阵风吹过，只见眼前稻浪翻滚，闻到的却是淡淡的荷香。

稻田间着荷田，这是湖南省华容县东山镇的别样景色。放眼望去，稻田一片青黄，将熟未熟的禾穗已经低下了头。荷田则一片碧绿，红色、粉色、白色的荷花悄悄冒出头来，几只小鸟和成群的蜻蜓纵情飞舞其间，生机盎然。

沿着蜿蜒的小路，穿行在田间，空气中弥漫着醉人的芬芳。来到大旺村的路岭子口，一棵大树立在岔路口中间，沿右侧走不了几步，便到了一个狭长山谷。入口处，一通石碑上写着"华容古道"四个大字。有专家考证，三国赤壁兵败后，曹操就是从这条小道逃跑回许都的。

从入口看上去，两侧山崇岭峻，气势磅礴。山岭之上青竹丛生，古木参天。两山之间夹着一条羊肠小径，道路弯曲盘旋，果然是设伏奇兵的好地方。据介绍，路岭子口、青竹沟到倒马崖之间，至今仍有不少传说和遗迹。攀越其中，林深湿重，脚下频频打滑，山风过处，涛声犹似当年曹操溃败时的阵阵笑声。

赤壁大战中，曹操中了周瑜的火攻之计，索性又一把火烧掉所剩战船，率军经华容道向江陵一路败退。演义中说，曹操在华容道狼狈逃窜，军中哭声震野，但戏剧性的是，就是在这种危急环境下，老曹却三次纵声大笑。虽然大笑后分别引出了赵云、张飞、关羽等一干敌将，不免一次又一次的丢盔弃甲，但这位老兄"屡教不改"，乐观依旧。

每次读演义至此处，我都对老曹肃然起敬。

一些读者认为，演义描写这种故作豁达的苦涩之"笑"，主要是说明了曹操即使在走投无路之际、在生死考验的面前也不露真情，还是要戴上面具作一番表演，突出了他狡黠的"奸雄"性格。窃以为，这三次大笑，其一，笑出了曹操虽大败而不倒，不气馁、不认输，仍然雄心勃勃的顽强个性和乐观主义精神；其二，这是一种以"笑"来自我鼓舞、稳住内心的策略；其三，最重要的，这充分展现了他稳定军心、激励士气、渡过难关的超凡领导力——这，或许就是人们苦苦寻找的所谓的领导力！

其实，据《三国志》，在史实中并无曹操三笑、诸葛妙算、关公义释等诸情节，但在生活中，曹操常常放声大笑则应是真实可信的。《三国志·武帝纪》里，曹操多次大笑。有人还统计过，曹操在《三国演义》里一共笑了54次。例如，听到许邵对自己"治世之能臣，乱世之枭雄"的评价，即大笑而去。这一笑，究竟意味着曹操对许邵评价的满意还是不以为然呢？令人颇费猜想。官渡之战期间，听到许攸来降之时，曹操跣出迎之,抚掌笑曰:"子远,卿来,吾事济矣!"这一笑,则明确表现了他求贤若渴、不拘小节的个性。

笑,是罗贯中塑造曹操奸雄形象的重要方式。笑,也是曹操胸怀广阔,"周公吐哺,天下归心"的写照,是其善于权谋,用以塑造领导形象,提升领导能力的手段。不管怎么样,对于一位雄才大略的政治家和军事家来说,笑总比哭好。

有意思的是,《三国演义》中的另一位主角刘备,却动不动就放声大哭。他惯于用"哭"来宣泄情绪,赢取民心,度过危机。比如,当他败走江陵时,新野、樊城两县的民众扶老携幼,随军一起撤走,刘备痛哭流涕道:"为吾一人而使百姓遭此大难,吾何生哉!"并欲投江自尽。再如赵云在长坂坡出生入死,从乱军中救出阿斗归来,刘备不是惊喜交加,而是故意把阿斗摔在地上,哭着说:"为汝这孺子,几乎损我一员大将。"再比如鲁肃来讨还荆州时,刘备只顾大哭,鲁肃被"感动"得空手而回。刘备甚至还因对徐庶的"三哭"而获得了诸葛亮,从而奠定了三分天下的基础。

曹操的"笑"和刘备的"哭",有人说是一种真性情的流露,有人说是一种权谋之术,更多的人认为,这就是领导力的表现和运用。

领导力不是少数当领导者的特权。所谓领导力,简而言之就是影响力或者说个人魅力。每一位杰出的领导人,都会通过其自身独特的个性和专长来感染和带动周围的人。比如一代伟人毛泽东,其磅礴大气的诗词、书法、文章和演讲,都为他指点江山的影响力加分不少。还有周恩来的酒量和风度,也是领导者个人魅力的体现。

作为企业家,如果连起码的个人魅力都没有,死气沉沉,那他靠什么来构建自己的软实力?靠什么来凝聚人气、资源?谁还愿意跟他谈合作?又有谁会死心塌地地跟着他打天下?谁又敢坚信他的产品、服务及品牌?一个在关键时刻体现出纵横捭阖的自信、气吞万里的魄力、幽默风趣的个性以及百折不挠精神的企业家,才更容易赢得下属与大众的追随和拥戴。因为他们相信,跟着这样的人走,就一定会有光明的前景。

1981年4月,年仅45岁的杰克·韦尔奇成为美国通用电气公司历史上最年轻的董事长和CEO。在此后的20年间,他将一个弥漫着官僚主义气息的公司,打造成一个充满朝气、富有生机的国际企业。在他的领导下，通用电气的市值由他上任时的 130 亿美元上升到了 4800 亿美元，其赢利能力也从全美上市公司排名第十位提升至第一位，成为世界级的大公司。

韦尔奇任何时候都充满激情，善于以统一的价值观影响员工，推行的"六西格玛"标准、全球化和电子商务，几乎重新定义了现代企业。

如果说领导是门艺术，那么杰克·韦尔奇必定是位艺术大师。很少有人能像他一样如此充分地张扬自己的个性魅力，而能像他一样使领导艺术不断结出丰硕果实的人更是少而又少。

任何时代都不缺少创富英雄，可是充满个性而又魅力十足的企业家可谓凤毛麟角。优秀的领导人不是靠职权压人，而是靠自己非职权的影响力来带动团队前进、带动企业发展的。所有体现领导个人魅力的有形或无形的东西，经过反复的沉淀，最终将打上个人和时代的烙印，凝结成珍贵的企业文化遗产。

回头再看看老曹的表演，他的领导魅力绝不仅仅是大笑三次就完事了。逃出绝境后，人身安全了，这位老兄却呼天抢地地大哭起来。众人慌问："丞相于虎窟中逃难之时，全无惧怯；今到城中，人已得食，马已得料，正需整顿军马复仇，何反痛哭？"他却说："吾哭郭奉孝耳！若奉孝在，决不使吾有此大失也！"遂搥胸大哭曰："哀哉，奉孝！痛哉，奉孝！惜哉！奉孝！"

通过痛哭悼念故人，他既批评了众人，又强调了自己对人才的重视。众将士在低头愧疚之后，安敢不竭力以报？

这就是华容道上曹操的"三笑一哭"，表演堪称完美，内容发人深思。在他之后的统治者当中，很少再有那么出色的"演员"了。

秦相吕不韦：营国巨商

【故地抒怀】

过河南禹州城南大吕街咏吕不韦

奇货都知定可居，唯因识货眼光疏。
君侯一赌惊天下，几个能占人主初？

注：吕不韦（公元前292—公元前235），战国末年著名商人、政治家、思想家，官至秦国丞相，封文信侯，门下有食客3000人。曾主持编纂《吕氏春秋》。

【现场感悟】

信息管理是基础管理

正是油菜花开的季节，在通往河南省禹州市小吕乡大吕村的路上，金黄的油菜花迎风怒放，微风过处，花香扑鼻而来，几个小孩正在田野扑蝶游玩，好一幅"儿童急走追黄蝶，飞入菜花无处寻"的乡村图画。

大吕村是吕不韦的老家，村口立有"吕不韦故里"五个大字。

吕不韦，战国末年著名商人，同时又是一位政治家、思想家。吕不韦敢想敢干，是现代风险投资的鼻祖，他"营国巨商"的故事大家耳熟能详。对于他"以术取富贵秉权势"的行为，后人争议很大。在中国的历史上，他可能是唯一一名建功立业、编书立言、相国立君的商人。他主持编纂的《吕氏春秋》共20多万字，被列为杂家。这部书以黄老思想为中心，"兼儒墨，合名法"，提倡在君主集权下实行无为而治。他以这一思想治理国家，对于缓和社会矛盾、使百姓获得休养生息、恢复经济起到了重要作用，对此后"秦扫六合"做出了重大的贡献。如果秦始皇不因吕不韦的过失而弃用该书及书中思想，秦国的历史将会重写，中国的历史也将会重写。

　　吕不韦在阳翟经商时，常往来各地，以低价买进、高价卖出，累积起千金资财。作为成功的商人，吕不韦对当时的政界极为关注，"遍交天下有识之士"，信息来源很广。虽然当时资讯不发达，但他对各国的政治现状依然了如指掌。因而在遇到秦公子子楚之后，他立即做出"此奇货可居"的判断，并马上冒出了一个立主定国的宏伟计划。试想，如果他对秦国的政治生活不了解，不知道安国君最宠幸华阳夫人而华阳夫人偏偏无嗣，不知道继承人还未确定等关键信息，他是断不可能意识到眼前这个流离失所的子楚是个"奇货"，也许他也会像别人一样，漠然置之。因此，善于把握商机的前提条件是要敏感捕捉和善于掌握关键信息。

　　进一步分析，你会发现，吕不韦投资成功的关键在于信息管理。毫无疑问，信息是企业经营成功的起点，是企业决策的依据。企业经营靠信息，决策指挥靠信息，市场谈判靠信息，产品开发靠信息。在市场经济的海洋中，没有有效信息就会迷失方向；在竞争激烈的丛林，缺乏关键信息就会寸步难行。一条重要信息，里面的每一个字都可能超过千金（吕不韦曾声称，只要能改动其主持编纂的《吕氏春秋》里面的任一字者即赏千金，史称"一字千金"）。信息把握及时准确，你就能有的放矢，大海捞针；信息失灵，则意味着航海没有了罗盘、开车没有了方向。

　　随着互联网时代的到来，视频、图片、音频、数据、文章等各类信息呈现爆炸式增长。信息狂轰滥炸，让人无所适从。

　　某大型食品公司的一名主管曾取消了一份重要计划，因为利用现有的信息，他无法确定计划能否获得成功，所以他只能凭直觉终止了相关项目。后来，他从有点沮丧的老板那里了解到更多信息，最终推断该计划原本能够成功。"我们的数据不是太少了，而是太多了"，该主管抱怨说，"但我永远无法把所有的数据都综合进来，以梳理出它们之间的联系"。这听起来很熟悉吧？对，这就是当前许多企业都面临的共同问题：拥有大量信息数据，但缺乏对信息数据的有效筛选，这与没有获得任何信息的结果一样，甚至令人更加不知所措。

信息是如此重要，但是，把握住关键信息只是成功的前提，要想踏上成功之路，还得有管理信息、利用信息和变现信息的能力。

没有完善的信息管理运用机制，很难做出正确决策。特别是对于中小企业来说，要想在市场竞争中捷足先登，就必须完善相应的信息管理系统，让信息管理规范起来。这可能会成为中小企业能否成长壮大的分水岭。

全球著名的卫生保健产品与服务提供商——卡地纳健康公司曾面临相似的问题。公司迅速召集所有信息主管进行了一系列研讨，确定公司信息问题的具体性质，探寻解决问题的方法，并为经营部门设立了新的职位——信息干事，专门负责统一公司内部各种数据的定义，制定数据使用指南，设定信息技术优先事项，并长期跟踪和报告数据质量情况，从而能够提供及时、可靠的信息以帮助上层制定正确的运营决策。日渐完善的信息管理系统为卡地纳健康公司的经营管理提供了大力的帮助。

现在，人们每天徜徉在数据海洋之中。除了特别的商业情报，还要面对规模海量、流转快速、类型多样、真假难辨和价值密度低下的冷冰冰的各类信息，要想在瞬息万变的信息社会里预测未来趋势，重塑业务，就必须更新思维、转换模式，提高对数据的加工力、洞察力、决策力，降低风险，同时将隐藏其中的信息资产转变成商业机会及实际收益。可以说，现代经营其实就是在信息海洋中打捞财富——商海捞金。

当吕不韦认为子楚是"奇货可居"时，掌握这些信息并能将这些信息跟眼前落魄的子楚联系起来的应该不止一个人。但根据这些有用信息，大胆付诸行动，甚至倾家荡产投资，最终改变子楚、华阳夫人、安国君、自己直到天下命运的，只有吕不韦一个人！由此可见，信息管理比信息本身更重要。

知识改变命运，信息创造财富。吕不韦最终的成功，除了冒险精神，还得力于他非凡的信息管控能力。

　　在吕不韦的故里，抬头望，满眼都是金黄的油菜花，预示着油菜的丰收。我默默祷告：收获后，但愿供求信息能够及时有效传送，卖一个好价钱。

宰相吕端：大事不糊涂

【故地抒怀】

访河北廊坊吕端故里

贤臣一代凤遗声，治国多谋许老成。
作宰中枢摒琐细，临朝大事最清明。
撑船入腹胸襟阔，秉性为官意气生。
今谒先生游故里，山长水远忆纵横。

注：吕端（935—1000），字易直，幽州安次（现河北省廊坊市安次区）人。北宋时期一代名相。为人端方正直，谦逊多谋。为政识大体，以清简为务。太宗称其"小事糊涂，大事不糊涂"。素有"宰相肚子能撑船"的美誉。

【现场感悟】

难得不糊涂

20世纪70年代末期，病榻上的毛泽东在一次召见叶剑英元帅时，口述了一句诗相赠:"诸葛一生唯谨慎,吕端大事不糊涂。"一来评价叶剑英在大是大非面前的果敢,二来道出对自己百年之后国事的隐忧,希望叶帅能在危难之时挺身而出。

此言擦亮了一个让历史尘封千年的名字,让一位北宋名相再一次名扬天下。自毛泽东说了此话之后,河北廊坊吕端故居的游客不绝于途。

我去的时候已是深秋,万木萧瑟,枯叶飘零,但青砖小院,小池幽亭,也别有一番清意。

吕端历任成都知府、蔡州知州、枢密直学士,后官至宰相。至道元年(995),太宗赵光义欲立吕端为相,和当时的宰相吕蒙正商量,吕蒙正说:吕端为人糊涂,不能为相。宋太宗回答:"端小事糊涂,大事不糊涂",决意立吕端为相。吕端在任上果然为官持重,识大体,屡屡在大是大非面前坚持自己的主张。例如,当时西夏李继迁造反,宋军逮到了李母。宋太宗本来想把李母杀了,吕端听说后上奏提出不要斩杀李母,还用项羽欲杀刘邦之父的故事作比。太宗采纳了吕端的意见,派专人侍奉李母,直到她病死延州。李继迁死后,他的儿子李德明感念宋朝对待他奶奶的情份,遂归顺。

太宗在位时,早立真宗为太子,并命吕端负责太子的学习和起居。太宗驾崩后,朝中另有一帮人欲行废立之事,吕端果断地平息了这起阴谋,扶助真宗顺利继位。真宗继位后,第一次登殿时,垂帘接见群臣。吕端率众臣前来殿中晋见时,坚持要看清楚皇位上坐的确是太子后,才率群臣跪拜。

这就是吕端的"大事不糊涂"。而在一些小事上,吕端却不计侮辱、不计利益,表现出一代政治家的旷达胸怀。

吕端一生经历了北宋的三代帝王,在40年的宦海生涯中几乎没有受到什么冲击,最后"软着陆"得以善终,这在"伴君如伴虎"的封建王朝中着实不多见。这与他在大局、大节问题上毫不糊涂,但在事关个人利益的问题上却能"糊涂"了事的行事方式是分不开的。

能够做到"大事不糊涂,小事不计较",是很高明的境界。郑板桥向世人馈赠的人生哲理"难得糊涂"问世之后,世人将之奉为圭臬。有人认为,凡事都不要认真,糊里糊涂就过去了,这就是所谓的"难得糊涂";

有人认为,小事不计较,就是"难得糊涂";还有人认为,"识时务者为俊杰",江湖行船,见风使舵,随波逐流,保存自己,这才是"难得糊涂"。

有鉴于此,笔者有必要在此郑重其事地提出"难得不糊涂"以作为回应。"难得不糊涂"即"大事清明,小事糊涂"。意即对原则性的问题要清醒明智,要坚守正确的"游戏规则",而对非原则的生活琐事和个人利益则无须过于计较,以"糊涂"待之。"小事糊涂"既能使非原则的矛盾悄然化解,也可使紧张的人际关系变得和缓,此乃生存与生活之道,亦为修身养性之妙方。"小事糊涂"在于不苛求人世间的完美,以开阔的襟怀接纳他人,不钻牛角尖,不至于挑起无谓的争端,不浪费宝贵的时间和资源。

从生活角度看,大事讲原则,小事讲风格。从经营和管理角度看,就是要抓大放小。

丘吉尔认为:"那些肩负最高指挥任务的将领必须坐在综观全局的山顶上,绝不能滑到指挥个人或直接个人行动的山谷里去。"领导学理论把那些凡事都亲力亲为的领导风格称为事务型领导,认为这种领导人的领导力赶不上变革型领导者。

须知,人的精力总是有限的,一个企业的领导人如果事无巨细全都要管,"眉毛胡子一把抓",必然会陷入"该管的事情管不好、不该管的事情管不了"的境地。相反,如果企业领导人能真正胸怀全局,把握好战略方向,坚决抓住大事,而在小事上充分放权,让该管的下属去管,就必然会收到理想的管理效果。

著名餐饮连锁店"海底捞"的董事长张勇就是这样一个"大事不糊涂",而且懂得"抓大放小"的人。

"海底捞"在北京和上海大区的总经理这样评价张勇:"按理说,开新店的事董事长应该签字批准才对,因为合同一签就是十年,房租至少2000万元,装修也得1000万元,这3000万元可是看得见的真金白银啊,但是他从来不管,我只需要向他报告谈判结果就可以了。"

IDG资本公司的人来找张勇谈投资,问他一盘羊肉多重、羊肉从什么地方采购的,谁知一问三不知。最后对方急了,说他到底是不是董事长?

"我是，但我真的不知道这些小事。"张勇淡然一笑。

然而，不要以为这位董事长什么都不管，他对其他一些事情却是"斤斤计较"。有一次，他在四川总部的工厂里看到员工手中的篮球是破损的，于是他随口告诉采购人员去买一个新的。十多天以后，他发现那个篮球没有换，于是又去催问。又过了一周，篮球还是那个篮球。这回，平日看似温文尔雅的张勇火了，立刻把事情的经过写成文字发送给相关的管理人员，让他们反思，并提出了三个问题：这样的事情为什么会发生？采购人员的执行力体现在哪里？应该如何处理这件事情？

这是一个看似很小的事情，也是一个类似西汉丙吉丞相"问牛不问人"的故事，但是，张勇却能从此联想到员工执行力在下滑的"大事"。在他心里，3000万元是小事，"破篮球"背后员工的执行力是大事。企业的高级管理人只有在这样的"大事"上不糊涂，才是真正的智慧，才能真正做到高屋建瓴、眼观全局。

所以，当企业经营管理出现问题的时候，我们要习惯性地问问自己：何为大事？何为小事？该管的坚定管住了吗？该放的坚决放开了吗？抓大放小真正做到了吗？

从吕端故居返程的路上，我一边开车，一边思考着"大事"与"小事"之间的关系，想得有些出神，差点出了交通事故。对于一车人讲，这可不是小事，头脑绝对不能"开小差"。刹那间，我回过神来，开始全神贯注地开车。

交子之父张咏：
宽而见畏，严而见爱

【故地抒怀】

过成都交子旧街怀张咏

一纸风行越万山，行商客旅尽欢颜。
至今百姓思张咏，轻便繁荣寸票间。

注：交子，是北宋仁宗天圣元年（1023）官方发行的法定流通货币，亦称作"官交子"，在四川境内流通近80年。后人认定，时任益州知州张咏为交子的发明者，并将其称作"交子之父"。

【现场感悟】

金融是把双刃剑

某日中午，在成都与朋友一起吃麻辣烫。结账时，女服务员送来了账单，我翻检了下钱包："现金不够了……"话音未落，女服务员马上接过话来："没关系，我们这里可以刷卡，也可以微信、支付宝，您如果使用的是苹果手机，还可以用Apple Pay支付。"

我一面佩服女服务员连珠炮似的口才，一面感慨不已：一个"无现金支付"的时代真的来临了。"无纸币时代"不仅让我们的生活变得更加便捷，而且正改变着我们的思维和观念，"数钞票"的时代一去不复返了。

说起来，世界上最早数钞票的地方，便在成都市。所数的钞票，便是世界上最早的纸币——交子。此刻，它勾起了我一探究竟的浓厚兴趣。

结完账，出了餐馆，我便来到交子大道。但从交子大道又转到交子路，都找不到交子的遗迹。抬眼一望，但见金融中心高楼林立，在高悬的太阳下让人眩目。无奈，只好打电话向当地朋友请教。

原来，成都市曾经有一条以"交子"命名的街道，位于锦江区府南河边。1997年，府南河工程改造完毕后，交子街被取消，并入东风大桥旁的均隆街，听来令人惋惜。

来到均隆街，也仅见一面钱币雕塑墙，隐约可见历史的痕迹。街上挂着"交子社区居委会"的牌子，似乎在力证这里就是交子的诞生地。但奇怪的是，一方面要将交子之名从千年历史故地上抹去，另一方面，又将交子大道、交子南路、交子北路重新标注在另一个区的地图上，这着实令人费解。

站在雕塑墙前，想到昔日商贾云集、经贸繁荣的世界上第一条金融街竟无迹可寻，未免有些遗憾。

时光倒流回到北宋初年，由于商品经济日渐发达，商品交易越来越多。当时，四川地区盛行铁钱交易，而铁钱极为笨重，携带、清点和保管都极不方便，且铁钱原料紧张，供不应求。于是，成都出现了专为携带大量钱币的商人提供存取保管业务的店铺。客商将金属钱币寄存店中，店家为客商开具一张票据作为凭证。这张票据就是"交子"。此时的交子有点"存折"的味道，是日后提取钱币的依据。当然，存管钱币是需要交付保管费的，相当于今天的存款还要支付利息一样。

慢慢地，有人从唐代中期的"飞钱"得到启发，开始用存钱的票据直接用作支付手段，发觉这样极为方便，生意也愈发兴旺。于是，交子便在市场中逐渐流通起来。最早的交子估计出现在太宗淳化四年及五年之间（993—994），由于一般人不具备长期保证信用的能力，一些富商便联合起来，以他们的财产作为信用保证，发行"私交子"。但是，由于部分富商道德缺失以及其他变化，交子得不到及时兑现，信用危机出现。

真宗景德二年（1005），时任益州知州的张咏在平定王小波、李顺起义之后，采取宽怀政策，推进经济和贸易，对交子铺户进行整顿，剔除不法之徒，责成16家富商专营，规范了交子的面额、兑界等，使民间发行的"私交子"变成了官方认可的纸币，正式在市场上流通。因此，60岁的张咏被称为"交子之父"。也有人认为，张咏就是世界上最早纸币的初始发明者。原来的交子铺户集散地就成了"私交"的诞生地。原交子街、现均隆街一带亦成了店铺林立的世界上最早的金融街。

民间发行交子一个时期后，因信用、滥发贬值和兑付不及时等原因，遭到百姓抵制，争讼不息，"私交"被迫停用，民间又重回到使用笨重的钱铁进行交易的老路。有鉴于此，益州转运使薛田和江湖淮南益州路转运使张若谷向朝廷奏请恢复蜀地交子交易制度。天圣二年（1024），官府正式发行交子1256340贯。这是世界上有史以来第一次由政府主持发行的纸币。

在官家禁止和市场机制的双重作用下，交子在历史长河中消失了。而且，交子是以楮纸为原料印制的，不易保存，1000多年后的今天，已经几乎看不到实物了，只留下了无言的见证者——曾经熙熙攘攘的交子铺旧街，以及旧街旁边日夜流淌的府河。

可以说，交子始于民间，终于民间。从有货币开始，民间金融的力量就不可小觑，它使无数人一夜暴富，也让无数人妻离子散、家破人亡。

近年来，以民间借贷为主要形式的民间金融日渐昌盛。有调查表明，全国中小企业约有1/3强的融资来自民间借贷。活跃的民间金融是市场赐给中国经济的最好礼物，但不良的民间借贷却给市场带来无法估量的不良影响。

轰动全国的"山东于欢案"，是一个典型的例子。女企业主苏银霞向地产公司老板吴良占借款135万元，11名暴力催债人当着她儿子于欢的面，用极端手段侮辱她，情急之下，22岁的于欢刺伤4人，伤者杜志浩因失血过多死亡。于欢被一审判决无期徒刑。此案一经曝光，就受到广泛关注。

在中国，中小企业及民营企业的融资之困已经无须多言，融资难的原因之一是金融机构门槛较高，中小企业在财务指标、担保条件、融资利率等方面都很难满足要求。在此背景下，企业主为了渡过难关，不得不借入高利贷。高利贷和暴力催债的故事，几乎每一个地方都在上演。

一位浙江企业家曾经在微博中讲述其借了500万元高利贷，被强迫还款6000万元的经历。在媒体报道中可以发现，发生老板"跑路"的民营企业中，不少曾是行业中的佼佼者。那些曾经风光的企业在倒下之前，几乎都借过高利贷且无力偿还，高利贷似乎成了部分民营老板挥之不去的魔咒。有人甚至称，高利贷成了压垮小微企业的"最后一根稻草"。

由于民间借贷具有高息、复杂、多变和隐蔽等特点，涉及的利益主体较多，牵涉面广，给政府的监管带来了一定难度。至今，民间借贷仍然游离在灰色边缘地带，没有被纳入正规金融监管。解决这个问题，需要政府职能部门、银行、金融监管机构以及社会民众的共同参与，需要像张咏一样的坚决和智慧。

交子在四川境内前后流通将近80年。但也许不用80年，未来的世界将彻底告别现金。当然，现金只是形式，它可能会消亡，但金融不会消失，民间借贷也不会消失。

金融和民间借贷都是双刃剑，都关系到千家万户，用得好，它们可以成为帮助企业和个人事业腾飞的翅膀；处理不当，便会酿成危机。

如果不是生活在1000年前，你难以理解交子是一种怎样的伟大创举；如果不是于欢，你难以理解民间借贷的无奈及痛苦。如果我是张咏，面对如此的民间金融乱象，面对企业的融资困境，又该当如何呢？

在钱币雕塑墙前，我轻轻地问自己。

天文学家落下闳：亲切的"春节老人"

【故地抒怀】

过四川阆中咏"春节老人"落下闳

红装添吉庆，法杖驭星梭。
憨笑犹依旧，历书费琢磨。
农耕定节气，传说自亲和。
回看寿星佬，庄严可奈何？

注：落下闳（公元前156—公元前87），巴郡阆中（今四川省阆中市）人，西汉民间天文学家。他在汉武帝元封年间修制《太初历》，被老百姓亲切地称为"春节老人"。

【现场感悟】

亲和的力量

听过一首歌：

> 红红的灯笼，心为谁朦胧？
> 春风揉醒我的梦，时光滑落的从容，在你的皱纹里相迎又相送。
> 春节老人落下闳，天文巨星在阆中。
> 翻开你的太初历，春夏秋冬在转动……

这首歌，是歌唱"春节老人"落下闳的。歌曲既有意境之美，又有历史厚重感，讨人喜欢。

那一年春节前后，我适逢在四川阆中停留，见识了"春节老人"的遗世风采。

阆中位于四川的东北部、嘉陵江中游。阆中古城是当今中国保存最完整的四大古城之一。它是完全按照中国古代天文风水理论建造的"风水之城"，古色古香，韵味浓厚，是有名的"春节文化之乡"。阆中之所以被民俗专家公认为"春节文化之乡"，就是源于"春节老人"落下闳。

春节期间，阆中大街上不时可以看到由身体健康的老人装扮成的"落下闳"，他们白发白须，身着红色吉庆的盛装，手持法杖，面容慈祥，在鞭炮声、锣鼓声中游春，给小孩子发压岁钱。

这番情景极为动人，其乐也融融，其情也悠悠，仿佛落下闳真的从西汉穿越来到了眼前。

史料记载，落下闳是阆中人，是西汉著名天文历算学家，《太初历》的创制者。《太初历》这部著作科学地确立了以正月初一为岁首的历日制度，春节随即诞生。因此，落下闳在阆中被尊为"春节先圣""春节老人"。

"春节老人"的形象集慈祥与淘气于一身。鹤发童颜配上红彤彤的古装衣帽,显得喜庆吉祥,更有那招牌式的憨笑和口袋里一封封的压岁红包,怎么能不让孩子们欢欣雀跃呢?相对而言,流行了几千年的寿星公虽然也挺着凸出的寿头,有些滑稽搞笑,但整个姿态和打扮还是以威严为主,跟"春节老人"相比,就少了许多的亲切感,离凡间远了点。

在阆中,不管男女老幼,他们都会异口同声地告诉我,"春节老人"比外国的圣诞老人更受欢迎。

与当地人交谈,方知每年的春节都是如此。"这是我们自己的节日,大人高兴,小孩子更高兴,没有'春节老人',哪像个春节的样子?"当地人说。

看来,"春节老人"以其独特的魅力和亲切的形象,已经深深根植于阆中的传统文化之中了。

"春节老人"给了我深刻的启示:亲和产生力量。和消费者建立亲切的关系,树立亲和的形象,是一个优秀品牌所不可或缺的因素。

亲和力是使人亲近、愿意接触的无形力量。它就像是一种原子与另外一种原子之间的特殊化学关系。有亲和力是促成合作的基础,有亲和力的双方就是有共同力量表示的双方。这种友好表示,使得双方有一种合作的意识和互相影响、共同作用的力量。

品牌亲和力,是指消费者对于某品牌所产生的亲近感,并愿意购买使用的一种感情量度。一个具备亲和力的品牌更容易得到消费者的认可和理解——像"春节老人"一样——从而形成品牌忠诚度。品牌亲和力还有助于建立品牌差异性——明显地,你可以轻易地将"春节老人"与寿星老儿或圣诞老人区隔开来。

乔布斯创立了影响一代又一代人的电子产品"苹果"品牌——被咬了一口的苹果,最是亲切自然。美国调研公司 MBLM 发布的最新《品牌亲密度报告》指出,苹果是美国"最亲密"品牌,而 MBLM 对"品牌亲密度"的定义是:一种利用和加强人与品牌之间情感纽带的新范例。

在购物时,有时候我们买的不只是一个商品,更是一种风格、一种生活方式、一种生活态度,或者说是一种情感体验。每个人都有自己的购买方式和习惯,有自己的风格,俗话说"萝卜青菜,各有所爱",因此,消费者对品牌的认知和取舍必然经过多种要素的筛选,有亲和力的品牌,将最终赢得消费者的购买支持。

在现代企业中，有很多使用卡通形象作为标识的品牌，利用的正是亲和力原理。一般来说，卡通造型更加直白、直观，使得它的识别性比普通的图像更加强烈，更具个性和吸引力。卡通形象似乎能够携带天然的情感诉求，使得它非常易于冲破语言和文化障碍，便于记忆和延伸，激发出品牌更多的潜在价值，甚至能比品牌本身的生命力更加旺盛，带来更多的商业价值，如腾讯公司的小企鹅，迪士尼公司的米老鼠、唐老鸭，旺旺品牌的旺仔形象，等等。

从某个角度来讲，"春节老人"的亲和力不是来自于古代的天文学家，而是来源于他浑身上下的吉庆色彩和卡通风格。难道不是吗？在西方，圣诞老人之所以受欢迎，原因之一也是他有亲和力的卡通风格。

市场经济是品牌经济，有亲和形象的品牌，人们认同它为朋友，会长期使用，亲和力比其他能力更有吸引力。

漫步在阆中街头，迎着初春的寒风，我却感觉不到一丝冷意。"春节老人"那憨厚的笑脸和红彤彤的衣帽无处不在，给人间增添了温馨而又亲切的暖色。

宰相王安石：拗相公的变法

【故地抒怀】

过南京半山读书堂

变法维新本不群，相公唯拗一根筋。
通儒何未知权变，徒惹后人笑口纷。

注：王安石（1021—1086），字介甫，号半山，汉族，临川（今江西省抚州市临川区）人，中国历史上著名的文学家、思想家、政治家、改革家，"唐宋八大家"之一，新党领袖。两次为相，发动改革，史称"王安石变法"，由于性格、方法、党争及用人不当等原因，变法未获成功。

【现场感悟】

变法得讲方法

南京市玄武区半山园王安石故居，因为在海军指挥学院内，如要去参观，得有单位开的证明，还得通过海军指挥学院政治部批准才能通行。

王安石故居南北三进，东西两院，白墙青瓦，朱红扇窗，内有芭蕉婀娜，外有长林丰草，风格典雅，环境清幽。正如王相公自己在《半山春晚即事》中所写"翳翳陂路静，交交园屋深"，"唯有北山鸟，经过遗好音"。园中平日基本上见不到游人，只有山鸟吟唱，倍觉宁静。

故居的门前有一尊王相公雕像，旁边还有一株据说是他亲手栽下的古龙爪松。古松枝干挺拔，苍劲不羁，一如这位著名的改革家和"执拗公"形象。

半山园原为谢安故居，北宋时为王安石拥有。因其距当时城东门七里，距紫金山亦七里，恰为半途，因而王安石将院宅命名为"半山园"，他晚年亦因此自号"半山"。在园内，他曾接待过包括米芾、欧阳修等许多名人。相传有一次苏东坡乘船经过南京，王相公特地骑着驴子、穿着粗布衣服到江边去迎接，同回到这个适合"野狐狸"生活的园中长谈，留下了一段前任宰相布衣会见政敌兼诗友的佳话。

除了会友、研佛和读书，王相公在此还反思了执政和改革的得失。

王安石两度任相，锐意改革，是个有梦、有才、有能、有趣、有个性的人，也是个有话题、有争议的人。

据说，这位王相公不修边幅的程度，远远超乎普通人的想象，常年就穿同一身衣服，很少换洗。他曾作一首诗，是专讲自己身上虱子的，说这些虱子像虎狼一样到处咬人，使自己在客人面前也不得不时时抓挠。虱子太多时，他干脆把衣裳脱下来放在火上烤，这样大部分虱子才被消灭掉。

王相公还数月不洗脸。扬州太守韩琦见他蓬头垢面，怀疑他夜饮，便好心地劝他用功读书；而苏东坡的老爹苏老泉就不客气了，他见王安石衣服垢敝，常年不洗面，认为他不近人情，作了一篇《辨奸论》来痛骂他。

王相公性格上还有一要命的缺陷，就是偏执，大家都称他为"拗相公"。与王安石有交往的人都承认他读书很多，但太较真。这种偏执的个性、不拘小节及直来直去的行事模式，作为一个文人无关紧要，但是担任宰相，领导变法创新，麻烦可就大了。

为使"熙宁变法"能够顺利推行，王相公喊出了一句石破天惊的口号："天变不足畏，人言不足恤，祖宗之法不可守。"这句话本来是为了扫清变法路上的障碍的，但却招来了更多的反对。要知道，中国的传统精神是尊重祖法祖制的，芝麻绿豆大的事情都得援用古训前例，如果你要把祖宗的一切都推倒重来，在世人看来，这不仅是不敬，简直是大逆不道了。

当时的实力派人物司马光、韩琦、富弼等，虽然思想保守，但有些人本来并不反对变法，看到这种形势，也不愿与王安石合作了，他们渐渐组成了强大的反对派。当时从中央到地方，对新法持观望、敷衍乃至抵制态度的各级官员比比皆是。富国强兵的变法目标是正确的，"青苗法"和"保甲法"等法亦是良法，但可惜方式方法不对头，思想未能统一，操之过急，且用人不当，使变法从一开始便注定了失败的结局。

与此迥然不同的是明朝万历年间的首辅张居正。他在改革之初就搬出"法先王与法后王"之说，为改革找到理论依据和政治靠山。他说："法无古今，唯其时之所宜，与民之所安耳。"深谙官场的张居正是比较老辣的，他为变革奠定了一个通权达变的基础，赢得了包括李太后、司礼监掌印太监冯保等上下大多要人的拥护，加上他作风硬朗，所以所推行的"一条鞭法"和"考成法"等法才能获得成功。

更要命的是，王相公不听人劝，明知改革"缓而图之，则为大利；急而成之，则为大害"，却在变法中太过激进，未能"摸着石头过河"，循序渐进。他偏执地认定一个目标，却忽略了在实现这一目标过程中连带产生的一系列问题。在短短数年间将十几项改革全面铺开，恐怕当时社会各阶层都不见得有足够的心理准备和物质承受能力，于是变法反而陷入了"欲速则不达"的困境。

在中国历史上，像王相公这样节俭清廉不爱财、不贪美色不纳妾的高官可谓凤毛麟角。他办事雷厉风行，行政效率极高。然而，他不注意方式方法的雷厉风行，反而加快了变法的失败。

改革历来是不容易的，成功的概率本来就偏低。如果过于理想主义，急功近利，变法就会变成盲人骑瞎马，而且是一匹跑得飞快的瞎马，不出事故才怪哩。

同样道理，企业变革也要遵循规律，注意方法，否则，难免遭遇失败的下场。

在20世纪90年代中期开始创立的六西格玛（Six Sigma）管理法，是一个有效的企业流程设计、改善和优化工具，并逐步发展成为以顾客为主体来确定产品开发设计的标尺，以及追求持续进步的一种管理哲学。但国内有些企业在引入"六西格玛"时，还是碰到了麻烦，甚至引起了混乱。

这并不是管理工具本身有什么问题，而是变革的方法和流程有问题。

国外管理专家有一个观点，即企业领导在考虑实行变革时，一定要克制，不可往企业里"投掷巨石"。他们鼓励不断地"往池塘中扔小圆石"的策略，积小变为大变，积小成为大成，最终实现根本的变革。

在这方面，麦当劳的做法值得学习。大家都知道，麦当劳在中国的第一家店是于1991年开的，但麦当劳在中国的第一家分公司却是在1979年成立的。在这中间的12年里，没有做过一笔买卖，没有赚过一分钱，只是一直在研究中国市场，等它研究明白并采取行动之后，便一发不可收拾，很快就把中国市场彻底打开了。

很多企业家做事情都巴不得一蹴而就，比如今天发现问题，明天就开会，后天就出方案，一个礼拜就要看到效果，如果没有达到，就立马开始"炒人"……天底下哪有这么简单的事情？尤其是企业变革，只有目标统一，上下同心，方法得当，循序渐进，才能有效推进。

其实，在王安石变法之初，苏东坡就提醒过神宗皇帝："陛下求治太急，听言太广，进人太锐。"可惜王相公对"渐进"的做法不屑一顾，可能他对苏东坡也不屑一顾，否则，那就不是"执拗公"了。

一缕清风吹进半山亭来，挟带着春天万物生长的气息，令我忍不住深深吸了几大口空气，脑海无比的空明。

或许，王相公晚年在半山园的清风中已然醒悟到，有良好的愿望和动机，有正确的目标，并不必然产生良好的结果。所谓"功夫在诗外"，有时候，变革的方法比内容更重要，甚至能决定变革的成败。或许，他明白了这些道理，但他已经没有纠错的机会了。

周郎赤壁："刻二字兮，纪战功"

【故地抒怀】

隆冬时节，再游赤壁

长江一炬奏奇功，百万楼船赤焰红。
莫怨天随公谨便，阿瞒五次忘东风。

注：赤壁之战前，曹操多次想到隆冬也可能有东南风，但自信人定胜天，不予重视，最终被一把大火烧得狼狈逃窜，也失去了统一天下的机会。

【现场感悟】

及时应对企业的东南风

我是特意挑选一个三九隆冬的日子游赤壁的，从北岸到南岸，从陆上到江上，为的是寻找那历久弥新的故事，寻访那神秘莫测而且最终改变天下大势的东南风。

在乌林坐上一只小船，很快便抵达飞峙江心的赤壁山。

山崖边江面开阔，与海相若，褐石遍布，洪波横流，颇有点"乱石穿空,惊涛拍岸,卷起千堆雪"的气象。小船接近悬崖,褐色的石壁上,赫然可见上面刻着"赤壁"两个两米见方的红色大字。

这就是见证了1800多年前那阵突如其来的东南风和那好像总也烧不完的熊熊烈火的赤壁吗?是不是士兵的鲜血和乌林的大火才使这大字的颜色格外鲜艳呢?

相传,为纪念赤壁大战的胜利,周瑜大宴将士,酒后拔剑起舞,边舞边歌曰:"临赤壁兮,败曹公,安汉室兮,定江东,此山水兮,千古颂,刻二字兮,纪战功。"歌罢,以剑作笔,在悬崖上深深刻下了这"赤壁"二字。巨手神笔,力透千钧,字迹竟透过石岩到了另一边,以至在山后映出了反体的"赤壁"二字。

三国期间其实共烧了三把大火。第一把大火,曹操在官渡烧了袁绍的粮草,基本统一了北方;第三把大火,陆逊在猇亭烧了刘备的连营,此后蜀汉衰落,加快了"三家归晋"的步伐;这第二把大火,便是孙刘联军于建安十三年(208)趁东南风烧尽北船,延及北岸各营,曹军人马被烧、溺死者无数,孙刘联军趁机横渡长江,以少胜多、以弱胜强,大破曹军。"谈笑间,樯橹灰飞烟灭",这场大火,也烧去了曹操的胡须和他的楼船、气焰以及统一天下的雄心,烧出了三国鼎立的局面。

《三国演义》中,赤壁之战取胜的关键是孔明借东风。诸葛孔明设七星坛祭风的所在,就是赤壁山南面的南屏山。这个故事神乎其神,已经深入人心。但毕竟故事不是史实,东南风不是孔明借来的,当然也不是周瑜请来的。

站在南屏山的拜风台上,只觉天寒地冻,偶有阵风从西北方向吹来。此地此时,我忍不住又一次发问:这诡异的东南风究竟从何而来?

赤壁在亚洲东部的长江中游地区,在一般情况下,冬天盛行西北风,难以形成东南风。然而,大气运动是复杂而多变的。如果在赤壁西边出现了一个小低压,或者在赤壁东边出现了一个小高压,赤壁地区也会吹起东南风。正是:"赤壁有不测之风云,曹军有旦夕之祸福。"

历史并没有一味青睐周郎们,也同样给过曹操多次机会。当曹操为解决北军不习惯水上颠簸的问题,用铁链锁连、铺木板钉起的时候,就有人曾提醒他要防备东吴火攻。但曹操却不以为然,说冬天哪来的东南风?东吴要是放火，北风儿一吹，岂不反烧他们自己？更为可惜的是，火烧赤壁那天晚上，东南风刮起来了，程昱又提醒曹操应该提防东吴火攻，曹操却笑着说："冬至的时候，阳气萌生，有东南风不足为怪！"据载，至少有5次曹操想到或被提醒过隆冬也可能有东南风，可惜这些细节都被曹操墨守成规、盲目乐观、掉以轻心、求胜心切的心理给忽略了，忘记了"不怕一万，就怕万一"的古训，没有做到防微杜渐，最终导致大败。

从某种程度上说，曹操不是被周瑜所击败，而是被容易忽略的细节所击败的。

一件极小概率发生的事情，谁也拿捏不准它会否发生，但一旦发生便会酿成重大后果。赤壁之战中，众人反复提醒曹操提防东吴火攻，但曹操始终没有重视并有效应对，最终小概率事件变成大规模伤亡。"千里之堤，溃于蚁穴"，这个老生常谈的成语，说的就是这个道理。这就是赤壁之战中典型的曹操式失败。

成功可能需要成千上万个细节，但失败只需一个细节就足够了。1%的错误会带来100%的失败。100减1有时并不等于99，而是等于0。

治军打仗如此，治企从商甚至做人也是如此。

现代商业中，因为忽略"小问题"而导致企业衰败的故事太多了，尤其是在市场竞争日趋激烈的今天。改革开放以来，多少企业辉煌一时，又有多少企业演绎了"大败局"的故事：飞龙、三株、太阳神、亚细亚、冠生园、银广夏、烧鹅仔、荣华鸡、红高粱……这些当年如雷贯耳的企业，哪家不是自诩有"千里之堤"，要做百年老店的？但它们大都丧生在日积月累的细节上。如果企业家们能重视日常管理中的小问题，构建一个有效的体制，将所有的小问题都置于直接或间接的控制之中，怎么会出现"大败局"？

我们处在一个不能忽视细节的时代，企业之间最终的竞争将在细节层面展开，从设计、生产、销售到售后服务，每一个环节都充满着诸多涓埃之微的细节，需要我们倾注无比的耐心与细心。

卓越的企业从来不忽视细节。

当年，当上海内环高架桥上不允许1吨以上的小货车上桥的规定出台后，日本的汽车制造商迅速调整产品，将小货车的载重量削减到了0.9

吨，这一细小的改动，立即获得了大量的订单。

重视小事需要企业家拥有敏锐的洞察力，迅速发现一些阻碍所在，以便及时做出调整和改变，才不至于墨守成规而在不知不觉中延误了战机，落到像曹操一样大败的地步。

很多事情的结果，都不是天意或人为单方面造成的，而是天意和人为因素不同程度的叠加造成的。在充满不确定性的漫漫人生路上，你有时可能是曹操，有时可能是周瑜，面对赤壁式突然刮起的东南风，你将如何应对呢？

水利专家李冰：天府之国奠基人

【故地抒怀】

都江堰观水怀李冰父子

名从大禹后，治水几能俦？

妙计开鱼嘴，篮堤压石头。

甘霖滋四野，枢纽利千秋。

最是疏和堵，堪传管理谋。

注：李冰（约公元前302—公元前235），战国时代著名的水利工程专家。公元前256年被秦昭王任为蜀郡太守时，和他的儿子李二郎一道治水创建了奇功，他主持修建的都江堰水利工程最为著名。

【现场感悟】

鹅卵石的妙用

从都江堰旅行回来，有人问我印象最深的是什么。我不假思索地回答：鹅卵石。又问：都江堰的鹅卵石有何特别之处？市场价格几许？

我哑然失笑。生活在浓重的商业社会下，我们已习惯给见到的事物标价，但都江堰的鹅卵石，也许是值不了几个钱的。

走在岷江岸边、都江堰旁，到处都是看似平平常常的鹅卵石。随手捡起一枚，入手圆润，长期的水浪冲击让它早就失去了棱角和粗糙。我想起《红楼梦》里那块跌落尘间的顽石，若被女娲选中，可用作补天之材。而手中的这枚鹅卵石，若被李冰父子选中，亦可作治理岷江之用，从平平凡凡而一跃成为疏堵岷江的大材呢。

没有鹅卵石就没有都江堰工程，而没有都江堰就没有天府之国。

想当年，李冰父子在建造都江堰的主体工程——"分水鱼嘴"与"飞沙堰"时，开始采用的是向江心抛掷条石及铁块的办法，由于水流过急，无论多重的铁石瞬间即被冲走而始终没有成功。有一次，李冰看到在江边洗衣的妇女，用竹笼装着衣物在江水中漂洗，为防竹笼被江水冲走而在竹笼里压上鹅卵石。这给了他很大的启发。他马上改行竹笼填石法，用竹子编成特大竹笼，里面装满大块的鹅卵石后沉入江底，竟然成功了。

笼石堰堤的妙处是既将大部分的水流堵截了，又保证了有一部分水流走，达到了一种动态的平衡。在治水工程的岁修原则上，李冰还发明了"深淘滩，低作堰"的六字要诀，也就是说每年淘挖江底淤积的泥沙要深，使水量有适当的保证；堤堰又不能筑得太高，以免影响内江泄洪，科学地解决了积年已久的溃坝问题。可以说，成都平原成就天府之国，既有李冰父子的功劳，又有鹅卵石和竹笼的功劳。

中国自古以来水患频仍，历代多有治水名人，如大禹、西门豹、王景、范仲淹、郭守敬等，而其中尤以李冰父子治水功绩最为显著，治水的功用效利也最为长久，泽被千秋。究其原因，就在于李冰父子懂得"因地制宜，疏堵结合"的道理。

从某种角度来看，管理其实也是合理地疏与堵。既要管束，也要理顺，管而不理必然堵塞不畅，只理而不管必然导致决堤失控。都江堰给我们的启示，就是有堵有疏，动态平衡。

当然，在企业管治的过程中，能不能找到适合的"竹笼"和"鹅卵石"十分关键。

拿件小事来说，考勤是每一家企业每一天都要实行的，在如何对待员工上班迟到的问题上，大多数公司都会采用"管"的手段：罚钱！但这样做的效果真的好吗？试想，如果你是员工，起来得有点晚，根据惯例，加上堵车，到了公司肯定会迟到，迟到30分钟内扣钱的金额差不多，反而不着急了。到了公司后，意识到真的扣钱了，心里会特别不舒服，负面情绪同时会膨胀和扩散，形成消极怠工，很有可能还会影响到其他人。罚钱这种单纯"堵"的方法，对于员工心态和公司效率都是不利的。

我熟悉的一家企业就做得比较有意思。对迟到的员工，他们采取扣分补偿制，比如，迟到1分钟扣1分，迟到1小时，扣60分，员工扣分之后可以通过其他正向的行为来弥补分值。扣分之后，通报员工，他如果用至少2倍的时间来加班，另外还得利用工余时间做一些对公司有利的事情或公益活动（当然，在社会上做"好人好事"也是可以的），获得相应的分值就可以抵消之前的扣分。这样的做法成功消除了员工迟到所带来的负面情绪，给员工找到了弥补的出路，为企业带来更多的正向行为。

可控、有序是目标，或堵或疏是方法，最重要的是要抓住问题的本质，顺其自然，对症下药，才能解决问题。李冰父子在建设和治理都江堰时，非常清楚这二者的关系，才取得了史无前例的功勋。

在岷江岸边，抬眼望去，滚滚而来的江水，被一条长鱼似的堤坝分成两股，一股弯弯曲曲地沿着河道奔向广阔的川西平原，另一股则仍然奔腾向南，投向长江的怀抱。汹涌澎湃的江水，就这样被一条无坝的都江堰驯服了。这是全世界迄今为止，年代最久、唯一留存且仍在一直使用的以无坝引水为特征的宏大水利工程。

低头再看看手中那枚鹅卵石，把玩之下，似乎感受不到那被岁月和流水冲刷的痕迹，阳光的温暖还留在它身上，觉得温润异常。我收起来，放在包里，打算回去后放在案头，一则，是对"管理是一种堵与疏"的提醒；二则，也算一种激励——希望自己也能做一枚这样的石头，倘被女娲或李冰选中，此生无悔。

伯乐将军：
世有伯乐，然后有千里马

【故地抒怀】

过山东成武伯乐镇有感

相马名声天下闻，骐黄骥紫颂纷纷。
莫伤慧眼不常有，汗血从来出万军。

注：伯乐（约公元前680—公元前610），本名孙阳，春秋中期郜国（今山东省菏泽市成武县）人，以善相马著称。在秦国富国强兵过程中，立下汗马功劳，被秦穆公封为"伯乐将军"。

【现场感悟】

赛马常有，则千里马常有

远古时候，伯乐是指天上管理马匹的神仙。比如孙悟空，可算是货真价实的"伯乐"，只不过，他的正式职务是弼马温。而到了人间，人们把精于鉴别马匹优劣的人，也称为伯乐。

据载，第一个被称作伯乐的人本名孙阳，他在秦国因善于相马而闻名，以其精准卓著的眼光得到秦穆公的信赖，被封为"伯乐将军"，以监军少宰之职随军征战南北。伯乐除了相马、荐马外,还为秦国举荐了九方皋这样的能人贤士,被传为历史佳话。后来,伯乐经过多年的实践和潜心研究,把丰富的相马经验进行系统的整理,写成了我国历史上第一部相马学著作——《伯乐相马经》。

传说伯乐相马,神乎其技,而且影响力巨大。有一次,有一人家卖一匹马,牵到市场三天都无人问津。伯乐经过时只是多看了两眼,那匹马的身价立刻暴涨10倍,被抢购而去。

这样一个了不起的人,一直为人们所尊敬。在伯乐的老家——山东省成武县伯乐镇的公路边,我看到一尊"伯乐相马"的青铜像。伯乐手牵一匹扬蹄奋鬣的千里马,目光炯炯,意态洋洋,似乎在向世人炫耀其相马绝技,也仿佛在认真甄别过往的人才和马匹。

然而,正如韩愈所说:"千里马常有,而伯乐不常有。"伯乐,数百年才一出,而天下之马何止万千。所以,常常会发生千里马因得不到伯乐的赏识而"骈死于槽枥之间"的悲剧。用现在的话来说,伯乐属于高级技术人员,伯乐的相马神技属于专有技术、稀缺资源,无法得到广泛应用,无法满足市场和社会不断增长的需求。

那么,难道因为伯乐不常有及资源稀缺,平时就没办法相马了吗?当然不是!马,终究是用来驾驭和奔驰的,常言说,"出水才见两腿泥"——从"伯乐相马"到"赛场相马",就是破解这一难题的好办法。

"赛场相马"能够扩大相马、选马视野,做到公平、公正、公开:把所有的马匹都置于同一起跑线上,一声令下,万马奔腾,谁强谁弱一目了然,通过实打实的比赛择优汰劣,从而形成一套相马、赛马、选马、用马的公平选拔任用机制。这相比于光靠伯乐一个人东跑西颠、疲于奔命的传统相马方式,岂不更有效率、更为现实及可以复制吗?

相马选马如是,识人任贤亦如是。

海尔集团总裁张瑞敏认为"人人是人才,赛马不相马",企业要提供公平竞争的平台和条件,尽量避免"伯乐"在相马过程中的主观局限性和片面性。企业领导者的主要任务不是去发现人才,而是去建立一个可以选拔人才的机制,并使这个机制健康持久地运行。这种选拔人才的机制应该给每个人相同的竞争机会,充分挖掘每个人的潜质,把静态变为动态,把相马变为赛马,做到人尽其才。

在"赛马不相马"的用人理念中,个人能否成功,全凭自己的能力。参赛机会人人均等,但入选机会只留给有能力、有准备及有业绩的人。人们普遍认为,这是一个标志性的进步。

当然,我们同时也要看到,人才的成长及选用自有它的固定规律。《人物志》及《冰鉴》之类的人才学专著还是具有一定参考意义的。只懂相马而不知赛马,固然难得真正的良马。但光靠赛马而不知相马育马,或只注重于战力,其品德就不容易看得清楚。故而,将"伯乐相马"与"赛场选马"相结合,既强调个别考察,发挥伯乐在"识人善任"方面的长处,遵循人才成长的法则;又强调公开考试,注重实绩,保证公平、公正、公开的选拔机制,即既相马育马,又赛马遛马,做到人岗匹配、才尽其长,才能让每一匹"千里马"及时被发现、被赏识、被重用,这才是当今的"伯乐"之道。

离开伯乐镇前,我特意绕到伯乐雕塑前挥手告别,轻声问道:"伯乐将军,你面前天天车如流水马如龙,又发现新的千里马了吗?"

自负苏东坡：豪放的失意者

【故地抒怀】

过海南儋州东坡书院载酒亭

形如狗仔亦称花，莫怪诗人识有差。
谪贬天涯空自负，低吟向海可成嗟？

注：苏轼（1037—1101），字子瞻，号东坡居士，眉州眉山（今四川省眉山市）人，北宋文豪，"三苏"家族成员之一，"唐宋八大家"之一。是中国文学艺术史上罕见的全才，也是中国历史上被公认文学艺术造诣最杰出的大家之一。

【现场感悟】

贬途万里识人生

狗仔花，学名"牛角瓜"，是南方常见的一种灌木。它外形独特，让人一见难忘。因与王安石及苏东坡之间的一段逸事趣闻相关，狗仔花又被赋予了特别的文化内涵。

据说，有一回苏东坡前往王安石家中拜访，主人不在，便到书房歇息等待。在书房里，苏东坡发现案桌上写着"明月当空叫，五犬卧花心"两句诗。他认为王安石的这句诗不合事理，明月怎能叫，花心又岂能卧犬？遂提起笔将王安石的诗句改成了"明月当空照，五犬卧花阴"。王安石回来看后，便哂笑苏东坡见闻不广，此话传到了苏东坡耳朵里，他心中略有不服之气。

后来，苏东坡谪居儋州，居住在桄榔庵时，他常常在清朗的夜晚听到有鸟儿啼叫，遂问当地的百姓，百姓告诉他这是明月鸟。后来，他又知道当地有一种花蕊似五犬的"狗仔花"，这才恍然大悟，原来王安石当年所写的"明月"是一种鸟，而"五犬"是狗仔花的花蕊，鸟岂能不叫，花又岂能无蕊？苏东坡顿时脸上一红——自己缺少见识，又不经调查研究，错改了王安石的诗句，惭愧得很。

为寻访东坡故地和传说中的狗仔花，我专程渡海来到儋州。

未到东坡书院，便看到路上一堆堆的牛屎，牛屎不臭，还带着草香呢——来到这乡间，回想苏东坡沉醉不知归路，幸有牛屎指路的诗句"但寻牛屎觅归路，家在牛栏西复西"，不禁会心一笑。

在清雅静谧的东坡书院，可以见到狗仔花若无其事地生长着。青葱郁绿的椭圆形叶子里，"迷你宠物狗"正卧在花心惬意地纳凉歇息。绽开的花朵像是一把浅紫色的小雨伞，花梗笔直细长，花瓣整齐地平伸。花蕊像是有五只小狗蹲坐，"五犬"的脑袋上竖着两只尖尖的"狗耳朵"，背后卷起的尾巴轮廓清晰可见。

看罢，不由佩服王安石的博物，也对苏东坡的年轻草率感到遗憾。

苏东坡是我向来敬仰的"牛人"之一。他家学渊源，与父亲苏洵、弟弟苏辙皆入"唐宋八大家"之列。他自负才气，曾书一对联："识遍天下字，读尽人间书。"他21岁进士及第，25岁制科入三等，宋仁宗赵祯曾说："吾为子孙得太平宰相两人（二苏）"。少年得志，苏东坡不免有些年轻气盛，锋芒毕露而不知规避，得罪了不少人，也使得他在朝廷之中树敌不少。

"少年气盛，愚不更事"是要付出代价的。1079年，在湖州太守任上，"文字毁谤君相"，苏东坡被弹劾入狱；1080年，贬任黄州团练副使；1085年，贬任登州太守；1094年，贬任英州太守，南行途中，三次降级，改派惠州充建昌军司马；1097年，被贬海南儋州。

苏东坡一生大起大落，后半生基本上是在迁谪途中度过。在万里贬途中，常人都会反思自己的命运为何如此多舛，更何况有大智慧的苏东坡？其实，他一直都在反思自己，试图重新认识自己。在贬任黄州团练副使时，他有诗自况："别来未一年，落尽骄气浮"，显示了他对以前人生态度发自内心的自我反省。

特别是在1101年，苏东坡已经64岁了，对自己与社会都有了新的认识，他第四次登庐山，写下了唱绝千古、脍炙人口的诗篇《题西林壁》："横看成岭侧成峰，远近高低各不同。不识庐山真面目，只缘身在此山中。"

字里行间，隐隐表达了诗人对自我的全新认识。苏东坡在宦海中几度浮沉，历尽劫波，最后大彻大悟。为什么不能辨认庐山的真实面目呢？因为身在庐山之中，视野为峰峦所遮蔽局限，看到的一峰一岭一丘一壑，只是局部而已，这就必然带有个人的片面性和局限性。游山观景如是，观察世上事物也常如是。人对于自身往往难以正确认识。从某种意义上讲，认识"自我"比认识客观现实更为困难，因此，才有"人贵有自知之明"一说。古希腊戴尔波伊神托所的入口处矗立着一通石碑，上面写着"认识你自己"的醒目大字，这充分表明，认识自己是多么困难而又多么重要。

现代社会心理学家将人们难以正确认识"自我"的心理现象称之为"苏东坡效应"，可见如何认清自我从来都不是一件容易的事情，而苏东坡的经历和思考具有典型的意义和较大的影响。

俗话说得好："知人者智，自知者明"，"当局者迷，旁观者清"。既然认识自我这么难，有时候便需要借助别人来认识自己，结果往往更为客观、公正。特别是面对残酷竞争的市场，企业家往往难以全面发现问题，准确认清自己和企业，无法承担决策失误的后果，因此，求助于具有较高专业素质的咨询顾问已经成为一种习惯。

咨询顾问从第三方的角度审视企业外部环境和内部条件，以新的思维方式、新的观点去分析和解决问题，提出新的意见和方案。它将有效缩短企业家的学习时间，提醒他们少走错路弯道，协助制订合理的发展计划，抓住发展机会。

除了引入咨询顾问，聘请独立董事，建立"私人董事会"也是一种不错的选择。

当前，越来越多的企业家正通过"私董会"这一模式寻求深度学习和社交互动，以发现和解决问题。"私董会"顺应了互联网时代的"去权威""去中心化"的理念，将有强烈身份认同且无直接竞争关系的成员按自愿的原则结合在一起，在教练的主持下，有针对性、有效率地探讨和解决问题。

"私董会"不仅坐而论道，而且直面现实，解决问题，其建议和提问都是颇有价值的环节。因此，"私董会"远不止于高端社交圈这么简单。在"互联网思维"商业理论颠覆传统经济的时代，"私董会"通过企业家的网状连接，正颠覆着传统的企业组织模式。甚至有人预言，未来"私董会"将成为"与企业平行的社会组织形态"。

在东坡书院，面对朵朵盛开的狗仔花，我想，晚年的苏东坡结束了长期流放的生活，已经从一个踌躇满志、一心报国的天才少年，慢慢演变成一个从容面对、参透生活禅机的风烛老人。

苏东坡的一生既豪放豁达，又颠簸失意。他要是有一个智囊团或有一个"私董会"，及早指出他的问题，给他具体建议，提醒他注意自己的年少轻狂、多注意工作方法、早识"庐山真面目"，也许，他就不仅仅是一位政治上专唱反调的反对派，也不仅仅是一位长期被流放的大文豪，他的命途也不至于如此多舛。

苏东坡在遇到了太多的挫折、浪费了过多的时间、错过了太多的机会后，才认识自己，不能不说，这是极大的遗憾，也是极大的浪费。

闯王李自成：兴勃亡忽

【故地抒怀】

翻湖北九宫山牛脊岭，闻鸟声悲鸣

云楼隘路白云间，霸业宏图到此删。
若果兼听谋大计，何堪一溃失雄关。
苗生根据方成秀，国赖经营几可闲。
纵领千军曾问鼎，依然难驻九宫山。

注：李自成（1606—1645），米脂（今陕西省榆林市米脂县）人，明末农民起义领袖。1629年起兵反明，1644年建立大顺政权。不久攻克北京，推翻明王朝。但入京后，李自成依然承袭其流寇思想，刚愎自用，拷掠官民，已失初心。山海关一战"李闯军"大败，一路逃亡，被杀于湖北九宫山。

【现场感悟】

反思流寇式经营

到过湖北九宫山的人很多，但与九宫山景区相隔二三十公里外的牛脊

岭，去过的人估计就不多了。

从九宫山西行，在两山之间，沿着一条长长的小路，绕过一个山梁，便到达牛脊岭。路的两边青山高耸，树木连绵，飞瀑流泉，极为雄壮。岭上轻烟浮荡，茅花满天。与此不协调的是，此处鸟叫声极为凄厉，似在泣诉胸中不平。

史载，明朝末年曾率大军攻进北京城，推翻明朝政权，迫使崇祯皇帝自缢的农民起义军首领李自成殒命于此——死于农民程九百之手，令人唏嘘，也发人深省。这里至今还保留着闯王陵、皇躲洞等与李自成有关的遗迹。

当年，李自成挥师百万攻下北京，推翻明政权之后，在京城只做了一天的皇帝，这位带头大哥就仓皇出逃，其失败之迅速，让人大跌眼镜。对于他的失败原因，后人议论颇多。

李自成开始"不好酒色，脱粟粗粝，与其下共甘苦"，收揽英才，礼贤下士，敢作敢为，其英雄气概，就算与刘邦、朱元璋相比，也有过之而无不及。但李自成及其率领的农民军在后来忘记初心、脱离群众、小富即安、骄傲轻敌以及此前不作经营的小农意识和不建根据地的流寇思想，无疑都是招致其失败的重要原因。

从队伍的本质上看，李自成起义军的参加者大都是流民，缺乏知识分子的深度参与，没有理论指导，长期秉承"以战养战"的流寇思想，所到之处如蝗群飞过，劫掠一空，惯于破坏社会秩序而不能建立新的秩序。"打一城扒一城"，不建立根据地，就没有大本营，也没有稳定的后方，更谈不上持续提供财税的地方政权和铁心拥护的区域民众。因此，到后期他战败退出北京后，也根本没有一个喘气生息之地，只得慌不择路，最后魂归九宫山。

不知李自成临终前，是否悔恨冤杀了提出"立足河南、经营中原"策略的李岩？

中国共产党人对李自成的悲剧曾进行过深刻反思，并引以为戒，提出了"依靠农民，建立农村根据地，以农村包围城市，最后夺取城市"的战略思想。毛泽东根据中国革命的特点，指出了建立农村革命根据地的重要性。井冈山革命根据地，就像星星之火一样，以燎原之势照亮了整个中国革命,在两年的时间内,屡创革命奇迹,数次击退了国民党大军的围剿。

应该讲,当时根据地的创建,既是一次革命战略的调整,也是新革命思想的一个试点,达到重整部队、锻炼队伍、养精蓄锐、激发斗志的目的。通过井冈山根据地的建立,革命队伍有效吸收了一大批同志加入,不仅井冈山周围有人加入队伍,就连全国其他一些地区的拥有革命理想和斗志的热血青年也千里来投,有效壮大了根据地的革命力量,为中国革命吹响了胜利的号角。

由此可见,建立稳固的根据地对于军队和政权的重要性,怎样形容都不过分。

而现代的企业经营,也需要必不可少的"根据地"。

这里所讲的企业"根据地",是指企业赖以立足,对外赢得压倒性竞争优势(市场份额最大),对内形成核心支柱作用(利润指标贡献最大),并可借此向外扩张的基地,其本质就是企业可控的市场范围。

杭州娃哈哈集团有限公司(简称为"娃哈哈")是通过建立农村"根据地"继而向全国发展的一个成功案例。在中国改革开放的大背景下,开放行业的外资品牌大举入侵,一些中小企业逃脱不了被收购、兼并、退市的命运。而娃哈哈经过20多年的发展,一跃成为世界第四的饮料厂商,就得益于其创始人宗庆后对根据地战略思想的熟练运用和实践。

娃哈哈一开始选择的策略就是把自己定位在广大的农村和二、三级市场。宗庆后认为,这是外资企业提不起兴趣的一块鸡肋。而且,中国地大物博,城乡发展不平衡,广大农村交通不便,外资企业在相当长时期内将鞭长莫及,本地企业在广大农村地区大有可为,可以迅速壮大自己。

建立农村根据地,最后农村包围城市,取得全国胜利。宗庆后将毛泽东的革命理论在商业上重新实践了一番,并取得了瞩目的成功。当娃哈哈在农村市场经营得风生水起的时候,也就对中心城市形成了一种水到渠成的合围之势。有广大农村市场作为后盾,再踏入中心城市与外资品牌竞争时,娃哈哈就有了底气。时至今日,无论是在产品、渠道、品牌、资金各方面,娃哈哈都已今非昔比,娃哈哈已经建立起一个符合中国国情和中国市场发展需求的体系和团队,而广大的农村市场为娃哈哈的发展提供了战略性的支持。

我们可以再看看其他品牌：如果没有在广东、温州、江西、北京等区域市场长期而艰辛的探索，加多宝、王老吉凉茶也不会取得在全国市场上的巨大成功；如果没有在江阴、无锡、南京等区域市场的长期试点，也造就不了脑白金的热销；如果没有在河北衡水等区域市场的摸索，也造就不了六个核桃的成功；如果没有在华东等地区的长期耕耘，泰昌足浴盆也不会有今天的成就。

2017年7月，联想集团执行副总裁兼中国区总裁刘军在接受媒体采访时指出，2005年联想并购IBM的PC业务后，核心管理层的主要精力都放到了海外市场。国际化的十年是成功的。目前，联想七成的收入来自海外市场，个人电脑和手机业务在海外都发展得很好。但"远征"的十年，反而把中国市场给忽略了，与国内市场开始有些脱节，家门口出了问题，国内根据地陷入了困境，因此需要及时检讨。

毛泽东运用根据地战略思想建立了新中国，宗庆后通过根据地战略思想缔造了强大的娃哈哈。而李自成因为没有经营的思想，没有自己的根据地，"其兴也勃焉，其亡也忽焉"，只赢得了快速崛起和迅速败亡的昙花一现，还被贴上了"流寇"的标签……

在薄薄的雾岚中，拜别闯王陵，返程上岭，只见东山壮阔，一瀑高悬，水声传出很远。回望西边，苍山如海，残阳如血，茅花满天中，鸟声更加悲切，简直令人心惊肉跳。不知道这鸟声是为闯王所啼，还是为李岩所叫？

双瞳舜帝：
抚琴轻唱南风歌

【故地抒怀】

谒九嶷山咏舜帝

五帝名尊万世崇，苍梧楚野唱南风。

祀天绪继唯由善，治世事繁益重农。

象鸟为耕凭孝感，恺元合用胜亲躬。

但求代代皆明德，阡陌何愁不大同。

注：舜帝（约公元前2277—约公元前2178），姚姓，妫氏，名重华，字都君，谥曰"舜"。中国上古时代父系氏族社会后期部落联盟首领，建立虞国，治都蒲阪（今山西省永济市）。传说他讲求孝道，重视农耕，以德治理天下，是中华道德的创始人之一。

【现场感悟】

分权与还权

来九嶷山之前，我以为它只是一座山，到这里才知道，九嶷山实际上是湖南省宁远县境内一片山系的总称。它南接罗浮，北连衡岳，群山巍峨，笔峰林立，纵横两百里。

"九嶷山"的本来写法应为"九疑山"，《九疑山图志》说得清清楚楚："九峰相似，望而疑之，谓之九疑。"古人在山上的各种石刻也都是写的"九疑"。毛泽东第一个在"疑"字上面加了个"山字头"。受毛泽东《七律·答友人》诗的影响，"九疑山"就成了"九嶷山"。此后，有关"九嶷山"的文字都写作了"九嶷山"。

接近九嶷山，但见群山莽莽，如波涛起伏，如千帆竞发，气势磅礴。最令人震撼的是，"万山朝九嶷"，这里每一座山的山尖几乎都是指向舜源峰，堪称绝世神奇。相传舜帝驾崩葬在舜源峰后，所有的山峰都突然改了朝向，全部面山朝圣。据说，这里还是"三皇五帝"中黄帝和尧帝的仙游之地，这种说法存在争议。但九嶷山是舜帝的崩殂之地，则是没有争议的。

九嶷山的舜帝陵始建于夏朝，是至今见诸文字记载的中国最古老的帝王陵，为历代帝王祭祀之所。它结构严谨，格局恢宏，是我国始祖陵中最高最大的陵墓，被称为"华夏第一陵"。

进入陵区广场，江泽民题写的"九嶷山舜帝陵"六个大字便映入眼帘。值得一提的是，舜帝陵的墓碑是阳刻凸字，"帝舜有虞氏之陵"七个大字出自汉代著名文学家、书法家蔡邕之手。

正殿中央立有舜帝的铜像，还有几幅介绍舜帝故事的壁画。其中《韶乐图》记述的是舜帝南巡时教化当地百姓的故事，他带着五弦琴和十二把玉琅，到达这里后，被秀美的风景所打动，遂奏起了《南风歌》，引来了百鸟和凤凰起舞。

舜，自幼丧母，与父亲、后母及同父异母的弟弟生活在一起，以纯孝而闻名天下。当时的"天下共主"尧听说了他的事迹以后，把他召来，进行了一番考察。舜不但自己经受住了考察，还向帝尧推荐了"八恺八元"等16个贤能的人，分别授权给他们，让他们发挥长处，尽心办事，使人民得以安居乐业。对舜的考察，尧非常满意，便将王位禅让给舜。舜在位39年，喜唱《南风歌》，而天下大治，他临终前又禅位给大禹。这就是中国古代历史上的禅让制。

孔子认为："舜弹五弦之琴，歌南风之诗而天下治。"这句话，现在已经刻在舜帝陵的碑林当中了。有后人评论，舜唱《南风歌》而天下大治，是懂得分权、有效授权、合力治理的结果，他可以说是中国分权治理的开山鼻祖。

在现代企业经营管理中，分权和授权实际上已经成为企业绕不过去的话题。

一个合格的管理者不应该是自己忙死、下属闲死，而应该是取势任人，保证事事有人做，人人有事做，人人做适合自己的事，事事有适合的人。高级管理人员只要明确战略目标，识人选才，知道什么事让什么人去做最合适就行。自己直接去办叫"做"，通过他人去办叫"管"。如果把一切都抓在自己手上，对谁都不信任，对谁做事都不放心，事事亲力亲为，那么你实际上只是做事者，不是管理者。

因此，领导者要懂得分权和授权。

分权看似简单，但许多老板因为不想分、不敢分、不会分，所以分不清、分不好、分不久，这样的企业比比皆是。

美的集团的分权体系被业界认为是中国企业中最成功的例子，而美的集团董事局主席何享健则被认为是中国最敢授权、最会分权的老板，其"集权有道、分权有序、授权有章、用权有度"十六字方针至今值得学习。

1997年，美的掌门人何享健一举颠覆传统的"集权"式管理体制，"杯酒释兵权"，将一批创业元老及员工劝离领导岗位，曾遭到不少非议。当美的营业收入从30亿元做到500亿元的时候，出现了主体和环节太多、资源分散、重复投入、个别单位过于强势和各自为政等缺点，何享健又以壮士断腕的气魄，再次自我否定，将他亲手缔造的事业部进分拆分，采用了方洪波提出的"产品事业部＋区域事业部"的组织模式。美的集团《分权手册》分为集团战略与目标管理、人力资源管理、财务管理、生产制造与技术、市场营销、总务、研究开发及科技与知识产权管理、审计监察、其他等14大类及217个小类，对涉及经营管理各项工作的决策权限、分提议、提案、审核、裁决、备案等进行了详细的规定。

由于庞大的美的有着精细到"神经元"的分权体系，让组织化整为零，成为一个个反应敏捷的"细胞体"，使得整个组织掌控张弛有度，灵敏而不失秩序，最大化地激活了企业的前进动力和活力。2015年，美的集团年度销售收入已经超过1300亿元人民币，旗下有3家上市公司，在家电上游相关多元化产品领域均占有行业前3名的位置。

对于分权和授权，四川海底捞餐饮股份有限公司的董事长张勇也有自己独特的见解。

张勇认为，譬如在哪开店，以及跟客户的互动等具体事宜，要不就是由店长做主，要不就是由服务员做主，而不应该是由总公司专门成立一个部门来做此类事情。如果是那样的话，效率肯定低。他还说，给哪个客人打折、免单，照传统的思维方式，当然是老板说了算。但是，实际上老板不清楚具体的情况，就不应该去决定打折或免单的事情。张勇强调，这不是授权，而是这些权力本来就是基层员工的。具体的业务都应该让基层人员来做主，这是一个趋势，公司的CEO就不该管基层的事。

分权是必需的，但是不是会分权的管理者，就一定能把企业管好呢？答案也不尽然。

作为老板，要清醒地认识到，只要上面有分权，下面就有产生争权、弄权和滥权的可能。处理不当，则被授权人分享的是上层的权力，分食的是中下层或者公司整体的利益，甚至老板也可能被架空。因此，很多老板对分权既爱又恨，十分纠结。

所以，老板不仅要会分权，还要懂得控权。控权的基础是目标清晰，责任明确，考核到位，奖惩兑现，将工作结果与员工的切身利益挂钩。为达到这一目的，需要配有合理的约束和监督机制，及时监督。这样才能授而有节、分而不乱，达到治理的理想状态。

据说，舜有两个瞳孔，异于常人，这是他更容易识人授权和擅于监督控权的异能吗？

此时，清风吹来，在山岰间婉转低吟，仔细聆听，仿佛大舜在抚琴轻唱："南风之薰兮，可以解吾民之愠兮。南风之时兮，可以阜吾民之财兮……"

风流宰相谢安：为君谈笑静胡沙

【故地抒怀】

游安徽八公山淝水之战古战场咏谢安

风流江左亦无争，磊落衣冠厌俗名。
樽酒吟怀长对月，棋枰落子笑谈兵。
平生事业关秦晋，片刻机谋识重轻。
淝水今时犹拍浪，八公山上草如倾。

注：谢安（320—385），字安石，号东山，东晋名士、政治家、军事家。官至宰相，成功挫败桓温篡位，并且作为东晋一方的总指挥在淝水之战以8万兵力打败了号称百万的前秦军队，为东晋赢得几十年的安静和平。

【现场感悟】

轻重缓急见雄才

山不在高，有"故事"则鸣。

依傍淝水的八公山，虽然面积不小，山峰众多，但最高峰的海拔也才200米。站在高处往下望，连绵的山冈尽收眼底。除了此处茂林修竹、鸟语花香的景致可圈可点之外，哪有一点名山的影子？

然而，"草木皆兵""风声鹤唳"等成语典故，就出自此处；西汉淮南王刘安也曾在此学道成仙，"一人得道，鸡犬升天"的神话，妇孺皆知。

当然，令八公山名气大振的，还是历史上著名的淝水之战。就在此处，东晋以8万兵力打败了号称百万的前秦军队。

头顶是艳阳高照，眼下是林木葱郁，山间狭长的沟壑里影影绰绰，似有重兵埋伏，怎不令人想起那场惊天动地的战争？

公元383年，前秦向东晋发起的决定性战役在此展开。某日，前秦方面的总指挥苻坚带着弟弟苻融登上寿县城墙上观察敌情，但见城外的晋军阵容整齐、士气高昂，苻坚不免心惊胆寒，再向不远处的八公山望去，只见旗帜飘扬，漫山遍野似有无数兵马。苻坚倒吸一口凉气——他把八公山上的草木都看成东晋的部队了，由此，前秦军心浮动。可怜的苻坚虽然大败而逃，但为后世留下了"草木皆兵""风声鹤唳"等成语，也算为丰富祖国的成语故事贡献了一分力量吧！

东晋一方的总指挥是谢安。谢安之才，在当时可谓天下皆知，他与王羲之、孙绰等当时的文化明星都是哥们，连后来的"诗仙"李白也是他的"粉丝"，不止一次地表达过对这位多才多艺、有雅量、有胆识的大政治家的崇拜之情："三川北虏乱如麻，四海南奔似永嘉。但用东山谢安石，为君谈笑静胡沙"，"尝闻谢安石，携妓东山门"，等等。究竟谢安身上有什么样的特质，能让一向洒脱不羁、狂傲绝伦的大诗人如此折服呢？

简单地说，是谢安的风度。

战争期间，形势危急，可谢安一直都是不慌不忙，神态自若，下棋游玩，"险不惊于心"。前线军报传来，他只随意看一眼，又继续下棋。旁边的人实在忍不住了，上前询问前方战况。谢安轻描淡写地说道："小儿辈已破敌。"着棋之间，强敌已灰飞烟灭，无怪乎令诗仙心折。

古人云："要事不急，急事不要。"以东晋十万之众欲破前秦百万狼师，这是要事，不能急，须谋定而后胜；而大局既定，军报虽有急喜，迟看与早知已不重要，故能淡然处之。这就是谢安心中的轻重缓急。

轻重缓急，是一种哲理，从谢安身上体现出来的则是一种风度。除了个性和修养，这种风度其实是一种积极和高效的工作生活习惯，是一种人人都可以学习而且可以复制的管理方式。也就是说，让李白深深折服的谢安风度，建立在强大的自我管理和自我修炼之上。

我们每天都会面对一大堆事物，千头万绪，不知从何做起。而每一个人每一天的时间都只有24个小时，好像永远不够用。面对管理出现的问题，老板们好像一个个救火队员，总是忙得不亦乐乎，焦头烂额。

著名管理学家史蒂芬·柯维认为，我们每天面对的纷繁复杂的事务，均可按照重要和紧急两个不同的维度进行衡量；在此基础上，可以将事务分为四个象限：重要又紧急、重要但不紧急、紧急但不重要、不紧急也不重要。

四象限法则可以教会人们准确分析自我时间的使用状况，采用设定工作目标、按规则做事、优化工作流程及保持工作节奏等多种技巧来有效地管理时间，提高效率。

第一象限是重要又紧急的事，诸如应付难缠的顾客、处理顾客投诉和危机事件等。例如1700多年前，对于司马睿、谢安、谢玄来说，淝水之战就属于第一象限要紧急应对的重大事情。第二象限是重要但不紧急的事，如制定战略目标、参加培训学习、发现和预防问题等。这个象限的事情一时不会对我们的日常工作和生活造成重大压力，但必须有针对性地做，慢慢积累。正如上例中的谢安，战略问题考虑清楚了，破前秦的主将选定了，预案做好了，心中有数，便可淡定下棋了。同时，只有基础夯实了，才可以博学多思，做到多才多艺、长袖善舞。如果平时荒废了这个象限的工作，那么第一象限便会无限扩大，又忙又乱的问题便会层出不穷，救火式的管理便会影响正常的工作秩序。

一位知名的企业家曾经告诉我，他每天只为自己确定一个目标，只要将这件事情做好了，就算完成任务了，而这件事通常不是第一象限的事，而是第二象限的事。这就是传统低效管理与现代高效管理的根本区别。如果你把八成的精力都投入到第二象限的工作，相信第一象限的急事将逐渐变少，也不会再出现"盲、忙、茫"的现象，还可以像谢安一样下棋、游玩、登山，做一些不紧急也不重要的属于第四象限的事情，让自己的一辈子活出两辈子的效果。

走向成功，从管好时间开始。在时间管理上，谢安的风度值得我们借鉴。

从八公山下来，回到曾经四次成为都城的寿县城，要了一碗豆腐慢慢享受。据说，豆腐是当年淮南王刘安在这里发明的绿色健康食品。寿县豆腐品种繁多，风味独特，与八公山的历史故事一样有滋有味。

此时，享受豆腐的美味已占据了我全部的时间，脑海里不仅没有"草木皆兵"的感觉，而且有一种幸福的恬淡，我不禁向老板叫道："再来一碗豆腐！"

天骄成吉思汗：世界的征服者

【故地抒怀】

谒鄂尔多斯成吉思汗陵

一代天骄力挽弓，纵横欧亚似狂风。
儿郎底事轻生死？能换人间不朽功。

注：孛儿只斤·铁木真（1162—1227），蒙古帝国可汗，尊号"成吉思汗"。世界史上杰出的政治家、军事家。多次发动对外征服战争，征服地域西达中亚、东欧的黑海海滨。

【现场感悟】

为自己而战最勇敢

一场铺天盖地的沙尘暴之后，我来到内蒙古鄂尔多斯伊金霍洛旗甘德利草原上的成吉思汗陵。

正是深秋时节，天地广袤苍凉，一派草原特有的壮阔景象。遗憾的是，天空中已看不到传说中大雕的身影了。也许，这种神勇的猛禽也随着"射雕大英雄"的远去而销声匿迹了吧！

成吉思汗的陵宫金碧辉煌，有如一头展翅翱翔的雄鹰，展现出草原帝王的恢宏气势。乳白色的墙壁，朱红的门窗，金黄宝顶、蓝色的云图，无一不具有蒙古民族的特色。

成吉思汗陵是一座衣冠冢。史料记载，吸收成吉思汗最后一口气——也就是其灵魂的驼毛，几百年来就收藏于成吉思汗陵中，但他的遗体并不在此。原来，蒙古族人有"密葬"的习俗，一个人死去后，如果他是贵族，就要把他葬于其生前所指定的地方，而且必须深埋于地下，不起坟丘，由数人驱赶万马驰骋墓地，直至踏平为止，不留任何痕迹。然后派人守护，直到第二年春草茂盛时，与其他草地再无两样，守护的人才移帐离去，从此绿草茫茫，谁也不知道墓在何处了。

"成吉思汗"，蒙语意为"像大海一样伟大的领袖"。他的本名叫孛儿只斤·铁木真。他建立了蒙古帝国，多次发动对外征服战争。只有20万人的蒙古铁骑席卷欧亚大陆，建立起总面积超过3000万平方公里的大帝国。美国《华盛顿邮报》评出人类文明史上千年来（1000—1999）最重要的人物，成吉思汗当选"世界头号风云人物"，他的赫赫武功蜚声中外。毛泽东将他与秦皇汉武、唐宗宋祖相提并论，称他为"一代天骄"。

成吉思汗不仅是天才的军事家，也是杰出的政治家，自始至终也是一位争议极大的历史人物。但无论是毁是誉，是褒是贬，都无法否认一个事实：一个带有氏族社会烙印的"野蛮人"，竟能从一个走投无路的少年，历尽无比坎坷的道路，奋斗成一位世界的征服者，使原来默默无闻的蒙古族迅猛崛起，震动世界。

成吉思汗的成功建立在蒙古民族强大战斗力的基础上。蒙古人战力超强，人们更多关注的是其强壮的体魄，不屈的精神，勇猛的作风，雄悍的军马，严密的组织，或者快刀、震天雷、铜炮、世界上第一支炮兵部队等原因，而我认为，强劲而持续的动能离不开有效的激励。

有效激励部下，可以说是成吉思汗自始至终、贯穿如一的制胜法宝。在不同的阶段采用不同的激励方式，是成吉思汗惯用的手段。

成吉思汗初期处在困迫逆境，没有物质奖励的可能，但他允诺将来一定将掠得的大量牛羊、属民、美女分给他的属下。在当时的条件下，人们投靠成吉思汗，舍生忘死地作战，是确信成吉思汗能保证他们的切身利益,战后能慷慨论功行赏。"将战利品,就全体士兵间,作极公平的分配,凡有需要,向之请求者,均不吝赠予。甚至解衣相赠。有需马者,亦愿下骑以授。"这个时期激励的鲜明特点,即凡是有功的人,不论是奴隶还是一般牧民,一律给予重奖。因此,他曾多次得到奴隶和百姓的帮助,使之摆脱了"威胁全军覆没的危险"。

再后来,他制定了严格的分配比例,确保人人都能从战斗中获益,在这个分配方案中,最引人瞩目的,一是铁木真作为可汗,只分配战利品中的10%;90%分给了部下;二是奴隶的子女,也有财产继承权。这样的分配模式,极大地释放了潜在的战斗力和生产力,而且由于参战者的利益甚至会超过可汗,所以大家从为铁木真而战,转变成"为自己而战"。

战靠兵,兵靠气,气靠激。成吉思汗凭借一种全新的分配和激励机制征服了人心,其他部落的人力都纷纷投奔而来。

实际上,在历史上,类似的成功激励法早为秦国长期使用过。公元前361年,秦孝公即位后,发布了著名的"求贤令",向天下才俊发出邀请,"而使秦国恢复穆公霸业者,居高官,领国政,与本公共治秦国、分享秦国"。一时天下英雄纷纷西行。孝公得卫鞅相助,在秦建立了一个能够充分调动人们积极性的耕战激励制度:如果一个士兵在战场上斩获两个敌人"甲士"首级,他做囚犯的父母就可以立即释放;如果他的妻子是奴隶,也可以转为平民;杀敌人五个"甲士"可拥有五户人的仆人;打一次胜仗,小官升一级,大官升三级;军功爵还可以传给儿子——如果父亲战死疆场,他的功劳可以记在儿子头上,即一人获得军功,全家都可以受益。

这给普通士兵们,尤其是还未恢复奴隶身份的士兵,注入了极大的动力。试想,可以通过自己的勇敢换来自身的解放和升官发财,哪个不奋勇争先?如果换做你穿越到2000多年前的秦国,是不是亦会摩拳擦掌,立刻到前线为国杀敌立功呢?当然,事业成功的秦孝公也不负诺言,封卫鞅为列侯,号商君。

刘邦在这方面也做得不错,他有所谓"四字得天下",即一奖、二赏、三封、四用,综合运用这四种手段激励手下。当韩信派使者请求刘邦封他为假王的时候,他破口大骂道:"大丈夫平定诸侯,当王就当真王,当什么假王呢？太没出息了！"接着就派张良为使者，封韩信为齐王。刘邦对韩信承诺，只要他把对方的三个城池打下来，其中有一个就是他的，给他封侯。而项羽在这方面就做得相当不好，所谓"于人之功无所记，于人之罪无所忘，战胜而不得其奖，拔城而不得其封"，就是用来形容项羽不懂得激励员工的。

进入20世纪，中国共产党成立，毛泽东提出了一个口号："打土豪，分田地"，从而赢得了天下。从这方面来说，毛泽东也是个天生的激励专家，激励了中国的亿万工农。虽然他没能成为一个企业家，但今天，一大批成功企业家如任正非、宗庆后、马云、史玉柱、陈天桥等都热衷研读他的著作，奉为圭臬。

三年前，朋友圈中传扬着一个刘邦封韩信式的现代企业故事。一个市场经理成功签订了一份金额巨大的销售合同，在庆功宴上，经理向老板敬酒，申请住上公司的干部宿舍楼。"不应该让你住干部楼"，老板大手一挥，对着全体管理人员说："公司决定奖励你一套商品房，明天拿钥匙。"刹那间，市场经理不敢相信自己的耳朵，全体干部热血沸腾，热烈的掌声持续了近3分钟。奖励，就要奖其所需，最好超出预期，这样才能获得意想不到的效果。此后，该市场经理连续签了几个影响重大的合同，晋升为副总经理，带出了一大批精兵强将，成了公司的顶梁柱。

为自己而战，战士最勇敢。为自己工作，员工最卖命。

与成吉思汗争夺蒙古部可汗之位的主要对手是札木合。在当时，人们传言，"札木合抢去我们最好的马和最漂亮的毛皮，可是铁木真脱下自己的衣服让给我们穿，跳下自己的马让给我们骑。"铁木真的部属皆可为他出生入死，而札木合的军队始终只能是乌合之众。所以，铁木真最终成了成吉思汗，成为世界的征服者，而札木合终其一生只能是一位悲剧式的草莽枭雄。

要想成就大业，不但要具备王者的智慧，还应具备王者的胸怀。懂得画大饼、做大饼和分大饼，将下属创造的财富奖赏给下属，这就是王者的智慧、胸怀和方法。

抬眼望，天似穹庐，笼盖四野。请问长生天，一代天骄成吉思汗，岂是只会弯弓射大雕？

刘邓从来为一体：论兵新孙吴

【故地抒怀】

访八路军一二九师师部旧址

丁香花共紫荆开，犹是将军结伴栽。
举重若轻轻若重，挥师各自展雄才。

注：八路军一二九师师部位于河北省涉县太行山区赤岸村，为抗日战争时期八路军一二九师司令部、太行军区及区党委驻地。1940年，刘伯承、邓小平、徐向前等率一二九师驻此，领导晋冀鲁豫边区军民抗战。

【现场感悟】

举重若轻轻若重

在一二九师师部旧址的下院内，有两株花树，一株是紫荆，另一株是丁香。

据说，紫荆是刘伯承师长种的，丁香是邓小平政委栽的。经过几十年风霜雨雪的洗礼，树木现已亭亭如盖。

正值清明前后，紫荆枝密叶茂，雍容华贵，落英飞舞，清香四溢。丁香团团簇簇，繁花似锦，十分热烈，香气逼人。两树竞放，各具姿态，各有香味，各显精神，满院氤氲。

站在这两棵树下，我贪婪地吸吮着花香，打量这至简的小院，想到当年刘伯承师长、邓小平政委就是在这个古朴、宁静的小院里运筹帷幄、决胜千里，指挥了大小战役31000多次，抗击歼灭日伪军42万余人，收复了198个县城，不禁心生感慨。

刘、邓在艰苦的环境下，是靠什么一次次打赢胜仗的？除了众所周知的原因，我突然想起了周恩来与薄一波的一次谈话。

周恩来说："据我多年观察，伯承、小平他们两人的工作方法各有特色。小平同志是'举重若轻'，伯承同志则是'举轻若重'。你看是不是这样？"薄一波连连点头："完全同意总理的评价，这八个字概括得很准确。他们在工作上所以配合得那样得心应手，恐怕这是一个重要因素。"

周恩来接着问："那么，这两种工作方法你比较喜欢哪一种？"不待薄一波回答，周恩来继续讲下去："从愿望上说，我更欣赏小平同志的'举重若轻'，但说实在话，我这个人做不到这一点。我同伯承同志一样，在工作上常常是'举轻若重'。这也许是同我长期负责具体的执行工作有关吧。"

师长和政委是不同的职务，承担着不同的责任。正如紫荆和丁香，有不同的花色和香气。举重若轻和举轻若重，或因不同的人有不同的个性从而也有不同的特长。

刘、邓两人有着13年共同指挥军队的战斗生涯。邓小平的举重若轻表现在他善于驾驭和处理那些错综复杂的事情，善于在处理复杂事物中抓住主要矛盾，以纲带目，总揽全局。宋任穷回忆说，邓小平讲话言简意赅，一语中的，从不长篇大论，他提倡讲短话、写短文、开短会，主张有话则长、无话则短。参加他主持的会议，既解决问题，又不占很多时间。而邓小平则十分赞赏刘伯承举轻若重的作风，刘伯承在制定作战计划和进行作战准备时，对发出的每一个战斗命令，总是逐字逐句推敲，从未粗枝大叶；而在实行中，则时时注意检查，务使贯彻"深入海底"。

邓小平举重若轻的领导艺术，不仅体现在战火纷飞的战争年代，作为后来中国改革的总设计师，他更将举重若轻的领导风范表现得淋漓尽致，特别是他"在南海边画了一个圈",在闲庭信步之间完成的南方谈话,指明了中国改革开放的大方向,奠定了中国30多年来持续高速发展的基础。

这种境界,一般人怎能企及?可以说,邓小平是一位可以"举重若轻"的伟大的"举重运动员"。

真正的举重运动员、奥运举重冠军曾国强曾对我讲起他当年夺冠过程中的"一口奶"的故事。1983年7月29日,在第23届奥运会即洛杉矶奥运会比赛当天,曾国强和队友赵培顺总成绩并列第一。赛前称重时,曾国强比赵培顺重了0.2公斤,称重后赵培顺到饭堂喝了一杯牛奶,而曾国强却注意排泄和休息。正式称重时,赵培顺反比曾国强重了50克。正是因为这"一口奶"的重量,曾国强为中国代表团赢得了该届奥运会第二枚金牌,也是中国奥运会史上的第二枚金牌,并成为中国第一位摘得奥运会金牌的举重运动员,赵培顺只能屈居亚军。

是幸运女神眷顾了曾国强、命运捉弄了赵培顺吗?不全是。如果赵培顺注意细节,不做"加法",或许就会出现另一个结果。每当回忆这个"一口奶决定一块金牌"的故事时,曾国强曾感慨:"要想成为冠军,既要有举重若轻的豪气和硬实力,也要有举轻若重的态度、精神、方法和艺术。"

著名企业家柳传志坦言:"邓小平举重若轻的做法,对我后来的工作方式起到了很大的影响。"

的确,经营企业,开创事业,干大事要举重若轻,做细事要举轻若重。

管理界有一个"轻管理"的概念。所谓"轻管理",就是删繁就简、举重若轻的管理,即能够在复杂的管理环境中抓住事物本质和主要矛盾,以简单的形式达到高效的结果。这需要对事物发展规律有深刻的认识和充分的把握,不能随意、粗放。以出发点决定终点,从管理的目的这个终点回溯,寻找最高效的路径,这是"轻管理"的逻辑。

但"轻管理"并不简单,要先经历"复杂、精细、科学"的过程。经过复杂,才能走向简单。换言之,经过了"举轻若重"才能"举重若轻"。"轻管理"在行动上是简单的,但行动背后是以管理系统化、规范化、精细化、流程化为必要的支撑。

诚然,"举重若轻"是领导的至高境界之一,如"纵巍巍昆仑如过眼云烟""泰山崩于前而色不变",常人往往难以企及。而"举轻若重",则是在长期的管理实践中形成的一种特质,"十年如一日"地去坚持,润于心、融于行。

"举重若轻"与"举轻若重",各有各的妙处,各有各的优势。在现实中更多地需要一个人既要有举重若轻的一面,又要有举轻若重的另一面,只有把二者有机结合起来,才能把工作做得更好。

一阵风吹过,花香更加浓郁,我竟分不清哪缕是紫荆,哪缕是丁香。我闭上眼,深深陶醉在花香中。

我想,两种花香融为一体,更加芬芳馥郁,何必硬要将它们区分得那么清呢?

第五编

立法

立治乱之法

猛人黄宗羲：
身为天下人，当思天下事

【故地抒怀】

过余姚龙虎草堂

四百年来一梦长，龙山虎谷夜疏凉。
明朝若许及时雨，便使枯梅万里香。

注：黄宗羲（1610—1695），字太冲，号南雷，别号梨洲先生，明末清初经学家、史学家、思想家、教育家、天文历算学家，与顾炎武、王夫之并称为"明末清初三大思想家"，与陕西李颙、直隶容城孙奇逢并称"海内三大鸿儒"，更被称为"中国思想启蒙之父"。他从"民本"到"民主"思想的发展，影响深远。

【现场感悟】

一人之法与天下之法

文化名人的书房，向来是潜学发问的去处，因此，大都有一个雅致的名号，如黄庭坚的"滴翠轩"、李东阳的"怀麓堂"、曹雪芹的"悼红轩"、王安石的"昭文斋"等，但黄宗羲这位老兄却独树一帜，他躲进浙东剡中——今宁波市余姚城东南化安山下建一陋室,称自己的书房为"龙虎草堂"——实在是猛人一个——书房既处于龙山虎谷之中,亦是龙潜虎伏之所。后来的猛人鲁迅,称自己的书房为"绿林书屋",意为仗笔行侠的地方,不知是否受了黄宗羲的一点启发?

化安山是黄宗羲隐居读书著书之所,亦是他百年归藏之地。他长眠在一片茂密的树林之中,前有三眼莲池,梅花二百多株。时值冬天,梅枝枯萎,梅林无香。但想及"明年如应律,先发望春台"的盛开情景,不禁神往。

梅林前方不远处,就是龙虎草堂。草堂窄陋,修竹绕墙,野花闲散,山鸟往还。堂前草地上立有一尊黄宗羲的雕像,束发短须,手握书卷,坐在石头上作沉思状,却是典型的一介书生形象。

但诸君切勿被黄宗羲这文弱的形象所蒙蔽,其实这文弱皮相下所包裹的是一身铮铮铁骨——真实的黄宗羲,确是一位猛人。

这位猛人著名的猛事之一,是为他死于阉党迫害的老爹黄尊素报仇。在刑部庭审魏忠贤的心腹许显纯及其帮凶崔应元时,黄宗羲在袖子里藏着一根铁锥,当着庭审法官及检察官的面,扑上去将崔应元刺得遍体流血,并把他的胡须扯下了一大把,拿去祭奠他父亲的亡灵。在那个身体发肤受之父母、不能轻易损坏的年代,崔应元的胡须被揪掉比挨一顿打还要倍受羞辱。

清军入关后,这位书生还投入了抗清复明的武装斗争。后来,由于他巨大的学术成就和思想影响,清廷多次征召,让他到北京做官,但他都坚决不就。直到他81岁的时候,康熙还对他念念不忘,召请他进京担任顾问,他始终置若罔闻。

不过,要说黄宗羲干得最猛的事,还得数他对君主专制的抨击。他公开反对君主专制,揭露君主"以天下之利尽归于己,天下之害尽归于人",对君主专制制度进行了猛烈的抨击,得出君主专制是"天下之大害"的结论。

作为一代伟大的思想家,黄宗羲有个著名的论点:"三代以上有法,三代以下无法。"(《明夷待访录·原法》)这里的"三代"是指"尧、舜、禹"三代,也就是上古的圣人三代。黄宗羲认为,圣人三代都不是为一己立法，而是为天下立法，故"有法"。而三代以下，"后之人主既得天下，唯恐其祚命之不长也，子孙之不能保有也，思患于未然以为之法。然则其所谓法者，一家之法而非天下之法也"，是故"无法"。

黄宗羲从儒家的"民本"思想出发，阐发了一种崭新的法治观：一家之法不为法，天下之法才为法。君主为"一己"或"一家"的目的立法，这种法律就不具有正当性和有效性；只有为天下人的利益立法，才是正当和有效的。他认为，如果要真正实行法治，就必须以"天下之法"代替"一家之法"；必须废除以君主的意志为转移的立法司法制度，而立"天下之法"；只有把天下作为天下人的天下，有了天下人的公平之法，才能真正实行法治，才能有治理天下的公正之人。

中国曾历经几千年的专制统治，统治者往往宣称"普天之下，莫非王土；率土之滨，莫非王臣"，甚至规定"朕即天下"，从来都是将江山社稷视为一家一姓之私。君王立法只为限制天下人，自己却从来不为任何律法所限。试问，严密齐备的《大明律》《大清律法》又有哪一条是为皇帝而设立的？即使王公贵族犯了法，也往往"刑不上大夫"，逍遥法外。

这就像当今的美国一样，一方面凭借着强大的军事、经济和科技力量在全球耀武扬威，定价值、立规矩、划势力范围；另一方面又高调宣扬"美国例外论"，从来都不将国际准则当一回事，选择性守法和执法，对己对人采用双重标准，试图将"天下法"归为"一家法"，这早已引起了其他国家和人民的警惕和反感。

"法律面前人人平等"，这是人们长期的呐喊。当所有人都受到法律的制约时，才是真正法治的开始。领导人是否受到约束，这是真假法治的试金石。曾荫权因为接受超级富豪的款待涉嫌贪污而被香港廉政公署正式立案调查，成为香港历史上第一个因为贪污而被廉政公署调查，并成为香港历史上第一个遭到立法会弹劾的现任特首。卸任后，他被裁定公职人员行为失当罪成立，判囚20个月。这证明中国香港是有法治精神的。

大至政府，小至企业，只有能管住"一把手"的法，才能算是真正的"天下之法"。

在中国的民营企业，只管下级、不管上级的制度和文化仍较严重。一些老板将苛刻的制度施行于员工，自己却目空一切，不仅违反公司规章，甚至违反国家法律，最终饮下自酿的苦酒。

例如，"山木培训"曾经是一个响当当的培训品牌，而头顶英国剑桥大学管理博士头衔的"胡须吊带男"宋山木发迹于深圳，曾被誉为"平民教育家""实业家"。他用20年的时间搭建起一个"跨国型连锁教育机构"，坐拥亿万身家。但是，罚款名目繁多的"山木基本法"只会约束普通员工，无法阻止宋老板的肆意妄为。2011年10月13日下午，深圳市中级人民法院对宋山木强奸案做出终审判决，判处被告宋山木有期徒刑4年。宋山木的个人品牌及"山木培训"的企业品牌也被他自己亲手摧毁，这为一些任意妄为的老板敲响了警钟。

要以企业之法取代"一把手"一人之法，才是企业法治。换言之，即企业制度要治得了企业的最高管理者才算得上是真正的制度，否则也不过是另一种"人治"的工具罢了。

外表孱弱的黄宗羲敢对帝王一人至高无上的专制制度提出挑战，要求从"一家之法"进到"天下之法"，在400多年前的专制环境下，这种行为还不够猛吗？

我还想说一件这位老兄的"猛事"。他在死前若干年就留下遗言，希望自己死后将头发散开，盖上一条单被，放在一个石头棺材里裸葬。他的儿子黄百家对此非常为难，黄宗羲还特意写了一篇名为《葬制或问》的文章来批评和教育儿子。

猛人，方能做猛事。

改革家商鞅：
功如丘山，名传后世

【故地抒怀】

停商洛市商鞅广场有咏

回眸青史话商鞅，信义先从立木扬。
重稽抑商民固本，图强变法富盈仓。
三秦意气初称霸，六国山川自入囊。
纵是蒙冤车裂后，英名不废万年长。

注：商鞅（约公元前395—公元前338），战国时期政治家、改革家、思想家，法家代表人物。他通过变法使秦国成为富裕强大的国家，史称"商鞅变法"。他曾以"立木为信"的法子来取得百姓的信任，为变法奠定了基础。

【现场感悟】

立企先立信

商洛市的商鞅广场很大，占地60亩。

商鞅雕塑很高，高近 10 米。

高高的商鞅雕塑矗立在宽阔的商鞅广场上，让人顿觉天宽地阔。正午的秋阳刺眼得很，站在雕塑前面，我尽可能地抬起头，仰望这位昔日的改革家。他身佩宝剑，左手持简，一派从容。

他有资格让人仰视。这里曾是他的封地，"商鞅封邑"遗址至今尚存，现在那里推土机"隆隆"声不停，正在大搞开发。他两次变法，令行而禁止，法出而奸息，民乐而国强，可以称得上是中国历史上第一个真正彻底的改革家，影响了中国数千年，配得起"伟大"两个字。

可惜的是，秦孝公逝世，其子秦惠文王继位，处于变法矛盾旋涡中央的商鞅因被公子虔诬陷谋反而出逃，"作法自毙"，因自己立下之法而不能留宿，战败身死，被车裂示众。商鞅以身试法、以身献法，有力地证明了变法是有效和成功的。

据传，在变法之初，商鞅为了取信于秦人，就让人先在都城的南门竖了一根 3 丈高的木头，下命令说："谁能把这根木头扛到北门去，就赏 10 两金子。"大家议论纷纷，就是没有一个人去行动。商鞅又把赏金提高到 50 两，有一个人跑出来，真的把木头扛起来就走，一直搬到北门。商鞅立刻派人赏给扛木头的人 50 两黄澄澄的金子。这件事立即传了开去，一下子轰动了秦国，老百姓都知道商鞅说话算数，命令绝不含糊。法未立，信先立，商鞅在百姓心中树立起了威信。

"立木取信"成为商鞅变法的出发点，确保了新法的顺利实施。新法使秦国渐渐强盛，打下了最终统一中国的基础。

而就在"立木取信"的不远处，曾发生过一起"烽火戏诸侯"的闹剧。周幽王有个宠妃叫褒姒，为博取她的一笑，幽王下令在都城附近的 20 多座烽火台上点起烽火——烽火是边关报警的信号，只有在外敌入侵急需召集诸侯前来救援时才能点燃。诸侯们见到烽火，率领兵将匆匆赶到，当弄明白这是君王为博美人一笑的花招后无不愤然离去。褒姒看到平日威仪赫赫的诸侯们手足无措的样子，终于开心一笑。其后，幽王数举烽火游戏，导致诸侯再也不相信他的把戏。后来，西夷太戎大举攻周，烽火再燃而诸侯未到——谁也不会三番四次地上当了，结果幽王被逼自刎，而褒姒也成了俘虏。

一个"立木取信",一诺千金;一个君王无信,玩弄"狼来了"的游戏。结果前者变法成功,国强势壮;后者自取其辱,身死国乱。可见,"取信于人"对一国的兴衰存亡有多么重要。

其实,无论是学习、工作还是生活中,如何取信于他人都很重要。

北京"同仁堂",是一个我们应该铭记的品牌。同仁堂成立于346年前的一间小药铺,此后,供奉御药188年,历久不衰,成为享誉世界的"中华老字号"。

"炮制虽繁必不敢省人工,品味虽贵必不敢减物力",这是同仁堂的承诺。其选药的标准是:地道、纯洁、上等,例如,人参用吉林的,山药用河南的,枸杞用宁夏的,陈皮用广东新会的,丹皮用安徽芜湖的;僵蚕不能用僵蛹代替,16头的人参不能用32头的小人参代替;即便是做大蜜丸的蜂蜜,也必须用河北兴隆的枣花蜜。

同仁堂严格按照配方要求下料。如果药材等级不够,则宁缺毋滥,必须重新组织货源,否则绝不下料。有段时间,同仁堂生产的香砂枳术丸在市场上断货,其原因就是,由于气候异常、种植环境改变,枳实中的主要药用成分橙皮苷含量达不到标准,为了维护品牌,同仁堂宁可不生产,也不用不达标的原料。

欲立企,先立信。同仁堂的"仁"和"信"字,写在牌匾之上,也刻在人们的心里。这样的企业,当然能长期赢得市场的信任。

"人无信不立",大家都知道这么一句话,而真正做到这句话的企业,又有多少呢?一些企业急功近利,根本不想取信于消费者,只想着捞一票就走,以致"假、冒、伪、劣、毒"的产品泛滥成灾。还有一些企业请来明星代言,轻诺寡信。万一出事了,卷款走人,换个公司名称再干。难道他们不知道失去信誉的后果吗?不,他们知道,并且深切理解。但是,他们也知道,建立诚信的成本很高,而在当前中国的信用体系还不太完善,失掉诚信的成本还不算太高。

良好的信用可能在一天内就会丧失,但不可能在一天内就建立起来。在这个物欲横流的商业社会,不管处于如何复杂的经营环境,我们都不妨学学商鞅。只要决定不移地竖起立信的"木头",你也许就会取得意想不到的成功。

救时首辅张居正：明代唯一大政治家

【故地抒怀】

过荆州张居正故居

谁立狂澜挽大明，十年首辅海河清。
一条鞭法均田赋，万里村胥奉考成。
吏政科门分己责，国防根本恤民情。
励精图治千秋事，太岳巍巍镌令名。

注：张居正（1525—1582），明朝中后期政治家、改革家，万历时期的内阁首辅，在财政上，清丈田地，推行"一条鞭法"，国库充盈；在军事上，任用名将镇守北边，平定西南叛乱；在吏治上，实行综核名实，采取"考成法"考核各级官吏，辅佐万历皇帝朱翊钧开创了"万历新政"。

【现场感悟】

考成法还有未来吗？

这几年，明史很热，到张居正故居的游客也多了起来。

到达荆州张居正故居时，虽说是春夏之交，但太阳已经有些灼热与刺眼，犹如变法时的张居正一样，那么光芒，那么耀眼。

张居正故居一如他的人一样令人侧目。首先，故居所在街道叫张居正街。以一个历史人物命名一条街，在中国并不多见，可见张居正的光芒照耀得多么持久与辉煌。其次，故居很气派，有好几个别致的花园。最前面的一个是"西花园"，花园内有绿树成荫，小桥流水。穿过西花园的北门，是"张文忠公祠"，门口刻有一副对联"隆万年间千载遇，伊周而后一人难"，据说这是多年以后康熙皇帝对张居正的评价和肯定。

作为明代最伟大的政治家，万历初年的张居正大权独揽，大胆改革，整顿吏治，盘活了一个死棋局，辅佐万历皇帝朱翊钧开创了"万历新政"，为明朝的中兴做出了巨大贡献。

学过初中历史的人，都知道他的"一条鞭法"。基于"一条鞭法"的众所周知，这里不做过多的讨论。我最想讲的是他的"考成法"。

万历初年，可以说是内忧外患、政局混乱，如何对付那些"碌碌无为、尸位素餐"的庸官，扭转混乱的朝政，是张居正必须面对的问题。1573年（万历元年）十一月，他创新性地提出"考成法"。

他的"考成法"，即使在400多年后的今天，用专业的眼光看，也不落后。现代西方管理学中的MBO（目标管理理论）、KPI（关键绩效指标）等管理方法与手段和"考成法"的思想高度吻合。

"尊主权，课吏职，行赏罚"，是考成法的主要内容。用今天的话讲，就是明确战略目标，厘清岗位权责，建立奖惩机制，统一考核标准和要求，建立起多层次的目标计划体系、执行汇报制度、监督问责机制、考核激励办法。以上内容，现在仍是目标管理和绩效考核的重要内容。

在张居正的强制推行下，"考成法"保障了行政机构的顺畅运行，也提高了政治运行的整体效率。通过考核，仅万历三年（1575）就查出各省抚按官名下未完成事件共计237件，处理抚按诸臣54人。

用今天的话说，改革是落实到位的，成绩是相当突出的。

"一条鞭法"改革的成功有赖于"考成法"的强力支持。"考成法"之所以能够严格执行，不变调、不走样、不动摇，一个重要的原因是强人加强权。张居正在与铁腕首辅高拱的对决中胜出，大权在握；而且他性格刚硬，认准的事情一意孤行，谁反对谁等着倒霉——那些被查处的抚按官就是例子。

今天回头看，张居正创制的"考成法"无疑是划时代的创举。但在他死后，为了完成"考成法"的硬性指标，官员大行苛政，完全扭曲了张居正当初的想法，危害到了整个大明的官僚体系。为了缓解当时的社会矛盾，加上万历皇帝要肃清张居正的影响，"考成法"被废除了。

历史上，对张居正的评价褒贬不一，态度迥异。有人痛斥他是独断专行、威权震主、待人不善、生活奢侈的奸相，有人赞扬他是勇于改革、敢于担当、任劳任怨、扶危定倾的贤臣。梁启超先生称他是"明朝唯一的政治家"。学贯中西的黎东方先生认为："以施政的成绩而论，张居正不仅是明朝唯一的大政治家，也是汉朝以来所少有的。诸葛亮和王安石二人，勉强可以与他相比。"

对张居正的毁誉姑且不提，有一个问题倒是值得深思：王安石的变法为何不算成功，而张居正的变法为何获得巨大成功呢？

大家都认为，王安石、张居正推行的都是良法，但张居正的变法讲究方法，同时辅以"考成法"，整顿吏治，协同执行，故取得了显著的效果。人们历来习惯于将目光集中在张居正所强推的"一条鞭法"上，"考成法"却被人们长期忽略了。其实，"一条鞭法"并非由张居正首创，而"考成法"则是由其创制的。

为何"考成法"在张居正生前运行有序、成效明显，但在他死后却变调走样、人亡政息呢？

张居正变法的成功有其复杂的历史背景，他是皇帝的老师，是内阁首辅，得到李太后及司礼监掌印太监冯保的支持，且他性格强悍，执行力强大。虽然反对声浪不断，但他几乎可凭一个人与满朝文武对垒，谁反对他谁等着倒霉——他朝他人谁能复制？而且，"考成法"革的是官吏集团自己的命。据史料记载，张居正十年执政，被淘汰的官员高达三成，一时间可谓"官不聊生"。张居正骑鹤西归，大家拍手称快还来不及，谁还愿意再过寝食难安的苦日子？况且，"考成法"的实施未能完全做到实事求是，在指标设计上弹性不足，民主协商和灵活调控不够，"仁和"的传统精神不复。于是，"上有政策，下有对策"，各级官吏便将矛盾和压力往下层层传导，甚至变本加厉，大行苛政，最终受苦的还是老百姓。民不聊生，最后的结果只能是揭竿而起。为了缓解当时的社会矛盾，加上万历皇帝要彻底肃清张居正的影响，"考成法"自然便"寿终正寝"了。

在张居正逝世至明亡的62年中，各种社会矛盾急剧发展，一发不可收拾，再也没有一个人能像他一样力挽狂澜，而"考成法"也尘封400多年，至今鲜有人问津。

没有考核，就没有管理。"考成法"是超前了400多年的目标管理法，它对我国进一步深化改革无疑仍具深刻的启示作用。特别是对企业界来说，这是一个难得的先进的本土管理范例。邯郸钢铁厂当年的"成本否决法"以及蒙牛集团牛根生所倡导的"目标倒推法"等，都可找到"考成法"的影子。在"考成法"的基础上，去粕存精，开拓创新，或者可以找到我们需要的管理答案。

有人认为，张居正存在着天使和恶魔的两面，是一个孤独的英雄，即使到了今天也没有多少人能懂他。我想，如果我们不懂"考成法"，当然不能算是懂得张居正的。

南京中山陵：中国近代第一陵

【故地抒怀】

谒南京中山陵怀孙中山

喋血黄花紫禁秋,卅年革命帝王休。

五权分立核心在,一国应无治乱忧。

只恨偏多名利客,终于难展太平猷。

崇陵久负松涛处,可诉先生志未酬?

注:孙中山(1866—1925),医师、政治家、革命家、中华民族主义者。曾任中国国民党总理、第一任中华民国临时大总统等职,为"三民主义"思想的创建者。他提出的"五权分立"国家治理理念和架构,为世界首创。

【现场感悟】

治理比管理更重要

去南京不能不去钟山,去钟山不能不拜中山陵。

中山陵，位于南京市东郊钟山风景区紫金山南麓，是中华民国国父孙中山先生的陵寝。去中山陵的路上，要经过风景优美的中山陵园大道，大道两旁耸立着整齐高大的法国梧桐，像两排壮硕威武的将士守卫着苍翠挺秀的园林。

整个陵区的建筑群依山而建，由南往北沿中轴线逐渐升高，主要建筑排列在一条中轴线上，体现了中国传统建筑的风格。从空中往下看，中山陵像一座平卧在绿绒毯上的"自由钟"。平面呈警钟形，山下孝经鼎是钟的尖顶，半月形广场是钟顶圆弧，而陵墓顶端墓室的穹隆顶，就像一颗溜圆的钟摆锤，含有"唤起民众，以建民国"之意。

中山陵既有宏伟的气势，又有深刻的含意，且均为建筑名家之杰作，有着极高的艺术价值，被誉为"中国近代建筑史上第一陵"。

在中山陵入口处，青顶白柱的花岗石牌坊上，中山先生手书的"博爱"二字在阳光下熠熠生辉。平时，中山先生最喜欢将这两个字写以赠人。立在牌坊之上，等于送给每一个谒陵之人，用心良苦。

从博爱坊到祭堂，共有392级石阶，8个平台，落差达73米。392级石阶象征当时全中国的39200万人。而从碑亭到祭堂，共有石阶339级，象征当时国民党参众二院议员共339人，寓意每人作为一个台阶，将中山先生的精神发扬光大，而其中的9又寓意为"九州大同"。迎面的这一段共有290阶，分为8段，象征着"三民主义"和"五权宪法"。

从这里一级级登望，眼界一步步提升，最高处便是中山祭堂。仰视着堂内高大的中山先生白色坐像，似乎能感受到先生的襟怀。

1925年3月12日，中山先生在北平与世长辞。逝世前一天，他对宋庆龄等人说："吾死之后，可葬于南京紫金山麓，因南京为临时政府成立之地，所以不可忘辛亥革命也。"

孙中山手创中华民国，推翻了五千年封建帝制，被称为"革命的先行者"。民国成立伊始就公布了《中华民国临时约法》，在这部约法中，临时大总统孙中山没有照搬欧美国家通行的"三权分立"，而在中国推行"五权分立"。

所谓"五权分立"，具体说就是设立"五院"——行政院、立法院、司法院、监察院、考试院，将执法权、立法权、司法权、监察权、考试权逐个分立。"五权分立"思想的核心主要是为了防止个人独裁，确保政府的分权和制衡。在西方的"三权分立"架构中，考试权依附于行政权，弹劾权依附于立法权。中山先生在总结民主革命经验教训的同时，对西方民主政治的制度设计进行反思，并且继承了中国古代科举考试和监察制度的政治遗产，将这二者独立出来，赋予其与其他三权平等的地位。按照中山先生的说法，就是"以五权分立救三权鼎立之弊"。

中山先生提出"五权分立"的治理思想是划时代的伟大设计，它奠定了中华民国治理的基础。

韩非子最早指出了治理的重要性，他说："事在四方，要在中央；圣人执要，四方来效。"

时间进入21世纪，中国的企业却普遍存在重视管理、忽视治理的问题，这是严重的本末倒置。公司的治理与管理不同。公司治理是围绕公司的基本目标，做好利益相关者关系的结构设计和机制安排。公司治理主要关心的是战略问题、宏观决策和监督制衡，包括股东治理、董事会治理、管理层治理和利益相关者治理等。而公司管理是通过计划、组织、指挥、协调及控制等职能，实现对人、财、物、技术、信息、时间等资源合理配置的活动过程。公司管理关注的更多是具体的目标和事务。

其实，一家公司的创立过程就已经告诉创业者，治理最重要。在工商登记时，要订立公司章程，填写各种表格，记录股东身份、出资金额及比例，明确公司基本架构，确定重要职务，约定利润分享和风险分担办法，确保实现共治共享。这些就是治理的基础内容。

在企业治理中，万科的分散股权制度最近成为人们热议的话题。

一直以来，我都不认同所谓"万科的股权结构是最科学"的观点，并担心股权太分散将直接影响到公司的治理问题。不少对王石抱有"绝对信心"的人士认为，这是杞人忧天。进入2016年的夏天，华润、宝能、万科关于万科股权之争高潮迭起，再次使万科的股权与治理问题成为焦点。"万科股权战"正在演变成为一场关于资本市场和公司治理的"全民论战"，当日的杞人忧天变成了活生生的现实。

"一石激起千层浪"，学界、企业界、法律界专家对此纷纷发声。众声喧哗中，大致可以看到两个派别。"规则派"说，"宝能系"从二级市场上收购万科股权，成为第一大股东后就公司问题发表自己意见是正常的市场权利，应尊重资本的意志与权利。在股份制公司中，决策权在于股东，而王石或许基于自己高尚的情怀和愿望，不愿过多持股，但这已经导致了其在自己精心设计的公司控制权上没有得到足够的支持。在规则范围之内，只要有利于万科和绝大多数股东，所有安排都是可以接受的。而"情理派"则认为，王石等万科公司管理层塑造了万科文化，是万科30多年来成长为市值过2000亿元大型企业的奠基人、领路人，并一直给股东带来良好的回报，对其"一锅端"明显有粗暴之嫌。

万科究竟是谁的万科？万科属于内部人控制吗？独立董事投票规则究竟应该怎样确定？这一系列的问题尚在探寻之中。但无论结果如何，希望最终依靠市场、依靠规则而不是依靠情怀的力量去解决这场纷争。

不管如何，规则与情理一直在市场上冲突。运用智慧而不是情绪，在规则范围内妥协，"万科股权之争"才有可能走出僵局。但无论结局如何，这都是足以载入中国商业文明史册的案例。

经过30多年的改革开放，特别是经过如上述"万科股权之争"等洗礼，一些企业从具体的事务中解放出来，才猛然醒觉，治理比管理更要紧。当企业发展到了一定的程度，想要更上层楼时，人们会发现治理比管理更加紧迫。

其实，治理与管理都是企业与生俱来的，在实际经营管理过程中，治理与管理常常会有交集。治理一直暗藏于上层建筑之内，管理则浮现在日常琐碎的工作当中。总之，治理更强调顶层设计，多方参与；管理更强调具体操作，专业办理。

中山陵寓有"木铎警世"的含意，它提醒我们，从管理上升到治理，不仅是企业做大做强，而且是做好做长的必然之路。

子产遗爱：
铸鼎立序开先河

【故地抒怀】

过新郑陉山子产庙

王宫置鼎铸刑书，法度严明布里间。
为相三年遗不拾，仙母顶石葬丘墟。

注：子产（？—公元前522），姬姓，氏公孙，名侨，字子产，又字子美，谥成。春秋时期郑国人，杰出的政治家、思想家。曾担任郑国执政，是第一个将刑法公布于众的人，曾铸刑书于鼎，史称"铸刑书"，是法家的先驱者。他为相三年，郑国小有中兴，民间路不拾遗。

【现场感悟】

从法制到法治

"八月十五到，遍地红玛瑙。"

果然，一进入新郑枣乡，道路两旁绿遍原野的枣林上，挂满了青翠欲滴的颗颗鲜枣。新郑大枣又名"鸡心大枣"，历史悠久，是郑州市新郑的特产，素有"灵宝苹果潼关梨，新郑小枣甜似蜜"的谚语流传。

我心痒难挠，下了车，向枣林主人买些枣尝尝新鲜。主人是一个身材高大的中年妇女，性情豪爽，将一筐刚摘的鲜枣搬过来，任我品尝，说什么也不肯收钱。

我一边品尝着这皮薄翠甜的鲜枣，一边慨叹当地民风的纯朴。我往来中原无数次，每次都有不同的收获。我此行目的，是凭吊一位伟大的先人——子产，吃上鲜枣算是意外的收获。

"大嫂，您知道子产墓怎么走吗？"

她热情而详细地给我指了道路。我感动于她的好客，继续问："大嫂，您知道子产这个人吗？"

"知道，他是个大人物呗，他的墓是神仙建的。每年春节，我们都要去那儿给他上香哩！"

听了此话，我对子产的敬重又增加了几分：子产还活在民心当中。

离开枣林，很快便来到了陉山顶上的子产墓。墓高5米，底边周长约100米，以红石块堆成，顶圆底方。那位大嫂说子产墓是神仙建的，倒不是信口胡说。据传，子产生前爱民如子，死后却无钱下葬。此事感动了上帝，于是派炼石仙母运送石头为子产建墓。仙母头顶石头披星戴月运了好几趟，最后一趟，刚走到山腰，鸡就叫了起来，仙母来不及变化，就化作石头长留在陉山上。

如今，2500多年过去了，"石婆婆"还站立在子产墓的西南方悬崖边上。她头上顶着一块平坦的石头，掐腰面向子产墓。墓旁还有些高高低低的石柱，老百姓称之为"将军柱"，说是玉皇大帝为了不让坏人破坏子产墓，特派天兵天将来此看守。

子产，何以让人神皆敬重如斯？

据史料记载，子产治理郑国的时候，在政治上颇多建树。清朝的著名史学家王源推许子产为"春秋第一人"。子产的事迹和精神，对后世影响非常大。

公元前536年3月，子产率先"铸刑书于鼎，以为国之常法"。他将郑国的法律条文铸在具有王权象征意义的大鼎上，并公之于众，令国民周知，史称为"刑鼎"。这是中国历史上第一次正式公布成文法。

春秋时期，上层贵族社会认为刑律越秘密越好，决不能让民众知道，因为这样才有利于贵族随意处置老百姓，增加专制的恐怖和神秘。子产决心打破这种蒙昧，他对已有的刑法加以修改，并将其公之于世，让老百姓明白"法"与"非法"的界限，知道犯了法会得到什么样的处罚。

刑鼎铸立之初，由于人们习惯于因循守旧，而且这也触动了贵族们的利益，所以上下都群起而攻之，恨不能把子产杀了。但过了三年，法治清明的改革给人们带来的实惠大大超过以前，人们又转而歌颂他："我有子弟，子产诲之；我有田畴，子产殖之。子产而死，谁其嗣之！"人们对他由怨恨变成了拥护。子产以律法变革推行法治取得了成功，宽严相济，安抚百姓，抑制强权，保持国内政局长期稳定，推动了社会的发展。

从人治到法治，子产跨出了重要一步。而在千年之后的今天，实现从人治走向法治，依然是企业治理中的重要一跳，也是企业升级中的艰难一跃。

并不是中国的企业家有天生的人治思维，但当企业家集创业者、所有者、决策者和执行者于一身，数权在握，拥有充分的人治土壤时，什么股东会、董事会就都形同虚设，跨越制度的藩篱时常发生，下级也只能俯首帖耳。

有一位企业家朋友经营失败后曾经喟然长叹道："假若时光真的能够倒流，让我有东山再起的机会，我首先要做的第一件事情，就是要在企业内部建立一套完善的制度。"殊不知，桌上摆满制度，墙上挂满规章，这样的失败企业也不在少数。为什么？因为制度不是法治，法制不是法治。

一家知名的民营企业有着几大本厚厚的规章制度汇编，老板也引以为荣，常常向人吹嘘。一位管理专家慕名考察后毫不留情地指出："贵公司仍然停留在人治的阶段！"老板一脸尴尬，也百思不得其解，晚上偷偷去请教专家。专家告诉他，法制是法律制度的简称，属于制度的范畴；而法治是法律统治的简称，是一种治国、治企的原则和方法，是相对于人治而言的，是对法制这种实际存在的完善、改造和提升。他们公司虽然制订了较为完善的制度体系，但动不动就是罚款，是"罚款规章"，明显缺乏法治精神，部分条文甚至有违法律法规，而且董事长和总经理有极大的裁量权和不受约束的解释权。事实上，这种制度化管理与人治并没有本质上的区别，只能称作"伪法治"。

中国企业目前正处于从人治走向法治的重要阶段。要完成这艰难一跃，现阶段一个重要的任务就是要厘清误区，清理这种"伪法治"现象，使企业真正从法制过渡到法治。

离开径山，又经过那片枣林，我摇开车窗，枣香扑鼻而来。想起那位大嫂说，每逢春节还要给子产上香。我想，子产能活在民心里，算得上真正的精神不死。

法家韩非：
睿智者治法

【故地抒怀】

过河南西平县孤愤台咏韩非子

生于乱世不逢时，献策上书灵有思。
《孤愤》光芒垂万世，期期艾艾几人知？

注：韩非（约公元前280—公元前233），史称韩非子或韩子。战国时期韩国都城新郑（今河南省郑州新郑市）人，杰出思想家、哲学家和散文家，法家代表人物。他创立的法家学说，为中国第一个统一专制的中央集权制国家的诞生提供了理论依据，著有《韩非子》一书。

【现场感悟】

治法的"两柄"与"三要"

中原的地名，有点意思。

位于河南省驻马店市西平县的西南部，有个出山镇，不知何人曾在此出山？问了许多人，不得而知。出山镇旁有九女山——又不知具体是指哪九位女神？九女山西南约一公里处的沙石岗阳坡上，有个长约30米、宽约20米的平台，上植松柏银杏，郁郁苍苍。这台，叫"孤愤台"。

"孤愤台"可是大有来历。据说，这是大名鼎鼎的韩非子的埋骨之地。之所以叫这个名字，是源于韩非所著《韩非子·孤愤》一文，正好也纪念了韩非"驱车劝谏韩王不用"，因此闭门著书的历史事实。

"孤愤"者，有点类似于今日"愤青"的意思。当时的韩非，融会贯通并发展了老子、荀子以及商鞅等人的思想，形成合法、势、术为一体的法家核心理论，被称为法家之集大成者，"粉丝"众多，自然孤傲不群。据说，秦王看了他的文章，深为折服，马上召见，大有相见恨晚之意，但最终秦王还是"阴用其谋，显弃其身"。韩非才高又不被实际重用，自然悲愤难抑。

如今，我伫立在孤愤台上，看夕阳西坠，晚霞满天，遥想战国烽烟四起，七雄纷争，韩非阅尽天下，才雄四海，欲改革变法，富国强兵，拯救天下苍生，结果落寞终身，遗恨千古，我的胸中也不禁满是孤愤之情。可以想见，当年的他，在这数十平方米的幽幽古台上，又是如何壮怀激烈，如何孤愤难耐？

凉风拂面而来，但闻风声呜咽，鸟音凄凉。

斯人已远，但斯人留下的思想，至今可寻。韩非的思想实际上在秦王、李斯的手上得到了部分的实施，也深深影响了中国后世历代统治者，甚至影响了世界管理学界。如果今天有人要尊韩非为"世界管理之父"，请不要大惊小怪。

比如，我们动辄讲"法制"，韩非就是"法制"的祖师爷。在这方面，他的主张很多，其中，"信赏必罚"是韩非提出的执法基本要求。韩非把赏和罚称为君主手中的"二柄"，是贯彻法令的关键。

奖励与惩罚，哪个更重要？到了今天，这仍是管理界讨论的热门话题。

不如先讲个小故事吧。

苏联领导人勃列日涅夫访问美国时，大批美国人到机场欢迎他。勃列日涅夫问美国总统："你是用什么办法让这么多人来欢迎我的？"美国总统回答："凡是来欢迎你的人，都能得到5美元的奖励。"后来，美国总统到苏联访问时，成千上万的苏联人在从机场到莫斯科市内的道路上夹道欢迎。美国总统问勃列日涅夫："你是用什么办法让这么多人来欢迎我的？"勃列日涅夫回答："凡是不来欢迎你的莫斯科人，每人罚款5卢布。"

一笑之下，故事中所蕴含的两种管理理念和模式却引人深思。一种是奖励型引导措施，一种是惩罚型强制措施，究竟哪一种更好一些，如何才能更有效地实施奖与惩这两种管理方法呢？相信很多企业家都有自己的心得。

治理天下，韩非强调实施严刑和厚赏。但单纯的奖罚，只能解决一部分问题。即使奖罚兼用，也不能很好地解决所有问题。为此，韩非又给我们提供了一个"法、术、势"一揽子解决的升级方案。

在今天的企业管理中，"法"可以说是企业治理的制度和流程，"术"是企业管理的方法和技巧，"势"是企业经营的内外部条件和环境，以及领导者的权威。"法"须正，"术"可奇，"势"应强。这三者，相互依存，缺一不可，循环互生，相得益彰。

特别需要指出的是，"法"和"术"都处于一定的"势"中，故"治法"和"优术"，不可不"审势"和"取势"。正所谓："时来天地皆同力，势去英雄不自由。"只要"势"发生了改变，即使"法"和"术"不变，其运用的效果也会不同。

近日，一位担任公司董事长的同学与我分享了这方面的心得。

他手下有两位副总经理，一位像韦陀，平时雷厉风行，不苟言笑，不怒自威；另一位像弥勒佛，平日笑口常开，亲和力强。他发现，如果要颁行制度、执行规定、监督工作，"韦陀"更适合；如果要沟通思想、化解矛盾、凝聚力量，"弥勒佛"见效更快。他分析道，让"韦陀"负责执法，这是有"法"有"势"，"势"加强了"法"，大家自然提起十二分精神；让"弥勒佛"主持沟通，则是有"法"有"术"，"法"融合了"术"，气氛融洽，方法得当，当然可以事半功倍，心情舒畅。

再回顾柳传志和孙宏斌的故事，可以加深我们对"法、势、术"的认识。

当年，特别想干事的热血青年孙宏斌是联想公司市场二部经理。他"要从一个大船里面造一只小船出去"，"结果过激了"。柳传志虽以"爱才"著称，但若有人触犯其原则与底线，他也会毫不手软。1992年，孙宏斌被法院判刑5年。孙宏斌并未上诉，接受刑期。出狱后，孙宏斌专门向柳传志认错道歉。据柳传志回忆，联想曾无偿给了孙宏斌20万元"安家费"，还借给孙宏斌500万元，支持他重整事业，东山再起。

违反企业制度，违反国家法律，自然要受到应有的惩处。借助国家机器的力量，柳传志在联想营造了一个"有法必依，违者必究"的高压态势，趁势整肃了企业的法治，同时他抓住了市场趋势，保证了事业的持续健康发展。

这本是一件坏事，柳传志巧妙运用"法、势、术"，以霹雳手段追究事件，以菩萨心肠关心个人，将它变成了一件好事。没有"法、势、术"的组合和互动，这个问题难以圆满解决。正如孙宏斌自己所讲，柳传志亦师亦父，柳孙两家现在还常聚会，关系密切。

企业的经营管理过程充满了矛盾和冲突。单一以制度治法，效果会大打折扣，可能达不到目的。如果懂得以法为本、以术为用、以势为导，将三者有机结合，将可最大限度地提升治法的效能，产生意想不到的效果。这就是韩非提醒我们，治法应从赏罚"两柄"进化到"势、法、术"三要素融合运用的智慧。

"小智者治事，上智者治人，睿智者治法。"这是韩非子所提出来的法治思想。这在2000多年前的战国时期，是很了不起的真知灼见，即使到了今天，仍不落后。"善治事者必治人，善治人者必治法，善治法者天下必治。""情、理、法"是中国人的管理哲学，"法、术、势"则已经成为中国人的管治手段。"法、术、势"三者整合，自能融会贯通，长袖善舞。

一声鸟啼打断了我的思路，举目西望，太阳就要落山了，天地间通红一片。在这红光中，我走下孤愤台，走下九女山，走出"出山镇"。

倘有时间，真的要好好研究下中国的地名，那不仅是有趣的，也是有益的，它蕴含着传统文化的精华。

隋文帝杨坚：重要的改革家

【故地抒怀】

咸阳杨陵区隋文帝泰陵见一对蜜蜂有题

为谁振翅为谁伤？身死犹存百卉香。
皆笑隋杨终误国，孰知勋业胜开唐。

注：杨坚（541—604），隋朝开国皇帝。汉族，弘农郡华阴（今陕西省华阴县）人。汉太尉杨震十四世孙。他在位期间统一了严重分裂数百年的中国，开创了先进的科举选官等制度，发展经济文化。被西方人视为最伟大的中国皇帝之一。

【现场感悟】

组织巨变即将到来

据说，隋文帝杨坚的泰陵是由民众自发捧土垒成的，除此之外，中国历史上再无第二家。

在咸阳市杨陵区五泉镇王上村北塬上，我找到了这个传说中的大冢。坟冢上方柏树成林，其下庄稼成片，生机盎然。

在陵前的一片猕猴桃林中，竖立着一通清代石碑，碑身正文为隶书"隋文帝泰陵"五个大字，周围布满了支撑猕猴桃藤的钢丝绳。农民耕种的田地，已经进逼到了坟茔脚下。不得不说，和杨坚巨大的历史影响力相比，他的最后归宿地有点冷清。

我还有一叹，泰陵是杨坚与独孤皇后的合葬陵，同坟异穴。这位历史上最怕老婆的皇帝，死后都有老婆在旁伺候和监督，不知道是喜还是悲了。

隋文帝勤于政务，体恤民间疾苦，在专制帝王中并不多见。他的魄力和政绩令人叹服。"三省制，五铢钱。轻徭薄赋再均田。"杨坚在位23年，励精图治，结束了近300年的分裂局面，统一了全国。他推行均田制，营建大运河，统一了币制，废除了宫刑、车裂、枭首等极不人道的酷刑，开创了"开皇之治"。杨坚开创的隋朝尽管只有38年国祚，但正如秦为汉打下基础一样，隋也为唐的发展奠定了基石。隋朝灭亡20年后，所储的粮食布帛还未用完。唐随隋制，隋朝体制对后世中国甚至世界都产生了深远的影响。

特别值得一提的是，杨坚开创的科举制度在中国历史上留存长达1300多年，一直沿用到清朝末年。欧洲人对这种"机会均等、公平竞争、择优录用"的人才选拔机制也是极为赞赏，法国的文职考试和英国的文官制度正是取法于此。

此外，隋朝确立的三省六部制作为中国古代专制社会一套组织严密的中央官制，也一直沿用到清末。在美国学者迈克尔·H. 哈特于1978年所著的《影响人类历史进程的100名人排行榜》中，有2位中国人上榜，横扫六合、统一中国的秦始皇排在第18位，屡有创举的隋文帝排在第82位。

杨坚是中国历史上一位重要的改革家、政治家，他在政治、经济等方面进行了一系列的大胆变革，泽被四海。其中，组织制度创新是众多改革中的一个亮点。

面对当时北周的六官制称谓复杂、职责不明、办事效率低下等状况，杨坚变革为三省六部制度。"三省"是指内史省、门下省、尚书省。内史省负责决策；门下省负责审议；尚书省负责执行，省下设吏、民、礼、兵、刑、工六部。

杨坚设计的三省六部制分工明确、组织严密，具有科学性及先进性。隋朝的迅速发展，唐朝的长治久安，此为一大因素。从此，三省六部制成为唐及以后历代王朝的标准配置，直到清末，这个体制仍在沿袭使用，影响极为深远。

其实，大部分组织变革是在面对压力和应对危机的情况下被迫进行的，杨坚的改革如此，当下的企业组织变革也如此。如今，传统组织理论已经遇到重大挑战，工业时代的组织架构及运作已日渐不适合信息智能时代的需要和社会发展。企业如何变革，是一个直接关系到生存与发展的重大课题。

随着互联网的普及，员工与决策者之间的空间距离不再是获得信息的障碍，员工与决策者可以随时在线交流，中间层"冗余"问题就凸显出来了。身处一线或者面对顾客的员工往往是信息获取的第一人，在面对工作和服务顾客上，他们完全可以按照企业的价值、制度、标准、流程自己直接做出决策。因此，让一线员工根据现实情况做出相应的决策成为可能，从快速反应的角度来说也完全有必要。

针对此，海尔集团曾掀起"外去中间商、内去隔热墙"的组织变革，即把架设在企业和用户之间的引发效率迟延和信息失真的中间层次彻底去除，让企业可以直面客户的需求。这是海尔集团组织变革的关键，即企业组织由原来的"串联式"改为"并联式"，最终让海尔集团转型为可实现各方利益最大化的利益共同体。在这个利益共同体里面，各种资源可以无障碍进入，同时整合各种资源，剔除不必要的环节和成本，实现各方的利益最大化。海尔集团连续两年裁减中层管理者26000多人，这不仅为企业节省了一大笔管理费用，而且大大加快了市场响应速度。

不少人说，"互联网+"只是前菜，未来的"人工智能+""机器智能+"才是正菜。未来世界将变成怎么样，没有人能够说得清楚，但无论如何，需要我们及早做出预判和应对。

过去，企业通过分工展开商业竞争，将生产出的产品和服务推销出去，这实际上并不是真正的以用户为中心。现在，互联网可以将所有用户连接起来，通过适当的技术和操作，便可以使企业真正直通用户，直面需求，形成"先组织、后分工"的崭新商业规则。这将如何彻底颠覆亚当·斯密《国富论》以来"先分工、后组织"的商业逻辑，我们拭目以待。

或者，我们可以大胆预测，在不久的将来，在企业平台中只有事业合伙人和项目合作伙伴关系，企业的雇佣关系逐渐淡化，老板将会消亡，员工的称谓逐渐消失，人们不再轻易把自己捆绑在一个组织里，或固定在一种角色中，独立个体的自主价值不断强化。伴着人工智能产业的蓬勃发展以及机器人大举进入生产和服务领域，人与人的关系、人与机器的关系、员工与组织的关系，也将会成为有趣而紧迫的话题。

一阵嗡嗡声自远而近，打断了我的胡思乱想。原来是两只蜜蜂追逐着飞了过来。一阵翻飞后，这两个小生灵收起了翅膀，停在陵前桃林中，落在我面前的桃叶上面。

这是隋文帝杨坚及独孤皇后么？这对历史上有名的治国"夫妻档"，用短暂的一生，为大唐盛世奠定了繁荣的基础。

我注视着这两只蜜蜂，看它们从桃叶上飞走，飞进了桃林深处……

中道姬昌：
内圣外王，三代之英

【故地抒怀】

河南汤阴羑里城咏周文王

文王拘羑里，白发渐萧疏。
画地为牢宅，清心悟太虚。
玄辞通至道，易理有真如。
万世开宗脉，煌煌耀史书。

注：姬昌（公元前1152—公元前1056），周朝奠基者，岐周（今陕西省宝鸡市岐山县）人。史称周文王，在位50年，是中国历史上的一代明君。姬昌被商纣拘于羑里，将伏羲八卦演为64卦、384爻，并提出"刚柔相对，变在其中"的富有朴素辩证法的观点，用了整整7年的时间，著成《周易》一书，后被列为"五经"之首。

【现场感悟】

内心有主方自律

河南安阳的羑里城，对于很多人来说是个陌生的地方。但如果说起

"画地为牢""文王拘而演周易"的故事,许多人对此就不陌生。这两个故事就发生在这里。它是我国历史上自有文字记载以来第一座国家监狱的旧址,也是姬昌被囚演易之所,是风靡全球的周易文化发祥地。

古时的羑里城是什么样子,我不知道,但现在重修得挺气派,也挺"全面",凡传说中有的,在这里都能找到"遗迹"。

进入羑里城博物馆大门,迎面可见到10多米高的周文王花岗岩石像,经文王庙山门向上望去,门额上有白底黑字"周文王演易处"六个大字。拾级而上,便来到演易坊,一米多高的平台上,姬昌端坐其中——传说此处就是姬昌被囚演易之所。

"画地为牢",说的就是周文王被囚的故事。当姬昌被纣王囚禁在这里时,既无重兵把守,也无一人看管,只是画地为牢、削木为吏,这种没有任何监督的"囚禁"岁月竟达7年之久。姬昌却好像根本没有逃跑的念头,只是在这年复一年的日子里,一心一意地把伏羲八卦推演成六十四卦,最后著成《周易》这一伟大的著作。

也有人认为,画地为牢说的是武吉的故事。据说,姬昌被囚很多年之后,有个打柴的武吉,他到西岐城来卖柴,误杀了一个叫王相的军士,被拿住来见文王,文王说:"武吉既打死王相,理当抵命。"命在南门地上画个圈做牢房,竖了根木头做狱吏,将武吉关了起来。同样,武吉并没有逃跑,最后得到文王的准许,才回家去了。

除了周文王、武吉的故事,还有许衡不摘路边梨子的故事。古人的慎独、执着和自律,令人叹为观止。

许衡是我国古代杰出的思想家、教育家和天文历法学家。他曾与很多人一起逃难,在经过河阳时,由于长途跋涉,加之天气炎热,所有人都感到饥渴难忍。这时,有人发现路旁有一棵梨树,树上结满了清甜的梨子。于是,大家都争先恐后爬树摘梨,唯独许衡一人端正坐于树下不为所动。众人觉得奇怪,有人便问许衡:"你为何不去摘个梨来解渴呢?"许衡回答说:"不是自己的梨,岂能乱摘!"问的人不禁笑了,说:"现在时局如此之乱,大家都各自逃难,眼前这棵梨树的主人早不在这里了,主人不在,你又何必介意?"许衡反问:"梨树失去了主人,难道我的心也没有了主人吗?"许衡始终没有摘梨。

"桃李无主，我心有主"，身处此境，许衡所为实属难得。

西方有位思想家说："首先控制你自己，然后你才能控制别人。"无法控制自己的人，将永远无法影响他人。一旦失去了自律，不管是什么人，都会首先被自己击败。

人们常说：轻财足以聚人，责宽足以得人，身先足以率人，律己足以服人。秩序来自于守律，最好的秩序不是通过他律，而是通过自律而来。自我斗争、自我约束并不是一件容易的事情。

复星集团董事长郭广昌多次在公开场合讲到一个场景：在日本大地震的时候，人们纷纷逃出东京，车辆排成了长龙，旁边车道虽然空空荡荡，但却无人借道超车，大家都规规矩矩地等着，秩序井然。

郭广昌坦言当时自己内心的震撼。他自问道："如果是我，能做到吗？"对于这个问题，相信没几个人能理直气壮地给出肯定的回答。在这样的情况下，部分国人的习惯可能就是动用一切资源和特权，让自己早点脱离困境。

对当下中国企业来说，建立规则、明确规矩十分重要，但若没有对规矩和规则的敬畏，没有自我约束的意识和能力，再多规矩也是枉然，再多的规则也不能进步。

据报道，西安市机电设备股份有限公司也有比较完善的制度，但其原总经理兼汽车销售部经理周长青没有清晰的自律意识及必要的自我约束，面对诱惑不知止步、不知拒绝，最终不但把自己的经营成果"玩掉"了，还被自己"玩死"了。

媒体报道，周长青曾16次赴澳门豪赌，输掉公款4843万元，后又携款潜逃至厄瓜多尔。后来，他被抓获枪决。

一个曾经有突出贡献的企业经营者为什么会堕落为一个死囚？其中主要的原因就是他没有自我约束、自我监督的意识与能力。

据周长青自己供述，在西安市机电设备股份有限公司，财务制度执行三级审批制，所有汽车销售业务都有严格的管理制度。但是，这一系列制度却只是给别人制造的"紧箍咒"，当周长青大笔大笔挪用资金时，他完全把制度抛之脑后，肆无忌惮地践踏由自己主持制定的规则。

通常，公司是有制度的，组织结构上也有董事会，然而，如果一个掌权者欲望膨胀，执意铤而走险，他总会绕开监督的红灯，钻开制度的漏洞。而制度设计再缜密，也难免"百密一疏"。"法令滋彰，盗贼多有"，从这一点上来说，自我约束比第三方监管更为重要。

观察 30 多年来中国企业家的败局，失败根源之一就是他们无法约束欲望不断膨胀的内心。缺乏监督的行为，在人性恶魔的驱使下，会结出严重的恶果。一方面，他们利用规则，打破了应该打破的规则，纵横于商海，获得了成功；另一方面，他们又无视规则，打破了不该打破的规则，坠落于失败的深渊。

当胡志标要去蝉联"央视广告标王"、做"全球 VCD 大王"，兰世立要做"中国最大的民营航空公司"的时候，他们心里可能是怀揣梦想的，但是，缺乏约束的梦想形成的非理性，转过头来产生了反噬。与此形成鲜明对照的是，华人首富李嘉诚的自我约束意识可能被很多人忽视。当李嘉诚被问及企业常青及个人屹立不倒之道时，他说："我经常反思自问，我有什么心愿？我有宏伟的梦想，但我懂不懂什么是有节制的热情？"

商场是一个不讲究出身与背景的竞技场，机会永远属于那些勇于追求的人。然而，商业终归是一场有节制的游戏，任何超出能力极限的欲望，都将引发可怕的后果。

自知者明，自胜者强。能自制的人，才是最强有力的人。自制、自律、自胜并不是让一大堆规章制度层层地束缚自己，而是通过自发主动的行动，创造一种井然的秩序，为所有人的学习、工作、生活争取更大的自由。

我们不能苛求所有的企业家在任何时候都能做到慎独、自律，但当我们自忖做不到慎独、自律的时候，就必须自觉接受外来的监督。慎独、自律，主动求之于己，是第一道防线；外来监督是他律，被动求之于人，是第二道防线。只有将二者结合起来，才可以构建基本的保护层，既保证规则和秩序，又保护自身的安全和利益。

自律与他律都是一部大书，非一篇小文能够说得清楚。它们就像羑里城里的八卦阵一样，曲折多变，左右为难，游客容易进入而不容易出来。在人生这个最大的迷宫里面，自律可以帮你免于误入歧路，找到最终的出口。

水车法轮：古老的"永动机"

【故地抒怀】

参观兰州水车博览园有感

周而复始转如轮，不绝清流岁岁匀。
借得自然宏伟力，风调雨顺总宜人。

注：兰州水车博览园位于"百里黄河风情线"滨河东路黄河南岸。博览园由水车园、水车广场、文化广场三部分组成，是一个展现水车文化的主题公园。

【现场感悟】

自动的机制

著名的黄河母亲雕塑位于兰州市黄河南岸，由"母亲"和一个"男婴"组成。"母亲"长发飘飘，身材优美，眉目含笑，神态慈爱。男婴左顾憨笑，活泼可爱。母子分别象征哺育中华民族的生生不息、不屈不挠的黄河母亲，以及茁壮成长、快乐幸福的华夏子孙。

该雕塑构图洗练，寓意深刻，反映了甘肃悠久的历史文化，是全国诸多表现中华民族母亲河雕塑艺术品中最漂亮和最成功的一尊。

从黄河母亲雕塑向东走不远处，有一个水车博览园。

兰州被誉为"水车之都"。据说，50多年前的黄河两岸水车林立，景象壮观。如今，水车广场中，以兰州水车为主体，汇聚了中外不同风格的水车数十轮。听本地朋友介绍，兰州水车博览园是世界上水车数量最多、品种最全的主题公园。其中，兰州水车以其独到的构造、精湛的工艺、雄浑粗犷的风格成为中国水车的代表。

信步走进博览园，首先映入眼帘的是一轮巨大的水车。它轮辐直径达16.5米，辐条尽头装有刮板，刮板间安装有等距斜挂的长方形水斗。当水流自然冲动车轮叶板，推动水车转动时，水斗便舀满河水，将水提升，等转至顶空后再倾入木槽，河水便源源不断地流入园地。

我的目光随着它周而复始地旋转，耳边听着它挽水的声响，心中不能不慨叹古代劳动人民的智慧。

水车是一种无须外加动力的水力灌溉工具，通过水车转动，自动提水灌溉农田的水利设施，是古代的"自来水工程"。假如设备不被毁坏，水车简直就是现实生活中的"永动机"。只要水车转动，田地便不受制于缺水，丘陵地和山坡地都可以得到开发。而且，水车不仅可用于旱时汲水，还可用于低处积水时的排涝。

此时，艳阳高照，水花四溅。我怔怔地站在这巨大的水车前，心驰神往，突然想，假如我们的企业也有一种永动机制，像水车一样自动工作，省心省力，该多好啊！

我是经常出差的人。曾几何时，每次入住酒店，都会在醒目的位置看到"出门请关灯"等类似的提醒。多年前，有经营酒店的朋友多次向我抱怨，旅客离开房间后，灯照开，电视照开，空调照开，电脑照开，浪费现象十分严重，但总无计可施。现在，大部分的酒店都采用IC卡了，只要开门进房，插卡即可取电；若是离房出门，抽卡即会停电。酒店再也不用不厌其烦地告诉客人要关灯关电视了。

其实，简单而不知疲倦的水车，轻便而低廉的酒店IC卡，本质上都是一种简单而有效的机制。

"机制"一词最早源于希腊文，原指机器的构造和工作原理。企业运行机制是指企业生存和发展的内在机能及其运行方式,是引导和制约企业生产经营决策并与人、财、物相关的各项活动的基本准则及相应制度。

在任何一个系统中,机制都起着基础性的、根本的作用。在市场经济的条件下,价格机制是核心机制,竞争机制是关键机制,风险机制是基础机制,供求机制是保证机制。在企业经营管理中,我们要正视各生产要素的性质、特点和能量,协调相互的关系,找到可以更好地发挥其作用的具体运行方式,形成和完善运营机制。

在理想状态下,一旦有了良好的机制,甚至可以使一个社会系统接近于一个自适应状态。因此,在设计企业的运行模式时,应该把机制的构建作为重点来把握,这有助于企业提高管理效率,突出针对性和适用性,降低管理成本。

在德国,"阿尔迪"属于廉价超市,但是,无论穷人还是富人对这家超市都有很高的品牌忠诚度,开着豪车到"阿尔迪"排队购物是经常能看到的风景。

在"阿尔迪"购物,使用购物车需要花费 25 美分,但是购物结束后只要将购物车退还原位,就可以取回 25 美分。这样一来,"阿尔迪"根本不需要专人管理购物车,"25 美分"机制为企业节省了大量人力成本,并保证了良好的秩序。

另外,"阿尔迪"所有的售后问题可以用一个字解决,这个字就是:退。质量不过关?退。口味不喜欢?退。无论任何理由,阿尔迪会直接无条件退换货,这样可以避免没有意义的纠缠,节省大量的人力和时间成本。

2016 年,全球超市巨头"沃尔玛"迎来 35 年来的最差业绩,全球关店 269 家,裁员 1.6 万人。但是,"阿尔迪"势头却良好,这不能不说与它相应的机制有关。

在企业管理过程中,一旦出现问题,我们往往将其归责于制度的不健全或执行不力,而很少从机制上去找原因。事实上,机制永远优于制度。一旦采用上述的酒店 IC 卡机制,就是傻瓜也能做对。

完全依靠人去执行的制度具有较强的不确定性。善用机制的管理,通常是事前可预期,事中较稳定,事后无隐忧的。形成和完善机制,可以使管理更加有效、简单、低成本、自动自发。

　　"哗哗"的挽水声把我从冥想世界拉回到现实，我走出水车园，来到黄河岸边。眼前仿佛浮现出几十年前九曲黄河边上水车林立、悠悠旋转的童话世界。